• 轨道交通工程质量安全指南丛书 •

轨道交通
工程质量常见问题防治指南

主　　审：王　晖　陈乔松　陈　昊　黄威然
主　　编：仇培云　王怀志　郭志坤　范星星
副 主 编：卢　浩　刘献忠　李世佳　刘　坤　杜卓琴

中国建筑工业出版社

图书在版编目（CIP）数据

轨道交通工程质量常见问题防治指南 / 仇培云等主编；卢浩等副主编. — 北京：中国建筑工业出版社，2024.4

（轨道交通工程质量安全指南丛书）

ISBN 978-7-112-29709-2

Ⅰ.①轨…　Ⅱ.①仇…　②卢…　Ⅲ.①城市铁路–轨道交通–工程质量–质量管理–指南　Ⅳ.①U239.5-62

中国国家版本馆 CIP 数据核字（2024）第 063628 号

责任编辑：刘颖超

文字编辑：王　磊

责任校对：赵　力

轨道交通工程质量安全指南丛书

轨道交通工程质量常见问题防治指南

主　　审：王　晖　陈乔松　陈　昊　黄威然

主　　编：仇培云　王怀志　郭志坤　范星星

副 主 编：卢　浩　刘献忠　李世佳　刘　坤　杜卓琴

*

中国建筑工业出版社出版、发行（北京海淀三里河路9号）

各地新华书店、建筑书店经销

国排高科（北京）信息技术有限公司制版

临西县阅读时光印刷有限公司印刷

*

开本：787毫米×1092毫米　1/16　印张：19¼　字数：455千字

2024年6月第一版　　2024年6月第一次印刷

定价：**188.00** 元

ISBN 978-7-112-29709-2

（42324）

编审委员会

主编单位：广州地铁建设管理有限公司

广州轨道交通建设监理有限公司

参编单位：广州地铁设计研究院股份有限公司

广州地铁集团有限公司运营事业总部

中铁建华南建设有限公司

中铁（广州）投资发展有限公司

主　　审：王　晖　陈乔松　陈　昊　黄威然

主　　编：仇培云　王怀志　郭志坤　范星星

副 主 编：卢　浩　刘献忠　李世佳　刘　坤　杜卓琴

参编人员：梁红兵　杨梦然　陈志伟　黄晓东　王　鹏　陈　键

叶富智　张　荣　梁永钊　王安礼　许建军　李俊杰

帅小兵　金　甲　杨才兴　吴宗亮　范亚泉　林祺涵

程建平　任仕超　邹　超　王仙海　林超群　唐　敏

尹华拓　邹成路　刘　欣　王光裕　潘　峰　唐晓勇

刘智颖　邹成路　王　博　曾程亮　崔艳斌　胡丽君

赵美君　赵云云　蔡军安　魏诗宬　周　智　王海君

章邦超　王　天　王顺生　余贵良　梁雪松　马培广

潘玉军　李晓飞　邓向东

CONTENTS **目 录**

第 1 章

明挖工程

1.1 支护工程

1.1.1 地下连续墙露筋

通病现象	基坑土石方开挖后，地下连续墙大面积或局部露筋。
规范标准及相关规定	《建筑地基基础工程施工质量验收标准》（GB 50202—2018）7.7.6 地下连续墙的质量检验标准，并符合下列规定： 1. 钢筋笼预埋件偏差 ≤10mm。 2. 槽壁垂直度需满足 ≤1/300。
原因分析	1. 施工槽段开挖成槽的直线性不好，成槽的垂直度不高，墙面凸向基坑内。 2. 钢筋笼保护层垫块的布置数量及厚度不足或保护垫块间距过大，钢筋笼对槽壁有侧向压力时，保护层垫块被压入槽壁土层中，失去应有的作用。 3. 施工槽段成槽过程中垂直度控制不合格，钢筋笼下放定位时没有居中或不垂直。 4. 泥浆参数控制不合格，或吊装钢筋笼后未能及时浇筑混凝土，导致缩孔。
预防措施	1. 设计措施 ①为保证钢筋保护层厚度，在钢筋笼的两侧应焊接定位垫块，钢筋笼水平方向每侧设两列，每定位垫块纵向间距为 3m。 ②钢筋笼在制作、运输及吊装过程中应采取有效措施防止钢筋笼变形。地下墙两片钢筋网面必须焊接一定数量的架立筋。 ③钢筋笼制作与吊装偏差控制应满足以下要求：

钢筋笼制作与吊装偏差控制要求　　　　　　表 1.1.1

序号	项目内容	允许偏差（mm）	序号	项目内容	允许偏差（mm）
1	竖向主筋间距	±10	4	钢筋笼吊入槽内中心位置	±10
2	水平主筋间距	±10	5	钢筋笼吊入槽内垂直度	2‰
3	预埋件位置	±15	6	钢筋笼吊入槽内标高	±10

2. 施工措施

①保证成槽尺寸、直线性和垂直度，成槽完成后必须及时进行超声波检测。

②钢筋笼制作过程中严格按设计进行施工，按设计要求足额安装保护垫块。

③钢筋笼入槽保持自然垂直状态，不得强行插入，减轻钢筋笼入槽横向受力，避免将保护层垫块压入槽壁。

④严格控制泥浆参数，根据不同地质条件选择最不利条件下泥浆指标。

⑤施工前，宜对泥浆使用材料及配合比进行室内试验。施工中，应对新拌制泥浆、循环泥浆检测泥浆技术性能指标，检测频率不应小于 1 次/天。循环泥浆应在槽口或出浆口位置进行取样检测，槽内泥浆检测取样点距离槽底宜为 0.5～1.0m。

⑥钢筋笼入槽时防止槽壁坍塌导致缩孔。

⑦钢筋笼就位后及时浇筑混凝土。

预防措施	3.管理措施 ①加强钢筋笼吊装过程的垂直度检查，确保钢筋笼中心线与槽段中心线相重合。 ②加强钢筋笼骨架尺寸及垫块预埋件检查是否满足要求。 ③加强地连墙钢筋笼制作、吊装过程的施工管控及其隐蔽验收。 ④做好成槽过程施工质量检查、记录和成槽的质量验收。 ⑤经常性巡视检查现场，旁站关键工序，发现问题及时指出和整改。 ⑥严格质量验收，不符合设计及规范要求，未经整改合格，不允许进入下一道施工工序。
治理措施	1. 满足净空条件允许的情况下，对露筋墙面进行清理、冲洗掉浮土、采用挂网喷锚等方式进行处理。 2. 如净空条件不允许，可做钢筋防锈处理。 3. 侵限情况下，需设计验算后视情况处理。
照片	 缺陷照片　　　　　标准照片　　　　　整治照片

1.1.2 围护结构偏斜、侵限

通病现象	基坑土石方开挖后，围护结构偏斜、侵限。
规范标准及相关规定	《建筑地基基础工程施工质量验收标准》（GB 50202—2018）5.6.4 泥浆护壁成孔灌注桩、7.7.6 地下连续墙的质量检验标准，并符合下列规定：槽（孔）壁垂直度需满足 ≤1/300。
原因分析	1. 冲击中遇探头石、漂石、大小不均，钻头受力不均。 2. 基岩面产状较陡。 3. 钻机底座未安置水平或产生不均匀沉陷。 4. 土层软硬不均；孔径大，钻头小，冲击时钻头向一侧倾斜。 5. 成槽机柔性悬吊装置偏心，抓斗未安置水平。 6. 成槽中遇坚硬土层。 7. 在有倾斜度的软硬地层处成槽。 8. 入槽时抓斗摆动，偏离方向。 9. 未按仪表显示纠偏。 10. 成槽掘削顺序不当，压力过大。
预防措施	1. 设计措施 　①确保建筑限界和结构设计厚度，无论在平面或立面上围护结构都不得侵入基坑一侧，施工放样时围护结构平面位置应适当外放，施工放线完成后经监理单位及有关单位复核无误后方可施工。 　②应根据地质条件采取合理、安全、必要的措施，确保顺利成槽及不坍孔，保证连续墙的各项指标达到设计要求。 　③地下连续墙墙面倾斜度不得大于 1/300，表面局部突出和墙面倾斜之和不应大于 100mm，地下连续墙上预埋铁件的偏差不大于 50mm。 　④所有槽段均应采用超声波透射法对槽壁垂直度、深度及宽度进行检测。 2. 施工措施 　①导墙模板安装完成后应及时组织相关人员对导墙模板的中心线及口径进行复测。 　②选择适合的成槽设备，提高成槽的垂直度及工效。 　③调整抓槽机两侧受力及抓槽顺序，动态过程检查垂直度。 　④发现探头石后，应回填碎石或将钻机稍移向探头石一侧，用高冲程猛击探头石，破碎探头石后再钻进。遇基岩时采用低冲程，并使钻头充分转动，加快冲击频率，进入基岩后采用高冲程钻进。 　⑤进入软硬不均地层，采用低锤密击，保持孔底平整，穿过此层后再正常钻进。 　⑥成槽机使用前调整悬吊装置，防止偏心，机架底座应保持水平，并安设平稳；遇软硬土层交界处采取低速成槽，合理安排挖掘顺序，适当控制挖掘速度。

预防措施	3. 管理措施 ①加强施工测量管理，施工前复核建设单位提供的工程施工控制测量资料的成果，基准点、标墩及标志，落实控制点保护措施。 ②认真审核测量仪器的完好性、可靠性、精确度及合格证等，审查测量人员的组成及能力。 ③对照设计图纸，对施工过程中的测量数据、测量成果进行复核，如有问题督促整改，加强管理。 ④施工过程中经常性巡视检查现场，旁站施工放样、混凝土浇筑等关键工序，发现问题立即停止施工并督促整改。 ⑤加强成槽（孔）过程施工质量检查、记录和成槽（孔）的质量验收。 ⑥成槽（孔）后使用超声波检测仪进行检测，发现问题及时指出和整改。 ⑦加强设备检查与保养。
治理措施	1. 满足净空条件允许的情况下，对围护结构偏斜、侵限进行清理，冲洗掉浮土，小面积侵限采用人工破除后挂网喷锚方式进行处理。 2. 如净空条件不允许，上报监理设计验收后进行特殊处理。 3. 侵限情况下，需设计验算后视情况处理。
照片	 缺陷照片　　　　　　　标准照片　　　　　　　整治照片

1.1.3 围护结构鼓包

通病现象	基坑土石方开挖后，围护结构鼓包。
规范标准及相关规定	《建筑地基基础工程施工质量验收标准》（GB 50202—2018）5.6.4 泥浆护壁成孔灌注桩、7.7.6 地下连续墙的质量检验标准，《地下铁道工程施工质量验收标准》（GB/T 50299—2018）5.13 混凝土工程，《混凝土结构工程施工质量验收规范》（GB 50204—2015）7.4 混凝土施工质量验收，并符合下列规定：清槽（孔）后泥浆相对密度需满足黏性土 1.1～1.15，砂土 1.1～1.2。
原因分析	1. 未根据不同地质条件选择最不利条件下的泥浆指标。 2. 混凝土未及时浇筑，导致局部坍孔。
预防措施	1. 设计措施 ①应根据地质条件采取合理、安全、必要的措施，确保顺利成槽及不坍孔，保证连续墙的各项指标达到设计要求。 ②确保建筑限界和结构设计厚度，无论在平面或立面上围护结构都不得侵入基坑一侧，施工放样时围护结构平面位置应适当外放，施工放线完成后经监理单位及有关单位复核无误后方可施工。 ③应根据地质条件采取合理、安全、必要的措施，确保顺利成槽及不坍孔，保证连续墙的各项指标达到设计要求。 ④所有槽段均应采用超声波透射法对槽壁垂直度、深度及宽度进行检测。 2. 施工措施 ①严格控制泥浆参数，根据不同地质条件选择最不利条件下泥浆指标。 ②施工前，宜对泥浆使用材料及配合比进行室内试验。施工中，应对新拌制泥浆、循环泥浆检测泥浆技术性能指标，检测频率不应小于 1 次/天。循环泥浆应在槽口或出浆口位置进行取样检测，槽内泥浆检测取样点距离槽底宜为 0.5～1.0m。 ③槽段浇筑时，合理设置导管数量及位置，保证同时浇筑，确保混凝土浇筑的连续性。 ④槽内混凝土上升速度不应低于 2m/h，采取快速浇筑，防止时间过长坍孔。 3. 管理措施 ①选用黏度大、失水量小、形成薄而韧护壁泥皮的泥浆，并在成槽中，监测槽壁的变化情况，及时调整泥浆性能指标，添加外加剂，确保槽壁稳定，做到信息化施工，及时补浆。 ②加强泥浆的相对密度检测。 ③加强成槽（孔）验收工作确保第一时间进行混凝土浇筑工序。
治理措施	1. 满足净空条件允许的情况下，对围护结构鼓包进行清理，冲洗掉浮土，小面积侵限采用人工破除后挂网喷锚方式进行处理。

治理措施	2. 如净空条件不允许，上报监理设计验收后进行特殊处理。 3. 侵限情况下，需设计验算后视情况处理。
照片	 　　缺陷照片　　　　　　标准照片　　　　　　整治照片

1.1.4　地下连续墙槽段接头漏水

通病现象	基坑土方开挖后，地下连续墙槽段接头漏水。
规范标准及相关规定	《建筑地基基础工程施工质量验收标准》（GB 50202—2018）7.7.6 地下连续墙的质量检验标准，并符合下列规定：需满足无渗漏、线流，且 ≤0.1L/(m²/d)。
原因分析	成槽时，粘附在上段混凝土接头面上的泥皮、泥渣未清除掉，就下钢筋笼浇筑混凝土。
预防措施	1. 设计措施 ①基坑开挖前应进行降水试验，如降水试验异常，应采取补强措施，围檩背后的墙缝必须进行封堵处理。砂层或淤泥地层开挖须按照"先探后挖，随挖随封"原则施工。 ②针对深厚砂层或淤泥等软弱地层地连墙接缝处理，可在接缝位置增设旋喷桩或进行注浆止水。 2. 施工措施 ①连续墙接头宜采用工字钢接头或套铣接头。工字钢接头技术相对成熟，砂层、淤泥等深厚软弱地层可优先采用。注意采取措施控制先浇筑段混凝土向后浇筑槽段渗透。同时，须对工字钢壁进行清理、冲刷干净后再吊装后浇段的钢筋笼和浇筑混凝土。 ②工字钢接头施工时需保证接头钢板间及钢板与钢筋间焊接质量，需采取必要措施防止前序墙幅浇筑时绕流至接头背侧，后续墙幅成槽时需注意对接头刷槽，确保接头浇筑密实，以免渗漏水。 ③刷壁应在清底前进行，对粘附在上段接缝混凝土面上的泥皮、泥渣、混凝土清理干净，以避免地下连续墙接头渗漏水。 ④各槽段必须按施工操作规程一次浇筑完成，不留施工缝。 3. 管理措施 ①相邻槽段施工时，加强槽段接头处理的质量验收管理，若不符合设计及规范要求，未经整改合格，不允许进入下一道施工工序。 ②灌注水下混凝土必须连续施工，并严格控制每车混凝土的坍落度，每幅墙（桩）的灌注时间应按初盘混凝土的初凝时间控制，对灌注过程中的故障应及时采取处理措施。 ③导管使用前应试拼装、试压，试水压力可取为 0.6～1.0MPa，确保灌注水下混凝土时导管不渗漏。 ④加大基坑巡视力度，如发现槽段接缝处渗水时，应立刻通知施工方对接缝的渗漏进行处理。
治理措施	1. 引水堵漏。小渗漏点采用环氧树脂钻孔封堵，大渗漏点及时塞满棉纱并采用堆码砂袋进行反压，防止在接头处出现泥沙流失，起到引流作用。

治理措施	2. 双液注浆。基坑引水堵漏同时，在基坑围护结构外侧漏水处相应位置做双液注浆处理。
照片	缺陷照片　　　　　　标准照片　　　　　　整治照片

1.1.5 水下混凝土灌注夹渣及断桩

通病现象	水下混凝土灌注夹渣及断桩。
规范标准及相关规定	《地下铁道工程施工质量验收标准》（GB/T 50299—2018）5.13 混凝土工程、《混凝土结构工程施工质量验收规范》（GB 50204—2015）7.4 混凝土施工质量验收，并符合下列规定： 1. 混凝土的强度等级必须符合设计要求，用于检验批混凝土强度的试件应在浇筑地点随机抽取。 2. 混凝土抗压强度和抗渗压力应符合要求。
原因分析	1. 混凝土坍落度小、离析或石料粒径较小，在混凝土灌注过程中堵塞导管，且在混凝土初凝前未能疏通好，不得不提起导管时，从而形成断桩。 2. 由于计算错误致使导管底口距孔底距离较大，致使首批灌注的混凝土不能埋住导管，从而形成断桩。 3. 在导管提拔时，由于测量或计算错误，或盲目提拔导管使导管提拔过量，从而使导管底口拔出混凝土面，或使导管口处于泥浆层或泥浆与混凝土的混合层中，形成断桩。 4. 在提拔导管时，钢筋笼卡住导管，在混凝土初凝前无法提起，造成混凝土灌注中断，形成断桩。 5. 导管接口渗漏致使泥浆进入导管内，在混凝土内形成夹层，造成断桩。 6. 导管埋置深度过深，无法提起导管或将导管拔断，造成断桩。 7. 由于其他意外原因造成混凝土不能连续灌注，中断时间超过混凝土初凝时间，致使导管无法提升，形成断桩。
预防措施	1. 设计措施 ①地连墙应跳槽施工，一期墙浇筑完成并达到 70% 强度以上，方可进行相邻墙幅的施工。每幅墙从底到顶应连续浇筑，不得间断。 ②各槽段必须按施工操作规程一次浇筑完成，不留施工缝。 2. 施工措施 ①导管使用前，要对导管进行检漏和抗拉力试验，以防导管渗漏。每节导管组装编号，导管安装完毕后要建立复核和检验制度。导管的直径应根据桩径和石料的最大粒径确定，尽量采用大直径导管。 ②下导管时，其底口距孔底的距离应控制在 400～500mm，同时要能保证首批混凝土灌注后能埋住导管至少 1m。在以后的灌注过程中，导管的埋置深度一般控制在 2～6m 范围内。 ③混凝土的坍落度要控制在 180～220mm，并要求和易性好，以防止先期灌注的混凝土初凝，堵塞导管。 ④在提升导管时要通过测量混凝土的灌注深度及已拆下导管长度，认真计算提拔导管的长度，严禁不经测量和计算而盲目提拔导管。 ⑤关键设备要有备用，材料要准备充足，以保证混凝土能够连续灌注。

预防措施	3. 管理措施 ①旁站混凝土浇筑施工，控制混凝土浇筑时拔管长度、超灌深度等，发生断料或堵管等问题督促立即处理。 ②加强成槽验收质量管理，防止清孔不到位，孔内泥浆悬浮砂粒太多。 ③浇筑前现场进行专项技术交底，加强导管安装与拆除控制。 ④加强灌注过程施工质量检查、记录和混凝土的质量验收。
治理措施	对在施工过程中及时发现和超声波检测出的断桩，采用彻底清理后，在原位重新浇筑一根新桩，进行彻底处理。
照片	 缺陷照片　　　　　　标准照片　　　　　　整治照片

1.1.6　水下混凝土浇筑常见问题

通病现象	水下混凝土浇筑常见问题：导管进泥浆、钢筋笼浮起、坍孔、灌短桩头。
规范标准及相关规定	《地下铁道工程施工质量验收标准》（GB/T 50299—2018）
原因分析	1. 导管进泥浆。首批混凝土储量不足，或虽然混凝土储量已够，但导管底口距孔底的间距过大，混凝土下落后不能埋没导管底口，以致泥浆从底口进入。导管接头不严，接头间橡皮垫被导管高压气囊挤开，或焊缝破裂，泥浆从接头或焊缝中流入；导管连接处密封不好，垫圈放置不平整；垫圈挤出或损坏；法兰螺栓松动。导管提升过猛或测深出错，导管底口超出原混凝土面、底口涌入泥水。 2. 钢筋笼浮起。钢筋笼浮起，除了一些显而易见的原因是全套管上拔、导管提升钩挂所致外，主要的原因是混凝土表面接近钢筋笼底口，导管底口在钢筋笼底口以下 3m 至以上 1m 时，混凝土灌注的速度过快，使混凝土下落冲出导管底口向上反冲，其顶托力大于钢筋笼的重力时所致。 3. 坍孔。坍孔原因可能是护筒底脚周围漏水，孔内水位降低，或在潮汐河流中涨潮时，孔内水位差减小，不能保持原有静水压力，以及由于护筒周围堆放重物或机械振动等，均有可能引起坍孔。 4. 灌短桩头。灌注桩顶标高不足，一是施工控制不严，在未达到设计标高时混凝土停浇；二是虽然标高达到设计值，因桩顶混凝土浮浆层较厚，凿除浮浆层后出现桩顶标高不足。
预防措施	1. 设计措施 ①混凝土施工，水灰比不应大于 0.5，坍落度宜为 180～220mm，配合比通过试验确定，并选用合适的外加剂。 ②在单元槽段内同时使用两根导管浇筑时，其间距不应大于 3m，导槽距槽段端部不宜大于 1.5m，各导管底面的高差不宜大于 0.3m，混凝土应连续快速浇筑，并应在初凝前结束浇筑作业，槽段过深时宜加缓凝剂。 ③地连墙应跳槽施工，一期墙浇筑完成并达到 70% 强度以上，方可进行相邻墙幅的施工。每幅墙从底到顶应连续浇筑，不得间断。混凝土应浇筑密实，防止出现蜂窝、麻面现象。 2. 施工措施 ①为防止导管进入泥浆，导管在使用前应先进行水密试验，检验合格后方可投入使用。 ②钢筋笼上浮：对于由混凝土品质造成的上浮，应通过改善混凝土流动性能、初凝时间及灌注工艺等来予以避免。对于由操作引起的上浮，在灌注混凝土时，当混凝土快要接触钢筋笼底时，应稍放慢灌注速度，或将导管适当埋深（此时导管下口在笼下端以下），以减少混凝土面上冲的动力。

预防措施	③发生坍孔后，应查明原因，采取相应的措施，如保持或加大水头、移开重物、排除振动等，防止继续坍孔。然后用吸泥机吸出坍入孔中的泥土；如不继续坍孔，可恢复正常灌注。如坍孔仍不停止，坍塌部位较深，宜将导管拔出，将混凝土钻开抓出，同时将钢筋抓出，只求保存孔位，再以黏土掺砂砾回填，待回填土沉实时机成熟后，重新钻孔成桩。 ④灌短桩头处理办法可按具体情况接长护筒；或在原护筒里面或外面加设护筒，压入已灌注的混凝土内，然后抽水、除渣，接浇普通混凝土；或用高压水将泥渣和松软层冲松，再用吸泥机将混凝土表面上的泥浆沉渣吸除干净，重新下导管灌注水下混凝土。 3. 管理措施 ①加水下混凝土浇筑前应检查混凝土情况，坍落度、和易性、离析情况是否存在问题，如有问题应及时处理；观察混凝土骨料级配，不得有大块碎石，避免堵管。 ②加强成孔过程施工质量检查和成孔的质量验收。 ③经常性巡视检查现场，旁站关键工序，发现问题及时提出并督促整改。 ④严格质量验收，不符合设计及规范要求，未经整改合格，不允许进入下一道施工工序。
治理措施	在灌注过程中必须注意是否发生坍孔的征象；如有坍孔，应及时处理后再续灌。
照片	   缺陷照片　　　　　标准照片　　　　　整治照片

1.1.7 搅拌桩桩体不完整

通病现象	水泥搅拌桩桩体芯样不完整、止水效果差。
规范标准及相关规定	《地下铁道工程施工标准》（GB/T 51310—2018）8.4.46～8.4.48 搅拌桩施工应满足：1. 施工前应进行工艺性试桩，数量不应少于 3 根；2. 施工时应测放桩位，钻头就位应准确、垂直，钻孔过程中应随时检测；型钢沉入以轴线为准；3. 搅拌机搅拌下沉速度与搅拌提升速度应匀速，且控制在 0.3～200m/min。
原因分析	1. 复搅不充分，水泥搅拌桩桩体水泥呈团块状分布，局部形成硬核，但整体上呈松散状。 2. 水泥喷入量未达到设计要求，导致桩体水泥含量较低，芯样在形态上呈软塑状，未达到预期的处理要求。 3. 水泥喷入超量，造成局部柱体水泥含量过高，导致取芯困难，取出的芯样破碎、不成型。
预防措施	1. 设计措施 ①水泥土搅拌桩施工前应根据设计进行工艺性试桩，数量不得少于 3 根；为确保成槽安全，建议取 3 根桩进行槽壁加固深度试验。 ②搅拌桩喷浆提升的速度、次数必须符合施工工艺的要求，并应有专人记录。 ③相邻桩的施工时间间隔不宜超过 24h，如间隔时间太长与相邻桩无法搭接时，应采取局部补桩或注浆等补强措施。 2. 施工措施 ①施工前，加强对地面的处理，碾压密实、平整。 ②按试桩确定的工艺进行复搅，保证复搅深度和复搅遍数。 ③按试桩确定的水泥用量进行施工，严格控制提钻速度。 ④控制钻机电流，保证下钻、上提速度，保证桩身水泥分布均匀。 ⑤严格控制回填土的质量。 3. 管理措施 ①搅拌桩施工前，严格审查施工方案，根据地质条件选择合理的施工工艺，正式施工前，进行试桩施工，确定合理施工参数。 ②做好现场管理人员及作业人员的交底和质量培训，确保管理人员掌握施工标准、检查及验收标准和工艺要求。 ③搅拌桩施工过程中，严格按照试验后的合理施工参数施工，加强加固工程中各类原材的配比控制，加强过程中巡查。 ④搅拌桩施工完成后，对施工区域进行抽芯检测，见证抽芯检测全过程，不合格要求补充加固处理。
治理措施	1. 施工前对搅拌机械、注浆设备、制浆设备等进行检查维修，使其处于正常状态。

治理措施	2. 根据工艺性试桩试验确定合理的施工工艺。 3. 提高搅拌转数，降低钻进速度，边搅拌，边提升，提高拌合均匀性。 4. 灰浆拌合机搅拌时间一般不少于 2min，增加拌合次数，保证拌合均匀，并确保浆液不沉淀。 5. 拌制浆液时不得任意加水，以防改变水灰比（水泥浆），影响水泥搅拌桩强度。
照片	缺陷照片　　　　标准照片　　　　整治照片

1.1.8 高压旋喷桩桩体不完整

通病现象	高压旋喷桩常见问题：断桩、缩径、结构渗水或漏水、桩体截面抗压强度偏低、桩体形状上粗下细。
规范标准及相关规定	《地下铁道工程施工质量验收标准》（GB/T 50299—2018）5.2.12 旋喷桩；《建筑地基处理技术规范》（JGJ 79—2012）7.4.9 旋喷桩质量检验应符合下列规定：旋喷桩可根据工程要求和当地经验采用开挖检查、钻孔取芯、标准贯入试验、动力触探和静载荷试验等方法进行检验。 《建筑基桩检测技术规范》（JGJ 106—2014）3.1.1 基桩检测可分为施工前为设计提供依据的试验桩检测和施工后为验收提供依据的工程桩检测。基桩检测应根据检测目的、检测方法的适应性、桩基的设计条件、成桩工艺等，按表 3.1.1 合理选择检测方法。
原因分析	1. 产生断桩的主要原因为喷射管分段提升时，接头处搭接长度不够，甚至没有搭接。 2. 桩径缩小产生原因主要为土层密度偏大，喷射压力偏小，提升速度过快，喷射过程中出现故障等。 3. 旋喷封闭结构渗水或漏水主要原因为孔位偏差大，钻孔倾斜偏大，或桩体直径不均匀、桩间空隙大。 4. 桩体截面抗压强度偏低原因主要是水泥含量小，土砂含量大、喷浆水量大、提升速度过快等。 5. 桩体形状上粗下细原因主要为入土深度深、土层密实度上松下紧、喷射工艺自下到上无调整。
预防措施	1. 设计措施 ①施工开始时，宜做工艺试桩，以标定各项施工技术参数。 ②采用二重管高压旋喷桩，高压水泥浆的压力宜大于 20MPa，提升速度 6～12cm/min，旋转速度 8～12r/min。有效直径 600mm，试桩决定参数。 ③采用 P·O 42.5 级普通硅酸盐水泥，水泥最终掺量根据试验确定，水灰比在 1.0～1.5 范围内调整，根据实际情况可适当添加外加剂；要求 28d 的无侧限抗压强度大于 1.0MPa，其中用于止水帷幕的旋喷桩要求渗透系数不大于 $1×10^{-6}$cm/s。 ④施工时应保证钻孔的垂直偏差不应超过 1%，桩位偏差不应大于 50mm。 ⑤如高压喷射注浆过程发现有块石等障碍物时，可采取放慢、停止提升，或定位注喷等方法。 2. 施工措施 ①在喷射注浆施工前，应当先进行压气、压浆、压水试验，避免因机械设备故障造成桩体中断。 ②在喷射注浆过程中，应当切实注意检查浆液初凝时间、注浆量、风量、压力、回转速度与喷射速度等是否符合要求。 ③断桩的防治措施为保证搭接长度不小于 10～20cm。

预防措施	④缩径防治措施为切实把握地质分层资料，对密实程度大的地层制定详细的旋喷施工措施。 ⑤桩体截面抗压强度偏低防治措施为调整适当的注浆工艺。 ⑥桩体形状上粗下细防治措施为喷射时结合地层触探曲线采取相应的喷射工艺。 3. 管理措施 ①旋喷桩施工前，严格审查施工方案，根据地质条件选择合理的施工工艺，正式施工前，进行试桩施工，确定合理施工参数。 ②做好现场管理人员及作业人员的交底和质量培训，确保管理人员掌握施工标准、检查及验收标准和工艺要求。 ③旋喷桩施工过程中，严格按照试验后的合理施工参数施工，加强加固工程中各类原材的配比控制，加强过程中巡查。 ④旋喷桩施工完成后，对施工区域进行抽芯检测，见证抽芯检测全过程，不合格要求补充加固处理。
治理措施	1. 旋喷过程中，冒浆量小于注浆量的 20% 为正常现象，若超过 20% 或完全不冒浆时，应查明原因，调整旋喷参数或改变喷嘴直径。 2. 钻杆旋转和提升必须连续不中断，拆卸接长钻杆或继续旋喷时要保持钻杆有 10～20cm 的搭接长度，避免出现断桩。 3. 制作浆液时，水灰比要按设计严格控制，不得随意改变。在旋喷过程中，应防止泥浆沉淀，浓度降低。不得使用受潮或过期的水泥。浆液搅拌完毕后送至吸浆桶时，应有筛网进行过滤，过滤筛孔要小于喷嘴直径 1/2 为宜。 4. 在旋喷过程中，如因机械出现故障中断旋喷，应重新钻至桩底设计标高后，重新旋喷。
照片	 缺陷照片　　　　　标准照片　　　　　整治照片

1.2 防水工程

1.2.1 防水基面凹凸不平整

通病现象	防水基面凹凸不平整，有尖锐突出物。
规范标准及相关规定	《地下防水工程质量验收规范》（GB 50208—2011）4.2.4 水泥砂浆防水层的基层质量应符合下列规定： 1. 基层表面应平整、坚实、清洁，并应充分湿润、无明水。 2. 基层表面的孔洞、缝隙，应采用与防水层相同的水泥砂浆堵塞并抹平，施工前应将埋设件、穿墙管预留凹槽内嵌填密封材料后，再进行水泥砂浆防水层施工。 4.5.2 塑料防水板防水层的基面应平整，无尖锐突出物，基面平整度 D/L 不应大于 1/6。 注：D 为初期支护基面相邻两凸面间凹进去的深度；L 为初期支护基面相邻两凸面间的距离。
原因分析	1. 围护桩、地下连续墙施工过程中坍孔，导致围护结构出现鼓包或孔洞。 2. 围护桩、地下连续墙外露钢筋头或钢管等尖锐物；施工部位模板、混凝土浮渣等杂物未清理。 3. 墙面挂网喷射混凝土凹凸不平整，网片外露。 4. 结构底板垫层、顶板浇筑后未进行抹面或打磨，板面不平整。
预防措施	1. 设计措施 ①对涂料防水层，基面有气孔、凹凸不平、蜂窝、缝隙、起砂等时，应修补处理，基面必须干净、平整、无浮浆、无水珠、不渗水。 ②对 PVC 防水卷材防水层，基层表面应平整、洁净，无疏松、空鼓、裂缝，其平整度应满足 $D/L \leqslant 1/6$。 ③对高分子自粘卷材基面要求：基面应清理干净，平整度应满足 $D/L \leqslant 1/20$，D 为相邻两凸面间的最大深度，L 为相邻两凸面间的最小距离。并要求凹凸起伏部位应圆滑平缓。基面应洁净、平整、坚实，不得有疏松、起砂、起皮现象。 2. 施工措施 ①墙面挂网喷射混凝土严格按照设计要求进行施工，确保墙面平整。 ②结构底板垫层、顶板浇筑后及时进行抹面或打磨。 ③防水施工前，对施工部位模板、混凝土浮渣等杂物进行全面清理。 3. 管理措施 ①加强地连墙钢筋笼制作、吊装过程的施工管控及其隐蔽验收，加强成槽过程施工质量检查、记录和成槽的质量验收，防止围护结构坍孔，出现鼓包或孔洞。 ②加强墙面挂网喷射混凝土施工管控。 ③结构底板垫层、顶板浇筑后，及时通知、要求施工班组进行抹面或打磨。

预防措施	④防水施工前，对防水基面进行检查验收，确认模板、混凝土浮渣等杂物已清理。 ⑤严格质量验收，不符合设计及规范要求，未经整改合格，不允许进入下一道施工工序。
治理措施	1. 对于较大的鼓包在基坑开挖过程中采用人工凿除修正。 2. 人工凿除孔洞周围松散混凝土，使用高压水冲洗干净，采用高一强度等级的细石混凝土仔细浇筑捣固。 3. 对基面凸出处进行打磨，凹陷处采用高一强度等级的水泥砂浆进行抹平。 4. 对施工部位模板、混凝土浮渣等杂物进行清理，围护桩、地下连续墙外露钢筋头或钢管等尖锐物进行割除。
照片	 缺陷照片　　　　　　标准照片　　　　　　整治照片

1.2.2 背贴止水带扭曲、变形、破损

通病现象	背贴止水带粘贴后出现扭曲、变形、破损。
规范标准及相关规定	《地下防水工程质量验收规范》（GB 50208—2011） 5.2.6 外贴式止水带在变形缝与施工缝相交部位宜采用十字配件；外贴式止水带在变形缝转角部位宜采用直角配件。止水带埋设位置应准确，固定应牢靠，并与固定止水带的基层密贴，不得出现空鼓、翘边等现象。
原因分析	1. 防水基面凹凸不平整。 2. 背贴止水带施工时未密贴，未按设计要求进行施工。 3. 下一道工序施工未对背贴止水带进行保护，造成背贴止水带出现扭曲、变形、破损。 4. 背贴止水带扭曲、变形、破损，质量不合格。
预防措施	1. 设计措施 ①止水构件（止水胶、止水带）的安装位置必须准确，在施工缝上下各一半，止水带在搭接处必须牢固焊接或粘结，粘结材料的耐久性必须满足《地下工程防水技术规范》（GB 50108—2008）的相关要求。 ②变形缝止水带位置应准确，其中间空心圆环应与变形缝中心线重合。 ③变形缝中埋式止水带必须密封成环，橡胶止水带接缝采用小型硫化机现场硫化。PVC止水带接缝焊接。 ④在混凝土浇筑前应检查止水带有无破损，如破损应进行修补。 ⑤在浇筑下一阶段混凝土时，在施工缝处应采用弱振，注意振捣棒不得碰到止水构件，避免损害材料的密封性。 ⑥止水带的接头部位不得留在转角部位，止水带在转角部位的转角半径不得小于20cm。 2. 施工措施 ①严格按照要求对防水基面进行处理，确保基面平整。 ②严格按照设计及规范要求施作背贴止水带。 ③下一道工序施工对背贴止水带进行保护，防止钢筋、钢管等材料对背贴止水带造成损坏，浇筑混凝土前确认背贴止水带是否出现空鼓、翘边、扭曲、变形、破损现象。 3. 管理措施 ①加强防水基面施工管控及其验收。 ②加强背贴止水带过程施工质量检查、记录和质量验收。 ③经常性巡视检查现场，发现问题及时指出和整改。 ④对施工作业人员进行成品保护交底，防止下一道工序施工对背贴止水带造成损坏。 ⑤严格质量验收，不符合设计及规范要求，未经整改合格，不允许进入下一道施工工序。 ⑥加强材料进场验收，确保施工使用材料质量合格。

治理措施	去除扭曲、变形、破损背贴止水带，重新粘贴止水带。
照片	 缺陷照片　　　　　　标准照片　　　　　　整治照片

1.2.3 钢板止水带漏焊、过焊

通病现象	钢板止水带漏焊、过焊。
规范标准及相关规定	《钢结构焊接规范》（GB 50661—2011） 焊缝需满足设计图纸要求，采用满焊，接缝平整、焊缝饱满。
原因分析	1. 焊接时间太短，焊接温度达不到标准，造成漏焊；焊接时间过长，焊接温度超过标准，造成过焊。 2. 焊接工艺参数选择不当，焊接电流太大，运条速度和焊条角度不适当。 3. 焊接材料选择不合格，焊接设备不适应，焊接作业人员未具备相应资格。 4. 钢板止水带质量不合格。
预防措施	1. 设计措施 ①在混凝土浇筑前应检查止水带有无破损，如破损应进行修补。 ②钢板止水带接头采用满焊连接。 2. 施工措施 ①合理选择焊接参数，控制焊接电流大小和焊接速度，随时注意焊条的正确角度。 ②按照规范要求，采用具有良好工艺性能的焊接材料。 ③选择适当焊接设备，选择具有相应资格的焊接作业人员。 3. 管理措施 ①核实电焊工持证情况，确保电焊工持有效证件上岗。 ②经常性巡视检查现场，加强焊接质量检查。 ③对每道焊缝进行检查，发现问题及时指出和整改。 ④钢板止水带进场查验产品质量证明文件，并按照设计及规范要求进行试验检测，检测合格后方可投入使用。
治理措施	1. 对钢板止水带漏焊部位进行补焊加强。 2. 对钢板止水带过焊部位进行割除，重新补接钢板止水带。
照片	 缺陷照片　　　　标准照片　　　　整治照片

1.2.4 卷材防水层空鼓

通病现象	卷材防水层空鼓，未能与基面有效贴合。
规范标准及相关规定	《地下工程防水技术规范》（GB 50108—2008） 4.3.16 铺贴各类防水卷材应符合下列规定：卷材与基面、卷材与卷材间的粘结应紧密、牢固；铺贴完成的卷材应平整顺直，搭接尺寸应准确，不得产生扭曲和皱折。
原因分析	1. 防水基面凹凸不平整，基面存在杂物。 2. 防水卷材施工时未与基面贴合，防水卷材未摊铺平整、拉直。 3. 卷材防水层摊铺不实部位存在水分及气体，当其受到太阳照射或人工热源影响后体积膨胀，形成鼓包。
预防措施	**1. 设计措施** ①对 PVC 防水卷材防水层：基层表面应平整、洁净，无疏松、空鼓、裂缝，其平整度应满足 $D/L \leqslant 1/6$。基层面阴、阳角和棱角部位应做成 50mm × 50mm 水泥砂浆倒角。焊接前卷材应铺放平整，搭接尺寸准确，焊接缝的结合面应清扫干净。焊接时应先焊长边搭接缝，后焊短边搭接缝。 ②对高分子自粘卷材防水层：基面应清理干净，平整度应满足 $D/L \leqslant 1/20$。并要求凹凸起伏部位应圆滑平缓。基面应洁净、平整、坚实，不得有疏松、起砂、起皮现象。卷材长边应采用自粘边搭接，搭接长度 70mm。短边应采用胶粘带搭接，搭接长度 80mm。卷材端部搭接区应相互错开。 ③施工期间应通过降水和堵水措施，做到无水作业。卷材防水层的基面应平整牢固、清洁干燥。 **2. 施工措施** ①按照要求对防水基面进行处理，确保防水基面平整。 ②铺贴防水卷材前，清扫应干净、干燥，涂刷基层处理剂；当基面潮湿时，应涂刷湿固化型胶粘剂或潮湿界面隔离剂。 ③铺贴卷材应平整、顺直，搭接尺寸准确，不得有扭曲、皱折。 ④卷材防水层完工并经验收合格后，应及时做防水砂浆保护层。 **3. 管理措施** ①做好现场管理人员及作业人员的交底和质量培训，确保管理人员掌握施工标准、检查及验收标准和工艺要求。 ②防水施工前，对防水基面进行检查验收，确认模板、混凝土浮渣等杂物已清理。 ③经常性巡视检查现场，旁站关键工序，发现问题及时指出和整改。
治理措施	1. 直径小于或等于 300mm 的鼓包维修，可采用割破鼓包或钻眼的方法，排出包内气体，使卷材复平。在鼓包范围面层上部铺贴一层卷材或铺设带有胎体增强材料涂膜防水层，其外露边缘应封严。 2. 直径在 300mm 以上的鼓包维修可按斜十字形将鼓包切割，翻开晾干。首先清除原有胶结材料，将切割翻开部分的防水层卷材重新分片按流水方向粘贴，并在面上增铺贴一层卷材（其边长应比开刀范围大 100mm），将切割翻开部分卷材的上片压贴，粘牢封严。

治理措施	3. 对防水层鼓包消除方法，还可采取注射器向外抽出气体，然后用密封膏封死针眼。		
照片	缺陷照片	标准照片	整治照片

1.2.5 防水材料接头漏焊、脱焊

通病现象	防水材料接头漏焊、脱焊。
规范标准及相关规定	《地下防水工程质量验收规范》（GB 50208—2011） 4.3.17 卷材防水层的搭接缝应粘贴或焊接牢固，密封严密，不得有扭曲、皱折、翘边和起泡等缺陷。
原因分析	1. 焊接时间太短，焊接温度达不到标准，造成漏焊；焊接时间过长，焊接温度超过标准，造成脱焊。 2. 焊接设备不适当，焊接作业人员未具备相应资格。 3. 焊接作业人员责任心不强，未按要求对防水卷材进行焊接。
预防措施	1. 设计措施 ①在混凝土浇筑前应检查止水带有无破损，如破损应进行修补。 ②钢板止水带接头采用满焊连接。 ③双焊缝自动焊机焊接的双焊缝检测时，将焊缝两端用铁夹夹紧不能漏气，再用检测针头插入两条焊缝之间的气囊，不满足要求应及时查找漏点并进行修补。 2. 施工措施 ①合理地选择焊接参数，控制焊接温度和焊接速度。 ②选择适当的焊接设备。 ③选择具有相应资格、责任心强的焊接作业人员。 3. 管理措施 ①经常性巡视检查现场，加强焊接质量检查。 ②对每道焊缝进行检查，发现问题及时指出和整改。 ③进行气密性检测，确保搭接缝粘贴或焊接牢固，密封严密。 ④防水材料焊接前按照设计及规范要求进行试焊，并对焊接作业人员进行焊接工艺性试验。
治理措施	1. 对防水材料接头漏焊、脱焊部位进行补焊。 2. 补焊后对焊缝进行气密性检测，如不满足设计要求，将焊接接头切除，重新焊接防水材料。
照片	 缺陷照片　　　　标准照片　　　　整治照片

1.2.6　防水材料接头搭接长度不足

通病现象	防水材料接头搭接长度不足。
规范标准及相关规定	《地下防水工程质量验收规范》（GB 50208—2011） 4.3.6 防水卷材的搭接宽度视卷材的材质不同而不同，具体应符合表 4.3.6 的要求。铺贴双层卷材时，上下两层和相邻两幅卷材的接缝应错开 1/3～1/2 幅宽，且两层卷材不得相互垂直铺贴。
原因分析	1. 作业人员对防水层铺挂质量的重要性认识不足。 2. 作业人员对防水层的正确铺挂工艺不清楚，随意性大。 3. 作业人员未按设计及规范要求进行施工，存在偷工减料现象。
预防措施	1. 设计措施 ①PVC 防水卷材搭接边用手动热风焊枪点焊连接，搭接宽度为 100mm。 ②高分子自粘卷材，长边应采用自粘边搭接，搭接长度 70mm。短边应采用胶粘带搭接，搭接长度 80mm。卷材端部搭接区应相互错开。 2. 施工措施 根据设计及规范要求，对防水卷材进行搭接，并确保焊缝焊接质量。 3. 管理措施 ①召开车站防水施工专题会议，提高作业人员的质量意识。 ②对施工作业人员进行交底，明确防水卷材搭设长度。 ③经常性巡视检查现场，发现问题及时指出和整改。 ④严格质量验收，不符合设计及规范要求，未经整改合格，不允许进入下一道施工工序。
治理措施	对卷材搭接宽度检测，如果检测合格，则进行下一道施工工序；如果检测不合格，则拆除接头搭接长度不足区域，重新施作防水层。
照片	 缺陷照片　　　　　标准照片

1.2.7 防水层阴阳角基面处理不到位

通病现象	防水层阴阳角基面处理不到位，凹凸不平整，有尖锐突出物。
规范标准及相关规定	《地下防水工程质量验收规范》（GB 50208—2011） 4.3.5 基层阴阳角应做成圆弧或 45°坡角，其尺寸应根据卷材品种确定；在转角处、变形缝、施工缝，穿墙管等部位应铺贴卷材加强层，加强层宽度不应小于500mm。
原因分析	1. 作业人员未按要求对防水层阴阳角基面进行处理。 2. 作业人员对防水质量铺贴不佳可能造成的不良后果认识不足，施工工艺不清楚，随意性大。 3. 作业人员未按设计及规范要求进行施工。
预防措施	1. 设计措施 ①对 PVC 防水卷材防水层，基层面阴、阳角和棱角部位应做成 50mm×50mm 的水泥砂浆倒角。 ②对高分子自粘防水卷材，所有阴角均采用 1∶2.5 水泥砂浆做成 50mm×50mm 的钝角，阳角做成 20mm×20mm 的钝角。 2. 施工措施 ①防水施工前，对施工部位模板、混凝土浮渣等杂物进行全面清理。 ②所有阴阳角部位均采用水泥砂浆倒角，阴角做成 50mm×50mm 的倒角，阳角采用水泥砂浆圆顺处理，$R=50$mm。 3. 管理措施 ①防水施工前，对防水基面进行检查验收，确认模板、混凝土浮渣等杂物已清理。 ②经常性巡视检查现场，旁站关键工序，发现问题及时指出和整改。 ③严格质量验收，不符合设计及规范要求，未经整改合格，不允许进入下一道施工工序。
治理措施	1. 重新对阴阳角基面进行处理，所有阴阳角部位采用水泥砂浆倒角，阴角做成 50mm×50mm 的倒角，阳角采用水泥砂浆圆顺处理（$R=50$mm），凸出处进行打磨，凹陷处采用高一强度等级的水泥砂浆进行抹平。 2. 特殊部位无法处理时，经设计同意后对阴阳角处防水层进行加强。
照片	 缺陷照片　　　　　标准照片　　　　　整治照片

1.2.8 顶板外包防水预留长度不足

通病现象	顶板外包防水预留长度不足。
规范标准及相关规定	《地下工程防水技术规范》（GB 50108—2008） 4.3.3 卷材防水层用于建筑物地下室时，应铺设在结构底板垫层至墙体防水设防高度的结构基面上；用于单建式的地下工程时，应从结构底板垫层铺设至顶板基面，并应在外围形成封闭的防水层。
原因分析	1. 作业人员对防水层铺挂质量的重要性认识不足。 2. 作业人员对防水层的正确铺挂工艺不清楚，随意性大。 3. 作业人员未按设计及规范要求进行施工，存在偷工减料现象。
预防措施	**1. 设计措施** ①在平面和立面的转角处，外防水层的接缝应留在平面上，距立面不应小于1000mm。 ②防水层在转角及接槎地方的做法、搭接长度需满足规范要求。转角做成50mm×50mm的水泥砂浆倒角。 ③转角及特殊地方要增设 1～2 层加强卷材，推荐采取专用转角材料。 ④应加强防水材料收口处理，确保收口处的防水效果。 **2. 施工措施** ①根据设计及规范要求，对防水卷材进行搭接。 ②施工期间应通过降水和堵水措施，做到无水作业。卷材防水层的基面应平整、牢固、清洁、干燥。 **3. 管理措施** ①召开车站防水施工专题会议，提高作业人员的质量意识。 ②对施工作业人员进行交底，明确顶板外包防水的预留长度。 ③经常性巡视检查现场，发现问题及时指出和整改。 ④严格质量验收，不符合设计及规范要求，未经整改合格，不允许进入下一道施工工序。
治理措施	对顶板外包防水预留长度不足部位进行补接，原有卷材与新粘上去的卷材必须满足规范要求的搭接宽度，并进行气密性检测。
照片	 缺陷照片　　　　　　　标准照片

1.2.9 涂料防水层厚度不足、涂料防水层鼓包

通病现象	涂料防水层厚度不足，涂料防水层鼓包。
规范标准及相关规定	《地下防水工程质量验收规范》（GB 50208—2011） 4.4.8 涂料防水层的平均厚度应符合设计要求，最小厚度不得低于设计厚度的90%。 4.4.10 涂料防水层应与基层粘结牢固、涂刷均匀，不得流淌、鼓泡、露槎。
原因分析	1. 防水基面凹凸不平整。 2. 作业人员未按设计要求涂刷防水涂料。 3. 防水基面凹凸不平整，基面存在杂物。 4. 防水层摊铺不实部位存在水分及气体，当其收到太阳照射或人工热源影响后，体积膨胀，形成鼓包。
预防措施	1. 设计措施 ①对涂料防水层，基面有气孔、凹凸不平、蜂窝、缝隙、起砂等时，应修补处理，基面必须干净、平整、无浮浆、无水珠、不渗水。 ②防水层厚度控制，以涂抹次数及用量控制：涂料平均厚 2mm 涂刷三次到四次用量 3.2kg/m²；涂料平均厚 2.5mm 涂刷三次到四次用量 3.8kg/m²。 ③涂料防水层平均厚度应符合设计要求，最小厚度不得小于设计厚度的90%。检验方法采取针测法，按每处 10m²/抽取 5 个点，两点间距不小于 2m，计算 5 点的平均值为该处的平均厚度，并报告最小值。 ④防水涂料应分层涂布，在前层干燥后方可涂布后一层，其涂膜厚度应符合设计要求。每层涂料应顺向均匀涂布，且前、后层方向应垂直；边墙应由上向下顺序涂布，并采取防流淌措施。 ⑤涂料防水层严禁在雨天、雾天、五级及以上大风时施工，不得在施工环境温度低于 5℃及高于 35℃或烈日暴晒时施工。 2. 施工措施 ①混凝土结构顶板应平整、干净，对局部凹凸不平处采用 1∶2.5 水泥砂浆找平，平整度用 2m 直尺检查，直尺与基层的间隙不超过 5mm，只允许平缓过渡。 ②有机防水涂料基面应干燥。当基面较潮湿时，应涂刷湿固化型胶结或潮湿界面隔离剂；无机防水涂料施工前，基面应充分润湿，但不得有明水。 ③多组分涂料应按配合比准确计量，搅拌均匀，应根据有效时间确定每次配制的用量。 ④涂料应分层涂刷或喷涂，涂层应均匀，涂刷应待前遍涂层干燥成膜后进行；每遍涂刷时应交替改变涂层的涂刷方向，同层涂膜的先后搭压宽度宜为 30～50mm。 ⑤防水层施工时应注意天气预报，选择晴天施工，不应在雨天、雾天、大风天施工，防止基层受潮。

预防措施	3. 管理措施 ①顶板混凝土浇筑完毕后，采用木抹子反复收水压实，使表面平整。 ②基层表面的气孔、凹凸不平、蜂窝、缝隙、起砂等缺陷应修补处理，对基层表面突出的混凝土、钢筋等尖锐物体须剔凿和切割后，采用 1∶2.5 水泥砂浆抹平处理。 ③经常性巡视检查现场，旁站关键工序，发现问题及时指出和整改。 ④严格质量验收，不符合设计及规范要求，未经整改合格，不允许进入下一道施工工序。
治理措施	1. 对涂料防水层薄厚不一区域，清理表面污物，重新刷涂一层防水涂料，保证涂料厚度一致且满足设计要求。 2. 先将涂膜起鼓部分全部割去，露出基层；等基层干燥后，先涂底层涂料，再按涂防水层的施工方法逐层涂刷。 3. 不能一次涂抹完成，至少分两次涂抹完成；否则，涂膜容易产生气孔或者鼓泡。
照片	缺陷照片　 标准照片　 整治照片 缺陷照片　 标准照片　 整治照片

1.2.10 桩柱（抗拔桩、格构柱）桩头基面凿除、防水涂料涂刷不符合要求

通病现象	桩头基面凿除、防水涂料涂刷不符合要求。
规范标准及相关规定	《地下工程防水技术规范》（GB 50108—2008） 5.6.1 桩头所用防水材料应具有良好的粘结性、湿固化性；桩头防水材料应与垫层防水层连为一体。 5.6.2 应按设计要求将桩顶剔凿至混凝土密实处，并应清洗干净。
原因分析	1. 防水基面凹凸不平整。 2. 作业人员未按设计要求涂刷防水涂料。 3. 桩顶混凝土凿除不干净。
预防措施	1. 设计措施 ①桩头四周凿毛并清理干净，涂刷高渗透性环氧防水涂料，用量为每平方米2.0kg，然后再抹 10mm 厚的聚合物水泥砂浆，要求刚性防水层表面平整。聚合物水泥砂浆层应分两道施作，上下两道抹压方向应互相垂直。 ②防水层上翻至桩侧面的高度不宜小于 10cm，并与桩四周粘贴密实。无法直接上翻时，可采用加强层的方法进行封口处理。如桩侧基层不平整，需要在卷材端部涂抹密封胶封严。 ③防水加强层采用与防水层同材质、同厚度的防水材料。 ④格构柱施作镀锌止水钢板焊接时须进行满焊连接。 2. 施工措施 ①桩头凿除应严格按照设计要求施工。 ②桩头基面涂刷高渗透性环氧防水涂料前，应保持基面干爽整洁。 ③涂料应分层涂刷或喷涂，涂层应均匀，涂刷应待前遍涂层干燥成膜后进行，每遍涂刷时应交替改变涂层的涂刷方向。 ④底板防水层应预留足够长度，保证上翻至桩侧面的高度不宜小于 10cm，并与桩四周粘贴密实。 3. 管理措施 ①桩头凿除后，应现场进行检查验收，不符合要求须重新进行处理。 ②检查防水层上翻桩侧面高度是否足够，是否粘贴密实。 ③经常性巡视检查现场，旁站关键工序，发现问题及时指出和整改。 ④严格质量验收，不符合设计及规范要求，未经整改合格，不允进入下一道施工工序。
治理措施	1. 对防水层上翻密贴质量进行检查，不符合要求须进行返工处理。 2. 对防水涂料进行检查是否符合设计要求，不合格品严禁使用。 3. 对作业工人进行技术交底。
照片	 缺陷照片　　　　　标准照片

1.3 综合接地

1.3.1 接地端子焊接不饱满

通病现象	综合接地端子焊接不饱满。
规范标准及相关规定	《电气装置安装工程接地装置施工及验收规范》（GB 50169—2016）2.4.1 接地体（线）的连接应采用焊接，焊接必须牢固、无虚焊。
原因分析	1. 焊接前模具及导体含有水分。 2. 焊接部位表面有灰尘、渣子、氧化膜等杂质。 3. 焊工操作不当。
预防措施	**1. 设计措施** ①结构物内的接地钢筋之间均要求可靠焊接，保证电气连接。 ②钢筋的焊接对自然接地体的接地电阻影响很大，所有焊接应满焊，严禁虚焊或漏焊，焊接应按要求焊接。 **2. 施工措施** ①熔模、焊剂、连接体在使用前用烘干箱或喷灯予以加热驱除潮气。 ②凡附着于熔接物表面的尘土、油脂、镀锌、氧化膜等熔接前必须完全去除，使其光亮后才可以进行熔接作业。 ③熔模内遗留的矿渣使用软毛刷或其他软性物品及时完全清除，否则将使熔接接头表面不平滑或不光亮。 ④夹紧模具并检查模具接触面的密合度，防止作业时铜液从缝隙处渗漏出来。熔接开始前认真检查模具夹，并做适当调整。 **3. 管理措施** ①加强接地端子产品保护措施。 ②加强焊接过程施工质量检查、记录、验收。施工前对工人进行焊接交底。 ③经常性巡视检查现场，旁站焊接施工工序，发现问题及时指出和整改。 ④严格质量验收，不符合设计及规范要求，未经整改合格，不允许进入下一道施工工序。
治理措施	1. 对焊接不饱满处，进行补焊。 2. 补焊仍不合格，进行返工处理。
照片	 缺陷照片　　　　标准照片　　　　整治照片

1.3.2　接地电阻实测值偏大

通病现象	综合接地电阻实测值偏大。
规范标准及相关规定	《民用建筑电气设计标准》（GB 51348—2019） 　　21.8.3 综合布线系统应采用共用接地装置，车站接地电阻不应大于 1Ω，区间风井接地电阻不应大于 4Ω。当接地系统中存在两个不同的接地网时，其接地电位差有效值不应大于 1V。
原因分析	1. 接地的材料不合格。 　　2. 由于接地体结构施工不规范，安装过程不合格，深度不够。接地体与接地线之间的连接松动，接地土壤过于干燥。 　　3. 由于外力损坏，接地线断开或被盗。 　　4. 实际土壤电阻率大于设计要求。
预防措施	1. 设计措施 　　①设立畅通的轨回流措施、正线走行钢轨绝缘安装、在道床内设置杂散电流收集网；另根据地铁设计规范要求的情况，利用地下隧道和车站结构钢筋作为自然接地体，作为整个车站接地装置的一部分，通过接地端子与车站人工接地网连接构成车站综合接地网。 　　②整体道床、地下车站及非盾构隧道结构钢筋可靠焊接，相邻结构段间引出连接端子。整体道床作为杂散电流收集网，并引出测防端子，以用于杂散电流监测和排流，进而减少杂散电流对结构钢筋的腐蚀；地下车站及非盾构隧道结构钢筋作为杂散电流监测网，引出测量端子，同时地下车站及非盾构隧道结构作为自然接地体，引出接地端子，必要时与人工接地网连接。 　　③人工综合接地网及车站主体结构在施工焊接的过程中，对人工综合接地网及自然接地体的接地电阻应采取边施工边测量的方案。人工综合接地网和自然接地体的接地电阻应分开测量。当人工综合接地网施工到全部工程的二分之一时，接地电阻仍未达到设计要求，应及时通知相关设计人员。 2. 施工措施 　　①严格控制接地体的焊接质量。 　　②接地沟应满足设计要求。 　　③接地体的放置应保持尽可能短和笔直。 3. 管理措施 　　①接地材料进场进行送检。 　　②加强接地体成品保护措施，加强接地体连接质量管控。 　　③经常性巡视检查现场，旁站关键工序，发现问题及时指出和整改。 　　④严格质量验收，不符合设计及规范要求，未经整改合格，不允许进入下一道施工工序。

治理措施	1. 深埋接地体或增加人工接地体。 2. 施放降阻剂。 3. 采用多支线外接接地装置，外接长度不应大于有效长度。
照片	 缺陷照片　　　　　　标准照片　　　　　　整治照片

1.4 钢筋工程

1.4.1 钢筋锈蚀

通病现象	钢筋表面锈蚀。
规范标准及相关规定	《混凝土结构工程施工质量验收规范》（GB 50204—2015）5.2.4 在浇筑混凝土前，应进行钢筋隐蔽工程验收，并符合下列规定： 钢筋应平直、无损伤，表面不得有裂纹、油污、颗粒状或片状老锈。
原因分析	保管不良，受到雨雪侵蚀，存放期长，仓库环境潮湿，通风不良。
预防措施	1. 设计措施 ①钢筋的强度标准值应具有不小于 95% 的保证率；受力预埋件的锚筋、吊筋不应采用冷加工钢筋。 ②钢筋性能需满足：a. 钢筋的抗拉强度实测值与屈服强度实测值的比值不应小于 1.25；b. 钢筋的屈服强度实测值与屈服强度标准值的比值不应大于 1.30；c. 钢筋最大拉力下的总伸长率实测值不应小于 9%。 2. 施工措施 ①钢筋原材存放在仓库或料棚内，保持地面干燥。 ②钢筋不堆放在地面上，用混凝土墩、砖或垫木垫起，使离地面 200mm 以上。 ③库存期限不宜过长，原则上先进库的先使用。 ④工地临时保管钢筋原料时，选择地势较高、地面干燥的露天场地。 ⑤根据天气情况，必要时加盖帆布。 ⑥场地四周要有排水措施。 ⑦堆放期尽量缩短。 ⑧钢筋绑扎完成后及时浇筑混凝土。对预留钢筋进行防锈处理保护。 3. 管理措施 ①钢筋进场，检查质量证明文件和抽样检验报告，表观质量合格，无锈蚀。 ②不定期对钢筋供应厂商进行抽查，保证进场钢筋满足质量要求。 ③经常性巡视检查现场，保证进场钢筋上盖下垫，发现问题及时指出和整改。
治理措施	1. 水锈。水锈处于铁锈形成的初期，在混凝土中不影响钢筋与混凝土的粘结。因此，除了焊接操作时在焊点附近需擦干净之外，一般不做处理。但是，有时为了防止锈迹污染，也用麻袋布擦拭。 2. 陈锈。采用钢丝刷或麻袋布擦等手工方法；具备条件的工地尽可能采用机械方法。盘条细钢筋通过冷拉或调直过程除锈；粗钢筋采用专用除锈机除锈，如自制圆盘钢丝刷除锈机（在电动机转动轴上安装两个圆盘钢丝刷刷锈）。

治理措施	3. 老锈。对于有起层锈片的钢筋，先用小锤敲击，使锈片剥落干净，再用除锈机除锈；因麻坑、斑点以及锈皮去层会使钢筋截面损伤，所以使用前鉴定是否降级使用或另做其他处置。
照片	 缺陷照片　　　　标准照片　　　　整治照片

1.4.2　拉结筋弯曲角度不足

通病现象	钢筋下料长度不符合图纸要求。
规范标准及相关规定	《混凝土结构工程施工质量验收规范》（GB 50204—2015）5.3 在钢筋安装前，应对加工的钢筋进行验收，并符合下列规定： 5.3.1 钢筋弯折的弯弧内直径应符合下列规定： 1. 光圆钢筋，不应小于钢筋直径的 2.5 倍； 2. 335MPa 级、400MPa 级带肋钢筋，不应小于钢筋直径的 4 倍； 3. 500MPa 级带肋钢筋，当直径为 28mm 以下时不应小于钢筋直径的 6 倍，当直径为 28mm 及以上时不应小于钢筋直径的 7 倍； 4. 箍筋弯折处尚不应小于纵向受力钢筋的直径。 5.3.2 纵向受力钢筋的弯折后平直段长度应符合设计要求。 5.3.3 箍筋、拉钩的末端应按设计要求做弯钩，并应符合下列规定： 1. 对一般结构构件，箍筋弯钩的弯折角度不应小于 90°，弯折后平直段不应小于箍筋直径的 5 倍；对有抗震设防要求或设计有专门要求的结构构件，箍筋弯钩的弯折角度不应小于 135°，弯折后平直段长度不应小于箍筋直径的 10 倍； 2. 圆形箍筋的搭接长度不应小于其受拉锚固长度，且两末端弯钩的弯折角度不应小于 135°，弯折后平直段长度对一般结构构件不应小于箍筋直径的 5 倍，对有抗震设防要求的结构构件不应小于箍筋直径的 10 倍； 3. 梁、柱复合箍筋中的单肢箍筋两端弯钩的弯折角度均不应小于 135°，弯折后平直段长度应符合本条第 1 款对箍筋的有关规定。 5.3.5 钢筋加工的形状、尺寸应符合设计要求，其偏差应符合表 5.3.5 的规定。
原因分析	1. 下料不准确；画线方法不对或误差大；用手工弯曲时，扳距选择不当。角度控制没有采取保证措施。 2. 箍筋边长成型尺寸与图样要求误差过大，没有严格控制弯曲角度，一次弯曲多个箍筋时没有逐根对齐。
预防措施	1. 设计措施 箍筋、拉钩的末端应按设计要求做弯钩，并应符合下列规定： ①对一般结构构件，箍筋弯钩的弯折角度不应小于 90°，弯折后平直段不应小于箍筋直径的 5 倍；对有抗震设防要求或设计有专门要求的结构构件，箍筋弯钩的弯折角度不应小于 135°，弯折后平直段长度不应小于箍筋直径的 10 倍。 ②圆形箍筋的搭接长度不应小于其受拉锚固长度，且两末端弯钩的弯折角度不应小于 135°，弯折后平直段长度对一般结构构件不应小于箍筋直径的 5 倍，对有抗震设防要求的结构构件不应小于箍筋直径的 10 倍。 ③梁、柱复合箍筋中的单肢箍筋两端弯钩的弯折角度均不应小于 135°，弯折后平直段长度应符合本条第①款对箍筋的有关规定。 2. 施工措施 ①熟悉图纸，明白设计意图，按图纸进行要求进行结构构件尺寸长度下料。

预防措施	②一般情况采用以下画线方法：画弯曲钢筋分段尺寸时，将不同角度的下料长度调整值在弯曲操作方向相反一侧长度内扣除，画上分段尺寸线。 ③形状对称的钢筋，画线从钢筋的中心点开始，向两边分画。 ④扳距大小根据钢筋弯制角度和钢筋直径确定，并结合经验取值。 ⑤在设备和工具不能自行达到准确角度的情况下，在成型案上画出角度准线或采取钉扒钉做标志的措施。 ⑥对于形状比较复杂的钢筋，如要进行大批成型，先放出实样，并根据具体条件预先选择合适的操作参数以作为示范。 3. 管理措施 ①同设计对接，设计简单可控易加工的构件。 ②加强钢筋配料管理工作，根据设备情况和传统操作经验，预先确定各种形状钢筋下料长度的调整值，配料时事先考虑周到。 ③经常性巡视检查现场，发现问题及时指出和整改。 ④对施工加工钢筋，严格质量验收，不符合设计及规范要求，未经整改合格，不允许进入下一道施工工序。
治理措施	1. 当所成型钢筋某部分误差超过质量标准的允许值时，根据钢筋受力和构造特征分别处理。 2. 如果存在超偏差部分对结构性能没有不良影响，尽量使用（例如弯起钢筋弯起点位置略有偏差或弯曲角度稍有不准，经过技术鉴定确定是否可用）。 3. 对结构性能有重大影响，或钢筋无法安装的，则返工；返工时如需重新将弯折处直开，仅限于 HPB300 级钢筋返工一次，并在弯折处仔细检查表面状况（如是否变形过大或出现裂纹等）。
照片	 缺陷照片　　　　　标准照片

1.4.3 钢筋保护层超限

通病现象	浇筑混凝土前发现墙、板保护层厚度超限，没有达到规范要求。
规范标准及相关规定	《混凝土结构工程施工质量验收规范》（GB 50204—2015）10.1.3 钢筋保护层厚度检验应符合本规范附录 E 的规定，结构实体钢筋保护层厚度检验构件的选取应均匀分布，并应符合下列规定：1. 对非悬挑梁板类构件，应各抽取构件数量的 2%且不少于 5 个构件进行检验。2. 对悬挑梁，应抽取构件数量的 5%且不少于 10 个构件进行检验；当悬挑梁数量少于 10 个时，应全数检验。3. 对悬挑板，应抽取构件数量的 10%且不少于 20 个构件进行检验；当悬挑板数量少于 20 个时，应全数检验。 并应符合下列规定： 1. 当全部钢筋保护层厚度检验的合格率为 90%及以上时，可判为合格； 2. 当全部钢筋保护层厚度检验的合格率小于 90%但不小于 80%时，可再抽取相同数量的构件进行检验；当按两次抽样总和计算的合格率为 90%及以上时，仍可判为合格； 3. 每次抽样检验结果中不合格点的最大偏差均不应大于本规范附录 E.0.4 条规定允许偏差的 1.5 倍。
原因分析	1. 保护层垫块厚度不准确，或垫块垫得少。 2. 钢筋骨架制作不牢固，导致变形。 3. 垫块强度不足、破损。
预防措施	1. 设计措施 ①结构板施工时，钢筋绑扎前应设置混凝土垫块，防止钢筋网挠度过大，确保受力主筋的保护层的厚度，混凝土垫块强度等级和抗渗等级同结构板等级。 ②在混凝土浇筑工程中，应经常观察模板、支架、钢筋、预埋件和预留孔洞的情况，当发现有变形、移位时，应及时采取措施进行处理。 2. 施工措施 ①采用合适的混凝土强度制作混凝土垫块，塑料垫块同样设计其强度，保证不变形。 ②根据受力面积合理布局垫块数量，并能与钢筋可靠连接垫块。 ③钢筋网片有可能随混凝土浇捣而沉落时，采取措施防止保护层偏差。保证钢筋骨架固定牢靠，施工过程中不变形。 3. 管理措施 ①检查砂浆垫块厚度是否准确，根据平板面积大小配置适当多垫块。 ②放置垫块时，严格按照设计要求布置垫块数量及间距。 ③按方案施工，采用设计要求厚度的垫块。 ④浇筑前对钢筋工程进行验收，保证其安装牢靠，浇筑过程中不变形。

治理措施	1. 混凝土浇筑前发现破损的垫块，重新更换。垫块设置不足的位置，补安装垫块。 2. 加设马凳筋、定位筋等措施筋，加强钢筋的结构稳定性。
照片	 缺陷照片　　　　　　标准照片

1.4.4 钢筋焊缝不饱满、脱焊、过焊、夹渣

通病现象	焊缝表面凹凸不平，宽窄不均。焊接饱满度不足，存在焊瘤、咬边、烧伤、夹渣、气孔现象。

规范标准及相关规定

《钢筋焊接及验收规程》（JGJ 18—2012）5.1.1 质量检验与验收应包括外观质量检查和力学性能检验，并划分为主控项目和一般项目两类。

5.5.2 电弧焊接头外观质量检查结果，应符合下列规定：

1. 焊缝表面应平整，不得有凹陷或焊瘤；
2. 焊接接头区域不得有肉眼可见的裂纹；
3. 焊缝余高应为 2～4mm；
4. 咬边深度、气孔、夹渣等缺陷允许值及接头尺寸的允许偏差，应符合表 5.5.2 的规定。

钢筋电弧焊接头尺寸偏差及缺陷允许值　　　　表 5.5.2

名称		单位	接头形式		
			帮条焊	搭接焊 钢筋与钢板搭焊	坡口焊 窄间隙焊 熔槽帮条焊
帮条沿接头中心线的纵向偏移		mm	$0.3d$	—	—
接头处弯折角度		°	2	2	2
接头处钢筋轴线的偏移		mm	$0.1d$	$0.1d$	$0.1d$
			1	1	1
焊缝宽度		mm	$+0.1d$	$+0.1d$	—
焊缝长度		mm	$-0.3d$	$-0.3d$	—
咬边深度		mm	0.5	0.5	0.5
在长 $2d$ 焊缝表面上的气孔及夹渣	数量	个	2	2	—
	面积	mm²	6	6	—
在全部焊缝表面上的气孔及夹渣	数量	个	—	—	2
	面积	mm²	—	—	6

注：d 为钢筋直径（mm）。

原因分析

1. 焊工操作不当。
2. 焊接参数选择不合适。
3. 焊条强度与钢筋强度选择不合适。
4. 熔池温度过高，凝固较慢，在铁水自重作用下下坠形成焊瘤。
5. 焊接电流过大，电弧太长，或操作不熟练形成咬边。
6. 使焊条、焊把等与钢筋非焊接部位接触，短暂地引起电弧后，将钢筋表面局部烧伤，形成缺肉或凹坑。

原因分析	7. 工艺不熟练、焊接电流小、钝边大、坡口角度小、焊条直径较粗等。夹渣也可能来自钢筋表面的铁锈、氧化皮、水泥浆等污物，或焊接熔渣渗入焊缝所致。多层施焊时，熔渣没有清除干净，也会造成层间夹渣。
预防措施	1. 设计措施 ①受力钢筋的接头采用焊接，除应满足现行《混凝土结构工程施工质量验收规范》（GB 50204），《钢筋焊接及验收规程》（JGJ 18）外，还应满足结构接地网的有关要求和注意各层梁、板的受力方向，正确判定各截面的受拉面，以选定钢筋施工连接的最佳位置。 ②钢筋加工的形状，尺寸必须符合设计要求，所有钢筋骨架要求焊接，钢筋焊接的接头形式，焊接工艺和质量验收，应符合国家现行标准的有关规定；焊接长度：单面焊 $\geqslant 10d$，双面焊 $\geqslant 5d$。 ③钢筋设置在同一截面内的焊接接头应相互错开。在任一焊接接头中心至长度为钢筋直径d的 35 倍，且不小于 500mm 的区段内，同一钢筋不得有两个接头，在该区段内有接头的受力钢筋截面面积占受力钢筋总截面面积的百分率为受拉区不宜超过 50%；焊接接头距钢筋弯折处不应小于钢筋直径的 10 倍，且不宜位于构件的最大弯矩处。 2. 施工措施 ①钢筋焊条电弧焊所采用的焊条，应符合国家标准《非合金钢及细晶粒钢焊条》（GB/T 5117—2012）、《热强钢焊条》（GB/T 5118—2012）的规定。 ②施焊的各种钢筋、钢板均应有质量证明书：焊条、焊丝、氧气、溶解乙炔、液化石油气、二氧化碳气体、焊剂应有产品合格证。 ③在钢筋工程焊接开工之前，参与该项工程施焊的焊工必须进行现场条件下的焊接工艺试验，应经试验合格后，方准予焊接生产。 ④根据钢筋直径、接头形式和焊接位置，选择焊接材料，确定焊接工艺和焊接参数。 ⑤适当放慢焊接速度，以保证钢筋端面充分熔合。 ⑥焊接时将焊接区域内的脏物清除干净；多层施焊时，层层清除熔渣。 3. 管理措施 ①各种焊接材料应分类存放、妥善处理；应采取防止锈蚀、受潮变质等措施。 ②焊工取得合格证书方可上岗。 ③作业前对焊工进行培训，严格质量验收，不符合设计及规范要求，未经整改合格，不允许进入下一道施工工序。
治理措施	1. 对焊瘤处进行打磨后补焊。 2. 对咬边处小电流，窄焊道，高焊速补焊。 3. 有烧伤缺陷时，予以铲除磨平，视情况补焊加固，然后进行回火处理。 4. 夹渣及气孔处仔细清渣后精心补焊一层。 5. 焊缝表面凹凸不平，宽窄不均。焊接饱满度不足的进行补焊处理。

照片	 缺陷照片	名称	接头形式
		单面焊接的 钢筋接头	
		双面焊接的 钢筋接头	
		用帮条单面焊接的 钢筋接头	
		用帮条双面焊接的 钢筋接头	
		标准照片	

1.4.5 钢筋丝扣数量不足、丝槽深度超限

通病现象	钢筋的牙形与牙形规不吻合，其小端直径在卡规的允许误差范围之外；套丝丝扣有损坏。
规范标准及相关规定	《钢筋机械连接技术规程》（JGJ 107—2016）6.2.1 直螺纹钢筋丝头加工应符合下列规定： 1. 钢筋端部应采用带锯、砂轮锯或带圆弧形刀片的专用钢筋切断机切平； 2. 镦粗头不应有与钢筋轴线相垂直的横向裂纹； 3. 钢筋丝头长度应满足产品设计要求，极限偏差应为 $0\sim2.0p$； 4. 钢筋丝头宜满足 6f 级精度要求，应采用专用直螺纹量规检验，通规应能顺利旋入并达到要求的拧入长度，止规旋入不得超过 $3p$。各规格的自检数量不应少于 10%，检验合格率不应小于 95%。
原因分析	1. 操作工人未经培训或操作不当。 2. 操作工人未按机床操作规程操作。 3. 钢筋端面未打磨，切割钢筋采用气割。 4. 车丝机设备本身问题。
预防措施	1. 设计措施 ①钢筋的接头位置：顶板、中板的板面筋和梁面筋在跨中 1/3 跨度内连接，板底筋和梁底筋在支座内连接；底板的板面筋和梁面筋在支座内连接，板底筋和梁底筋在跨中 1/3 跨度内连接；侧墙内墙面钢筋在支座内连接，外墙面钢筋在跨中 1/3 跨度内连接。 ②施工缝处受力钢筋须留足规定的钢筋搭接长度或采用机械连接，接头应相互错开，保证在同一截面上钢筋的接头不超过钢筋面积的 50%，若采用钢筋接驳器，接头等级不低于 Ⅰ 级。在新浇筑混凝土施工前，应将旧混凝土表面按规范要求凿毛，并用高压水冲洗干净。 2. 施工措施 ①套丝用水溶性切削冷却润滑液，不用机油润滑或不加润滑油套丝。 ②用砂轮片切割机下料以保证钢筋断面与钢筋轴线垂直，不用气割切断钢筋。 ③对丝扣有损坏的，将其切除一部分或全部重新套丝。 3. 管理措施 ①对已经拆完丝扣钢筋拧上塑料保护帽，进行分类保护。 ②钢筋套丝质量用牙形规与卡规检查，钢筋的牙形与牙形规相吻合，其小端直径在卡规上标出的允许误差之内，锥螺纹丝扣完整牙数不小于规范规定。 ③对操作工人进行培训，取得合格证后再上岗，操作时加强其责任心。 ④定期对设备进行保养。 ⑤钢筋丝头加工与接头安装应经工艺检验合格后方可进行。

治理措施	对于不合格接头采用砂轮片切割机截断后重新套丝。
照片	缺陷照片　　 标准照片　　 整治照片

1.4.6 钢筋机械连接丝扣外露、拧固不到位

通病现象	1. 拧紧后的机械连接套筒单侧外露丝扣超过规范丝扣数量。 2. 连接套规格与钢筋不一致或套丝误差大。 3. 接头强度达不到要求。
规范标准及 相关规定	《钢筋机械连接技术规程》（JGJ 107—2016）6.3.1 直螺纹接头的安装应符合下列规定： 1. 安装接头时可用管钳扳手拧紧，钢筋丝头应在套筒中央位置相互顶紧，标准型、正反丝型、异径型接头安装后的单侧外露螺纹不宜超过 $2p$；对无法对顶的其他直螺纹接头，应附加锁紧螺母、顶紧凸台等措施紧固。 2. 接头安装后应用扭力扳手校核拧紧扭矩，最小拧紧扭矩值应符合表 6.3.1 的规定。

直螺纹接头安装时最小拧紧扭矩值　　　　　表 6.3.1

钢筋直径（mm）	≤16	18~20	22~25	28~32	36~40	50
拧紧扭矩（N·m）	100	200	260	320	360	460

原因分析	1. 接头的拧紧力矩值没有达到标准或漏拧。 2. 钢筋丝头加工与接头安装未经工艺检验合格后就进行生产安装。 3. 操作工人未经培训或责任心不强。 4. 水泥浆等杂物进入套筒影响接头质量。 5. 力矩扳手未进行定期检测。
预防措施	1. 设计措施 ①钢筋的接头位置：顶板、中板的板面筋和梁面筋在跨中 1/3 跨度内连接，板底筋和梁底筋在支座内连接；底板的板面筋和梁面筋在支座内连接，板底筋和梁底筋在跨中 1/3 跨度内连接；侧墙内墙面钢筋在支座内连接，外墙面钢筋在跨中 1/3 跨度内连接。 ②施工缝处受力钢筋须留足规定的钢筋搭接长度或采用机械连接，接头应相互错开，保证在同一截面上钢筋的接头不超过钢筋面积的 50%，若采用钢筋接驳器时，接头等级不低于 Ⅰ 级。在新浇筑混凝土施工前，应将旧混凝土表面按规范要求凿毛，并用高压水冲洗干净。 2. 施工措施 ①同径或异径接头连接时，采用二次拧紧连接方法；单向可调、双向可调接头连接时，采用三次拧紧方法。连接水平钢筋时，先将钢筋托平对正，用手拧紧，再按规定的力矩值，用力矩扳手拧紧接头。 ②连接完的接头立即用油漆做上标记，防止漏拧。 ③对外露丝扣超过规范要求的接头，重新拧紧接头或进行加固处理，采用电弧焊贴角焊缝加以补强。补焊的焊缝高度不小于 5mm，焊条选用 E5015，当连接钢筋为 HRB400 级钢时，先做可焊性试验，经试验合格后，采用焊接补强方法。

预防措施	3. 管理措施 ①力矩扳手出厂时有产品合格证，力矩扳手提前鉴定。 ②防止钢筋堆放、吊装、搬运过程中弄脏或碰坏钢筋丝头，要求检验合格的丝头一端套上保护帽，另一端拧紧连接套。 ③对操作工人进行培训，取得合格证后再上岗，操作时加强其责任心。 ④钢筋丝头加工与接头安装应经工艺检验合格后方可进行生产。
治理措施	1. 对外露丝扣超过规范要求的接头，重新拧紧接头。 2. 无法拧紧的接头进行加固处理，采用电弧焊贴角焊缝加以补强。
照片	 缺陷照片　　　　标准照片　　　　整治照片

1.4.7 板（柱）钢筋穿格构柱互锚不到位

通病现象	板（柱）由于格构柱位置缀板和角钢的影响，导致钢筋不能全部通过格构柱，而钢筋在格构柱位置锚固不满足规范要求。
规范标准及相关规定	《混凝土结构工程施工质量验收规范》（GB 50204—2015） 5.4.4 钢筋接头的位置应符合设计和施工方案要求。有抗震设防要求的结构中，梁端、柱端箍筋加密区范围内不应进行钢筋搭接。接头末端至钢筋弯起点的距离不应小于钢筋直径的 10 倍。 5.5.2 钢筋应安装牢固。受力钢筋的安装位置、锚固方式应符合设计要求。
原因分析	1. 下料尺寸存在问题。 2. 操作工人责任心不强，在安装过程中比较随意。 3. 未严格按照交底技术进行钢筋安装。
预防措施	1. 设计措施 ①受力钢筋的接头采用焊接，除应满足现行《混凝土结构工程施工质量验收规范》（GB 50204），《钢筋焊接及验收规程》（JGJ 18）外，还应满足结构接地网的有关要求和注意各层梁、板的受力方向，正确判定各截面的受拉面，以选定钢筋施工连接的最佳位置。 ②钢筋的接头位置：顶板、中板的板面筋和梁面筋在跨中 1/3 跨度内连接，板底筋和梁底筋在支座内连接；底板的板面筋和梁面筋在支座内连接，板底筋和梁底筋在跨中 1/3 跨度内连接；侧墙内墙面钢筋在支座内连接，外墙面钢筋在跨中 1/3 跨度内连接。 2. 施工措施 合理设置钢筋接头，钢筋布置。 3. 管理措施 ①对钢筋绑扎队伍进行交底，严格要求钢筋安装间距、钢筋直径大小、锚固长度等。 ②对操作工人进行培训，取得合格证后再上岗，操作时加强其责任心。 ③安装过程中对钢筋安装进行核查，及时调整。
治理措施	1. 采用焊接格构柱处理。 2. 钢筋绕开格构柱后加强侧边处理。
照片	 缺陷照片　　　　　　　　标准照片

1.4.8　钢筋锚固长度不够

通病现象	钢筋锚固不足，在钢筋下料过程中，未充分考虑现场实际情况，导致某些特殊位置的锚固不满足规范要求。
规范标准及相关规定	《混凝土结构设计规范》（GB 50010—2010）（2015 年版）8.3.1 当计算中充分利用钢筋的抗拉强度时，受拉钢筋的锚固应符合下列要求： 1. 基本锚固长度应按下列公式计算： 普通钢筋 $$l_{ab} = \alpha \frac{f_y}{f_t} d \qquad (8.3.1\text{-}1)$$ 预应力筋 $$l_{ab} = \alpha \frac{f_{py}}{f_t} d \qquad (8.3.1\text{-}2)$$ 式中：l_{ab}——受拉钢筋的基本锚固长度； 　　　f_y、f_{py}——普通钢筋、预应力筋的抗拉强度设计值； 　　　f_t——混凝土轴心抗拉强度设计值，当混凝土强度等级高于 C60 时，按 C60 取值； 　　　d——锚固钢筋的直径； 　　　α——锚固钢筋的外形系数，按表 8.3.1 取用。

锚固钢筋的外形系数　　　　　　　表 8.3.1

钢筋类型	光圆钢筋	带肋钢筋	螺旋肋钢丝	三股钢绞线	七股钢绞线
α	0.16	0.14	0.13	0.16	0.17

注：光圆钢筋末端应做 180°弯钩，弯后平直段长度不应小于 3d，但作受压钢筋时可不做弯钩。

2. 当锚固钢筋的保护层厚度不大于 5d时，锚固长度范围内应配置横向构造钢筋，其直径不应小于$d/4$；对梁、柱、斜撑等构件间距不应大于 5d，对板、墙等平面构件间距不应大于 10d，且均不应大于 100mm，此处d为锚固钢筋的直径。

原因分析	1. 钢筋下料时，钢筋长度控制不满足要求。 2. 钢筋绑扎时，一侧锚固长度过大，导致另一侧钢筋锚固达不到要求。 3. 操作工人责任心不强，在安装过程中比较随意。
预防措施	1. 施工措施 ①下料时合理设置钢筋接头，钢筋布置。 ②安装前对钢筋进行定位画线。 2. 管理措施 ①对钢筋绑扎队伍进行交底，严格要求钢筋安装间距、钢筋直径大小、锚固长度等。 ②对操作工人进行培训，取得合格证后再上岗，操作时加强其责任心。

治理措施	1. 采用焊接的处理措施。 2. 松开扎丝，调整钢筋的安装位置。 3. 重新下料。
照片	 缺陷照片　　　　　　标准照片　　　　　　整治照片

1.4.9 预留孔洞及预埋件偏差大

通病现象	预留孔洞位置偏差、孔洞变形或者预埋件安装出现偏差，偏离施工图纸要求的位置。

规范标准及相关规定

《混凝土结构工程施工质量验收规范》（GB 50204—2015）

8.3.1 现浇结构不应有影响结构性能或使用功能的尺寸偏差；混凝土设备基础不应有影响结构性能和设备安装的尺寸偏差。

8.3.3 现浇设备基础的位置和尺寸应符合设计和设备安装的要求。其位置和尺寸偏差及检验方法应符合表 8.3.3 的规定。

现浇设备基础位置和尺寸允许偏差及检验方法　　表 8.3.3

项目		允许偏差（mm）	检验方法
坐标位置		20	经纬仪及尺量
不同平面标高		0，−20	水准仪或拉线、尺量
平面外形尺寸		±20	尺量
凸台上平面外形尺寸		0，−20	尺量
凹槽尺寸		+20，0	尺量
平面水平度	每米	5	水平尺、塞尺量测
	全长	10	水准仪或拉线、尺量
垂直度	每米	5	经纬仪或吊线、尺量
	全高	10	经纬仪或吊线、尺量
预埋地脚螺栓	中心位置	2	尺量
	顶标高	+20，0	水准仪或拉线、尺量
	中心距	±2	尺量
	垂直度	5	吊线、尺量
预埋地脚螺栓孔	中心线位置	10	尺量
	截面尺寸	+20，0	尺量
	深度	+20，0	尺量
	垂直度	$h/100$ 且≤ 10	吊线、尺量
预埋活动地脚螺栓锚板	中心线位置	5	尺量
	标高	+20，0	水准仪或拉线、尺量
	带槽锚板平整度	5	直尺、塞尺量测
	带螺纹孔锚板平整度	2	直尺、塞尺量测

注：1. 检查坐标、中心线位置时，应沿纵、横两个方向测量，并取其中偏差的较大值。
　　2. h 为预埋地脚螺栓孔孔深，单位为 mm。

原因分析

1. 施工过程中测量放点位置未进行保护，导致安装时位置偏移。
2. 预埋件安装加固不牢。
3. 预埋件中心位置计算错误。
4. 混凝土浇筑过程中，振捣时距预埋件过近或紧贴预埋件振捣。
5. 预埋件位置检查时，板面不平整，检查结果存在误差。
6. 在混凝土浇筑过程中，外力作用造成预埋件移动。

续表

预防措施	**1. 设计措施** ①楼板开洞构造措施：板上孔洞应预留，当孔洞尺寸小于 300mm 时，洞边不再另加钢筋，板内钢筋由洞边绕过，不得截断；当洞口尺寸大于 300mm 而小于 1000mm 时，采用上下各 4φ20 且不小于被切断板筋总面积的 50%的钢筋进行加强。洞口尺寸大于 1000mm 时，洞边应设置暗梁或次梁；盾构孔、出土孔等远期封闭的孔洞，需按设计要求，在孔边预埋板、梁等构件的钢筋连接驳器。 ②在浇筑混凝土前，要检查预留孔洞及预埋件的尺寸、位置是否符合设计要求，在满足各个专业的要求后方可浇筑混凝土。 **2. 施工措施** ①预埋件中心位置计算后，技术、质检、放线人员需进行验证，验证后方可进行现场放线。 ②预埋螺栓、铁件等必须固定良好，必要时可增加构造措施，如加设螺栓架，加钢筋支撑等。 ③埋件与模板之间采用双面胶或其他措施进行填充，防止混凝土浆进入埋件表面，造成埋件内陷。 ④浇筑过程中，防止对预留孔洞和预埋件的碰撞；同时，安排人员及时对预埋件位置进行跟踪、检查，发现问题应及时处理；混凝土没有达到规定的强度时，不得进行预埋件下一道工序的作业。 **3. 管理措施** ①预留孔洞及预埋件安装技术交底中安装位置、加固措施、混凝土振捣注意事项描述清楚，并让工人理解掌握。 ②安装完成后对预埋件安装情况进行核查，确保不遗漏，加固到位。
治理措施	1. 对于预埋件加固不牢固的，重新进行加固。 2. 位置不准确的，把不合格的预埋件或预留孔洞重新安装。 3. 对于遗漏的预埋件或孔洞，与设计对接看是否可重新开孔或植筋处理。
照片	   　缺陷照片　　　　　　标准照片　　　　　　整治照片

1.5　混凝土工程

1.5.1　混凝土结构柱尺寸偏差

通病现象	混凝土结构尺寸超出规范偏差，但尺寸偏差对设备性能和使用功能未构成影响。
规范标准及相关规定	《混凝土结构工程施工质量验收规范》（GB 50204—2015）8.3.1 现浇结构不应有影响结构性能或使用功能的尺寸偏差；混凝土设备基础不应有影响结构性能或设备安装的尺寸偏差。 对超过尺寸允许偏差且影响结构性能或安装、使用功能的部位，应由施工单位提出技术处理方案，并经监理、设计单位认可后进行处理。对经处理的部位应重新验收。
原因分析	1. 模板变形严重、安装不顺直、加固不牢固。 2. 模板加固体系的刚度、强度及稳定性不足，造成模板整体变形和位移。 3. 模板安装检查、复核不到位，导致错台或构件尺寸误差较大。 4. 混凝土浇筑方式不当或冲击力过大造成的模板变形。 5. 混凝土浇筑时，振捣棒触碰模板或钢筋骨架造成的模板变形及加固件松动。
预防措施	1. 设计措施 现浇结构不应有影响结构性能或使用功能的尺寸偏差。 2. 施工措施 ①检查模板及固定件规格尺寸、刚度、强度和整体稳定性满足要求。 ②模板使用前检查并涂刷隔离剂、表面平整，拼缝严密、无错台。 ③混凝土浇筑时下料高度大于 2m 的必须增设串筒，且控制浇筑速度；安排专人随时检查模板变形情况，发现变形或胀模时立即停止施工，防止混凝土构件偏差或变形。 3. 管理措施 ①严格按照设计图纸及方案、交底施工，选用合格材料。 ②对每道工序必须执行检查、验收制度。
治理措施	1. 成品构件及时复核验收，对不影响结构限界时，小范围鼓包、错台等，可根据质量缺陷消缺方案进行打磨、凿除处理。 2. 成品构件侵入结构较大时，则须监理、设计、建设单位共同开会讨论后，确定处理方案。
照片	 缺陷照片　　　　标准照片　　　　整治照片

1.5.2　混凝土结构净空不足

通病现象	混凝土结构净空不足是指围护结构或异物侵占主体结构空间，影响后续主体结构施工的现象。
规范标准及相关规定	《混凝土结构工程施工质量验收规范》（GB 50204—2015）8.3.1 对超过尺寸允许偏差且影响结构性能或安装、使用功能的部位，应由施工单位提出技术处理方案，并经监理、设计单位认可后进行处理。对经处理的部位应重新验收。
原因分析	1. 围护结构施工护筒偏差，成槽垂直度控制不精准。 2. 结构混凝土浇筑时模板安装尺寸不符合要求或模板加固不牢固。结构两侧需同步浇筑混凝土时，未对称浇筑造成偏压而导致模板变形或移位等。
预防措施	1. 设计措施 ①确保建筑限界和结构设计厚度，无论在平面或立面上围护结构都不得侵入基坑一侧，施工放样时围护结构平面位置应适当外放，施工放线完成后经监理单位及有关单位复核无误后方可施工。 ②地下连续墙墙面倾斜度不得大于 1/300，表面局部突出和墙面倾斜之和不应大于 100mm，地下连续墙上预埋铁件的偏差不大于 50mm。 ③连续墙槽段长度允许偏差±50mm；槽段厚度允许偏差±10mm。 ④围护桩护筒应认真正确埋设，埋设护筒时，护筒中心轴对准其测定的桩位中心，其偏差不得大于 20mm，并应严格保持护筒的垂直。护筒固定在正确位置后，应用黏土分层回填夯实。 2. 施工措施 ①围护结构护筒复核到位，成槽后采用超声波检测垂直度。 ②混凝土浇筑前复核验收模板平面位置、检查模板加固牢靠，控制混凝土浇筑速度均匀、对称。 3. 管理措施 ①严格按照设计图纸及方案、交底施工，选用合格材料。 ②对每道工序必须执行检查、验收制度。
治理措施	1. 对侵限的围护结构混凝土直接凿除，凿除时注意对桩体钢筋的保护，不得伤及钢筋。 2. 对侵入净空内结构凿除、打磨处理，保证不影响使用。

1.5.3　混凝土表面露筋

通病现象	构件内钢筋未被混凝土包裹而外露。
规范标准及相关规定	《混凝土结构工程施工质量验收规范》（GB 50204—2015）8.2.2 现浇结构的外观质量不应有一般缺陷，对已经出现的一般缺陷，应由施工单位按技术处理方案进行处理。对经处理的部位重新验收。
原因分析	1. 模板表面粗糙或粘附硬水泥浆垢等杂物未清理干净，拆模时混凝土表面被粘坏。 2. 模板未浇水湿润或湿润不够，构件表面混凝土的水分被吸去，使混凝土失水过多，出现麻面。 3. 模板拼缝不严，局部漏浆。 4. 模板隔离剂涂刷不均匀，局部漏刷或失效，混凝土表面与模板粘结造成麻面。 5. 混凝土振捣不实，气泡未排出，停在模板表面形成麻点。
预防措施	1. 设计措施 ①结构板施工时，钢筋绑扎前应设置混凝土垫块，防止钢筋网挠度过大，确保受力主筋的保护层厚度足够，混凝土垫块强度等级和抗渗等级同结构板等级。 ②在梁柱节点处钢筋密度较大，浇筑振捣混凝土困难，务必控制混凝土级配，加强振捣措施，确保节点处混凝土的密实度。 ③在主体结构覆土以前应保留底板以下的降水井，并预埋引水套管将底板以下的水引出，从底板以下引出的水应进行有组织的排放，避免底板混凝土施工时带水作业。 2. 施工措施 ①混凝土搅拌时间要适宜，一般应为 1～2min。 ②振捣遵循快插慢拔原则，振捣棒插入到拔出时间控制在 20s 为佳，插入下层 50～100mm，振捣至混凝土表面平坦泛浆、不冒气泡、不显著下沉为止。 ③插振捣棒确有困难时，采用附着式振动器或人工插捣的方法振实。 3. 管理措施 ①新拌混凝土必须按水泥或外加剂的性质，在初凝前振捣，放置时间过长未初凝混凝土可拉回拌合站。 ②浇筑混凝土时，无论哪种模型，均须洒水湿润，但不得积水。浇筑前检查模板拼缝，对可能漏浆的缝设法封堵。 ③模板表面清理干净，脱模剂应涂刷均匀。
治理措施	1. 表面露筋，刷洗干净后，在表面抹同强度等级的水泥砂浆，将露筋部位抹平，强度达到后再进行外观色差检查。 2. 露筋较深的，应将薄弱混凝土剔除，冲刷干净湿润，用同等级细石混凝土加膨胀剂捣实并养护。
照片	缺陷照片　　标准照片　　整治照片

1.5.4 混凝土表面麻面、蜂窝、孔洞

通病现象	麻面是指混凝土表面局部出现缺浆粗糙或有小凹坑、麻点、气泡等，形成粗糙面；蜂窝是指混凝土表面缺少水泥砂浆而形成石子外露；孔洞是指混凝土中空穴深度和长度均超过保护层厚度。
规范标准及相关规定	《混凝土结构工程施工质量验收规范》（GB 50204—2015）8.2.2 现浇结构的外观质量不应有一般缺陷，对已经出现的一般缺陷，应由施工单位按技术处理方案进行处理。对经处理的部位重新验收。
原因分析	1. 模板接缝处不严密，拼缝处漏浆。 2. 模板表面未清除整洁或模板未涂刷隔离剂。 3. 混凝土振捣不密实、漏振导致蜂窝、麻面。 4. 混凝土拌合不均匀，和易性差；混凝土入模时倾落高度过大，造成混凝土离析。 5. 混凝土拌合时间短，加水量不对，改变混凝土的和易性，混凝土浇筑后局部砂子、水泥、石子不均匀，产生蜂窝。 6. 混凝土浇筑未分层，下料不当，导致混凝土离析，出现蜂窝、麻面。
预防措施	1. 设计措施 ①主体结构沿纵向应采用跳仓施工或采用后浇带施工。 ②施工时应严格控制混凝土配合比，采用低水化热水泥并控制其用量，以及在混凝土中掺入一定比例的粉煤灰和高效减水剂，并严格按设计强度、抗渗等级通过试验确定最佳配合比。 ③混凝土初凝后，需加强养护，养护时间不少于 14d。 ④防水混凝土拌合物在运输后如出现离析，必须进行二次搅拌。当坍落度损失后不能满足施工要求时，应加入原水胶比的水泥浆或掺加同品种的减水剂进行搅拌，严禁直接加水。 ⑤顶板混凝土达到设计强度后，应及时铺设防水层、保护层，均匀分层覆土夯填，每层厚 250～300mm，避免结构不均匀受力。 ⑥跨度大于 4m 的板，要求板跨中起拱 $L/400$；跨度 $L \geqslant 4m$ 的支承梁及 $L \geqslant 2m$ 的悬臂梁，应按施工规范起拱。 ⑦为了减少收缩裂缝，纵向构造配筋率不应小于 0.5%（双面）。 2. 施工措施 ①模板安装必须横平竖直，接缝严密。 ②模板面清理干净，不得粘有杂物，并涂刷隔离剂。 ③混凝土浇筑振捣分层，浇筑层的厚度不得超过振动器长度，振动器之间距离不大于振动器有效作业半径的 1/2。 ④混凝土应采用机械搅拌均匀；混凝土浇筑高度大于 2m，必须增设串筒、溜槽。 ⑤混凝土配料时严格按照配合比控制，材料计量准确，搅拌最佳时间为 120s。 ⑥混凝土浇筑应分层、分段、连续。

预防措施	3. 管理措施 ①模板表面清理干净，脱模剂应涂刷均匀。 ②新拌混凝土必须按水泥或外加剂的性质，在初凝前振捣，放置时间过长未初凝混凝土可拉回拌合站。 ③浇筑混凝土时，无论哪种模型，均需洒水湿润，但不得积水。浇筑前检查模板拼缝，对可能漏浆的缝设法封堵。
治理措施	1. 先将麻面、蜂窝处凿除刷洗干净，充分湿润晾干，再用同强度等级水泥砂浆修补，并加强养护。 2. 将混凝土孔洞位置的残渣和铁锈清理干净，用水冲洗湿润，再用同强度等级水泥砂浆抹压平整、做好养护。
照片	 　缺陷照片　　　　　标准照片　　　　　整治照片

1.5.5 墙、柱根部"烂根"

通病现象	烂根是指混凝土结构局部疏松，骨料集中而无砂浆，骨料间形成蜂窝状的孔穴或钢筋混凝土结构中有较大的空洞，钢筋局部或全部裸露现象。
规范标准及相关规定	《混凝土结构工程施工质量验收规范》（GB 50204—2015）8.2.2 现浇结构的外观质量不应有一般缺陷，对已经出现的一般缺陷，应由施工单位按技术处理方案进行处理。对经处理的部位重新验收。
原因分析	1. 模板下口缝隙封闭不严，导致混凝土漏浆。 2. 模板底部木方挤缝过多，造成混凝土"吃模"现象。 3. 混凝土没有分层浇筑，下料不当，造成混凝土离析。
预防措施	1. 设计措施 ①混凝土的配比、拌制、运输和浇筑应符合现行《混凝土结构工程施工质量验收规范》（GB 50204）的有关规定。 ②在梁断面（含左右板厚范围）内，混凝土应一次浇筑。 ③大体积混凝土的浇筑应合理分段、分层进行，使混凝土沿高度均匀上升。 2. 施工措施 ①支设模板前将剪力墙部位的杂物等清理干净；模板拼缝严密，防止漏浆。 ②严格按照混凝土的配合比施工，确保混凝土的和易性满足设计要求。 ③浇筑混凝土前，先均匀浇筑一层 50～100mm 厚的同强度等级的水泥砂浆或减石子混凝土，以避免混凝土在下落过程中石子落在下面，造成石子过多砂浆偏少的现象。 ④用木枋封堵模板底部缝隙时，控制混凝土"吃模"现象。 3. 管理措施 ①在缺陷修补施工前，施工人员应配合质检人员对缺陷进行详细检查，认真做好缺陷记录。 ②严格按照"三检"制度对缺陷修补的每道工序进行检查，修补处理每道工序应有相应的质量检查记录，上一道工序经验收合格后方可进行下一道工序施工；否则，视为不合格，必须返工，不留质量隐患。 ③对于重要部位的缺陷修补，应有质检员进行全程跟踪检查，以确保工程质量。
治理措施	1. 在墙柱根部凿去薄弱松散部分混凝土及松动石子，凿出一条 U 形凹槽。 2. 用钢丝刷或压力水洗刷槽内杂物，对钢筋表面进行除锈，多次洗刷直至干净，湿润槽壁。 3. 在墙体根部斜支模板，模板支设要牢固，防止混凝土强度未达到要求前受到扰动。 4. 用粒径 10～20mm 细石混凝土（比原混凝土强度等级高一级）进行浇筑，仔细填塞、捣实。

治理措施	5. 加强养护。 6. 混凝土强度达到要求后，拆除模板，将凸出的多余混凝土进行剔除。
照片	 缺陷照片　　　　　标准照片　　　　　整治照片

1.5.6　混凝土结构裂缝

通病现象	钢筋混凝土结构的裂缝包括干缩裂缝、温度裂缝和外力作用下产生的裂缝现象。
规范标准及相关规定	《混凝土结构工程施工质量验收规范》（GB 50204—2015）8.2.2 现浇结构的外观质量不应有一般缺陷，对已经出现的一般缺陷，应由施工单位按技术处理方案进行处理；对经处理的部位重新验收。
原因分析	1. 混凝土温控措施不力。 2. 未加强混凝土早期养护，表面损失水分过快，造成内外收缩不均匀而引起表面混凝土开裂。 3. 过度振捣造成离析，表面水泥含量大，收缩量也增大。 4. 有外力作用于混凝土结构，如所浇筑混凝土过早承荷或受到爆破振动，混凝土结构基础不均匀沉陷等。
预防措施	1. 设计措施 ①主体结构沿纵向应采用跳仓施工或采用后浇带施工。 ②大体积混凝土的浇筑应合理分段、分层进行，使混凝土沿高度均匀上升，必须采取有效措施以减少混凝土的水化热，如添加外加剂、控制水泥用量、控制混凝土入模温度等措施。当夏季天气炎热施工时，混凝土入模温度不应高于30℃；当冬季天气寒冷施工时，混凝土入模温度不应低于5℃，并应有保温措施。混凝土中心温度与表面温度的差值不应大于25℃。 ③施工时应严格控制混凝土配合比，采用低水化热水泥，并控制水泥用量，以及在混凝土中掺入一定比例的粉煤灰和高效减水剂，并严格按设计强度、抗渗等级通过试验确定最佳配合比。 ④混凝土初凝后，需加强养护，养护时间不少于14d。 ⑤防水混凝土拌合物在运输后如出现离析，必须进行二次搅拌。当坍落度损失后不能满足施工要求时，应加入原水胶比的水泥浆或掺加同品种的减水剂进行搅拌，严禁直接加水。 ⑥顶板混凝土达到设计强度后，应及时铺设防水层、保护层，均匀分层覆土夯填，每层厚25~30cm，避免结构不均匀受力。 ⑦跨度大于4m的板，要求板跨中起拱$L/400$；跨度$L \geqslant 4\mathrm{m}$的支承梁及$L \geqslant 2\mathrm{m}$的悬臂梁，应按施工规范起拱。 ⑧为了减少收缩裂缝，纵向构造配筋率不应小于0.5%（双面）。 2. 施工措施 ①混凝土材料及配合比。配合比不当指水泥用量过大、水灰比大、含砂率不适当、骨料种类不佳，选用外加剂不当等。 ②养护条件。养护条件对裂缝的出现有着关键的影响，现场混凝土养护越接近标准条件，混凝土开裂可能性就越小。 ③施工质量。在混凝土浇筑时，应尽可能避免在混凝土初凝前进行振动或振捣等操作，这样可以减少混凝土内部的气泡和缝隙，从而减少裂缝的发生。

预防措施	3. 管理措施 ①浇筑完混凝土 6h 后开始养护，养护龄期为 7d，前 24h 内每 2h 养护一次，24h 后按每 4h 养护一次，翼板顶面用湿麻袋覆盖，避免暴晒。 ②振捣密实，对板面进行二次抹压，以减少收缩量。 a. 对于细微的裂缝可向裂缝灌入纯水泥浆，嵌实再覆盖养护，或将裂缝加以清洗，干燥后涂刷两遍环氧胶泥或加贴环氧玻璃布进行表面封闭。对于较深的或贯穿的裂缝，应用环氧树脂灌浆后表面再加刷环氧树脂胶泥封闭。 b. 对于浅层裂纹的修补，通常是涂刷水泥浆或低黏度聚合物封堵，以防止水分侵入；对于较深或较宽的裂纹，就必须采用压力灌浆技术进行修补。
治理措施	1. 对于细微的裂缝可向裂缝灌入纯水泥浆，嵌实再覆盖养护，或将裂缝加以清洗，干燥后涂刷两遍环氧胶泥或加贴环氧玻璃布进行表面封闭。对于较深的或贯穿的裂缝，应用环氧树脂灌浆后表面再加刷环氧树脂胶泥封闭。 2. 对于浅层裂纹的修补，通常是涂刷水泥浆或低黏度聚合物封堵，以防止水分侵入；对于较深或较宽的裂纹，就必须采用压力灌浆技术进行修补。
照片	 缺陷照片　　　　　标准照片　　　　　整治照片

1.5.7 结构边角破损、掉角

通病现象	掉角、破损是指结构或构件边角处混凝土局部掉落、不规则,棱角有缺陷现象。
规范标准及相关规定	《混凝土结构工程施工质量验收规范》(GB 50204—2015)8.2.2 现浇结构的外观质量不应有一般缺陷,对已经出现的一般缺陷,应由施工单位按技术处理方案进行处理。对经处理的部位重新验收。
原因分析	1. 混凝土浇筑前模板未充分湿润,造成棱角处混凝土失水或水化不充分、强度降低、拆模时棱角受损。 2. 模板拆除过早,混凝土未达到拆除强度要求,致使混凝土构件出现掉角。 3. 模板拆除方法不妥当,用力过大或材料搬运未对构件直角进行保护,造成直角部分局部脱落、劈裂受损。
预防措施	1. 设计措施 ①在混凝土浇筑工程中,应经常观察模板、支架、钢筋、预埋件和预留孔洞的情况。当发现有变形、移位时,应及时采取措施进行处理。 ②混凝土初凝后,须加强养护,养护时间不少于 14d。 ③中板下的模板支架要能够承受中板、顶板的模板支架和中、顶板三者的重量以及施工时的荷载,在顶板混凝土达到设计强度后方可拆除。 2. 施工措施 ①木模板在浇筑混凝土前应充分湿润,混凝土浇筑后应认真浇水养护。 ②拆除结构侧面非承重模板时,混凝土应具有足够的强度(1.2MPa 以上),表面及棱角才不会受到损坏。 3. 管理措施 拆模时不能用力过猛过急,注意保护棱角。吊运材料时,严禁模板撞击棱角。
治理措施	1. 当掉角、破损较小时 ①用钢丝刷将混凝土掉角表面的疏松水泥灰清理干净。 ②用清水冲洗掉表面的粉尘,且充分湿润。 ③经过充分湿润的混凝土表面无明显水迹时,采用 1:2 的水泥砂浆抹平。 ④抹平后的水泥砂浆要跟踪保养,防止水泥砂浆干缩脱落或起砂,并注意适时二次抹压。 2. 当掉角、破损较大时 ①用小钢钎或钢丝刷将混凝土掉角的疏松水泥浆和突出石子清理干净。 ②用清水冲洗掉表面的粉尘且充分湿润。 ③影响到构件钢筋的,要调整好钢筋的位置,并清理干净钢筋表面。 ④支撑模板,模板表面要充分湿水。 ⑤用比原混凝土强度高一个等级的细石混凝土补好。 ⑥补好后的混凝土要跟踪保养。
照片	 缺陷照片　　　　标准照片　　　　整治照片

1.5.8 混凝土色差大

通病现象	色差是指下面的混凝土和上面的混凝土颜色会有较明显的差异，且有明显分界线的现象。
规范标准及相关规定	《混凝土结构工程施工质量验收规范》（GB 50204—2015）8.2.2 现浇结构的外观质量不应有一般缺陷，对已经出现的一般缺陷，应由施工单位按技术处理方案进行处理。对经处理的部位重新验收。
原因分析	1. 混凝土原材料产地不同。 2. 模板材质不同或材料差异。 3. 混凝土配合比差异或外加剂不同。 4. 施工振捣不规范离析造成。
预防措施	**1. 设计措施** 混凝土的配比、拌制、运输和浇筑应符合现行《混凝土结构工程施工质量验收规范》（GB 50204）的有关规定。 **2. 施工措施** ①在使用减水剂的同时，要求掺入粉煤灰或硅粉等，提高混凝土强度的同时，增加混凝土耐久性能，消耗水泥水化反应中析出的多余的氢氧化钙。 ②通过对模板的除锈（钢模）、清理，保持其光洁，使用与混凝土基色一致的无害隔离剂保持混凝土构件表面的颜色一致性。 ③通过控制粗细骨料的杂物含量，避免不必要的杂色。 **3. 管理措施** ①在施工中应合理使用高效减水剂，以达到控制水灰比的良好目的，减少氢氧化钙的析出。 ②通过制定好组织实施混凝土施工方案，减少甚至避免混凝土施工的间断，避免色差。 ③混凝土施工前必须对当地的气候环境，温度季节分布进行充分的调查，以做好加温和降温的准备。同时，做好温度的观察记录以及进行施工措施的调整，控制好混凝土的温度以达到控制氢氧化钙析出的目的。
治理措施	1. 对于颜色不均匀的混凝土表面首先用高压水冲洗混凝土表面，如粘附有隔离剂、尘埃或其他不洁物，则应用尼龙织布擦洗干净。 2. 按试验调配好的配合比进行水泥浆液搅拌，之后将混凝土全面披刮一遍，待面干发白时，用棉纱头擦除全部浮灰。 3. 再遵循上述方法进行两遍补浆调色，待干凝后满足要求,再进行打磨精修，打磨后洒水覆盖养护。混凝土色差较大时，可多次反复施工。
照片	   缺陷照片　　　　　　标准照片　　　　　　整治照片

1.5.9 离壁沟挡水坎未同步浇筑、水沟防水层厚度不足

通病现象	挡水坎渗漏、水沟防水层厚度不足。
规范标准及相关规定	《地下防水工程质量验收规范》（GB 50208—2011） 4.4.8 涂料防水层的平均厚度应符合设计要求，最小厚度不得低于设计厚度的 90%。 4.4.10 涂料防水层应与基层粘结牢固、涂刷均匀，不得流淌、鼓泡、露槎。
原因分析	1. 挡水坎未与主体结构同时浇筑。 2. 未按设计要求施工防水层。
预防措施	1. 设计措施 ①挡水坎应与结构板一次浇筑，混凝土强度等级同结构板，施工完成后应清理干净。 ②防水施工完成后，须等侧墙排水沟内防水涂料终凝后，才能进行蓄水试验。蓄水时间可采用 24～48h，不得少于 24h，第一天闭水后，蓄水深度采用 30～50mm，最浅处不少于 20mm，并做好标记。 ③如有渗漏重新做或修补防水层，完成上述顺序再做闭水试验。直至无渗漏合格为止，并形成验收记录。 ④先采用两道高渗透改性环氧防水界面剂，再刷一层 20mm 厚 1：2 防水砂浆，最后涂刷一层 2mm 厚聚氨酯防水涂料。 2. 施工措施 ①涂刷防水层施工前，先将离壁沟沟底基层表面的杂物、砂浆硬块等清扫干净，并用干净的湿布擦一次，经检查基层无不平、空裂、起砂、油污等缺陷，方可进行下一道工序。 ②每遍涂刷时应交替改变涂层的涂刷方向，同层涂膜的先后搭接宽度为 30～50mm。 ③浇筑结构板时，应注意同时施作挡水坎，把挡水坎当作重点特殊部位。 ④涂抹防水砂浆时，应严格按照设计要求控制比例调配。 3. 管理措施 ①现场验收结构板时，重点检查是否遗漏设置挡水坎。 ②挡水坎防水施工时，对作业工人进行技术交底，确保防水施工顺序。 ③严格做好闭水试验，闭水试验不合格，按要求重新施工或者修补防水层。 ④严格质量验收，不符合设计及规范要求，未经整改合格，不允进入下一道施工工序。
治理措施	1. 每道防水层施工时，现场进行旁站检查。 2. 跟踪闭水试验情况，实时记录数据。
照片	 缺陷照片　　　　标准照片

第 2 章

暗挖工程

2.1 开挖及初支

2.1.1 超前小导管安装及注浆质量不满足设计要求

通病现象	超前小导管安装长度不足、角度过大过小；浆液配合比、注浆压力不符合要求。
规范标准及相关规定	《地下铁道工程施工标准》（GB/T 51310—2018） 《城市轨道交通工程项目规范》（GB 55033—2022）
原因分析	1. 超前小导管长度不足。 2. 超前小导管打设角度过大或者过小。 3. 超前小导管打设纵向及环向间距错误。 4. 超前小导管注浆压力过大或者过小。 5. 超前小导管注浆浆液配比错误。
预防措施	1. 设计措施 ①超前小导管采用ϕ42mm，壁厚 3.5mm 的热轧无缝钢管加工制成，长 3.5m 钢管前端加工成锥形，尾部焊接ϕ6mm 钢筋箍，管壁四周钻四排ϕ6mm 压浆孔，施工时钢管沿隧道周边以 15°外插角打入围岩。钢筋箍一端 0.6～1m 范围内钢管不开孔，剩余部分钢管每隔 200mm 梅花形布置ϕ6～ϕ8mm 的溢浆孔。 ②超前小导管端部焊于钢架上。 ③超前小导管注浆采用水泥浆，其参数如下： 1）注浆压力初拟为 0.5MPa，施工时依据现场实际情况调整； 2）水泥浆水灰比为 1：1； 3）水泥强度等级为 42.5。 2. 施工措施 ①超前小导管施作可根据地质情况采用直接顶入、吹管后顶入、风钻或者煤电钻引孔后放入等工艺。 ②小导管安设后应对工作面进行喷射混凝土封闭，厚度不小于 50mm。 ③小导管管路应进行压浆试验，检验管路的密封性。 ④超前小导管注浆施作宜采用二序跳孔间隔进行。 ⑤注浆时应经常观测注浆压力和流量的变化，发生漏浆、串浆等异常情况时，应采取间隔注浆、封堵等措施处理。 3. 管理措施 ①熟练掌握图纸内容，参与设计交底和图纸会审。 ②加强现场施工管理，严格按照设计文件进行施工。 ③做好现场管理人员及作业人员的交底和质量培训，确保管理人员掌握施工标准、检查及验收标准和工艺要求。 ④加强材料进场验收管控，确保施工使用的材料质量合格。 ⑤加强管片小导管制作过程的施工管控及其隐蔽验收。

预防措施	⑥经常性巡视检查现场，旁站关键工序，发现问题及时指出和整改。 ⑦严格质量验收，不符合设计及规范要求，不允许进入下一道施工工序。
治理措施	1. 现场技术员把控小导管施工质量。 2. 现场质检员把控小导管材料质量。 3. 合理进行小导管数量补充。

2.1.2 大管棚安装及注浆质量不满足设计要求

通病现象	大管棚安装长度不足、角度过大过小；浆液配合比、注浆压力不符合要求。
规范标准及相关规定	《地下铁道工程施工标准》（GB/T 51310—2018） 《城市轨道交通工程项目规范》（GB 55033—2022）
原因分析	1. 大管棚长度不足。 2. 大管棚打设角度过大或者过小。 3. 大管棚打设纵向及环向间距错误。 4. 大管棚注浆压力过大或者过小。 5. 大管棚注浆浆液配比错误。
预防措施	1. 施工措施 管棚加固采用水泥浆液超前注浆、进行超前预注浆加固，降低拱顶土体塌落风险。 2. 管理措施 ①熟练掌握图纸内容，参与设计交底和图纸会审。 ②加强现场施工管理，严格按照设计文件进行施工。 ③做好现场管理人员及作业人员的交底和质量培训，确保管理人员掌握施工标准、检查及验收标准和工艺要求。 ④加强材料进场验收管控，确保施工使用的材料质量合格。 ⑤加强管片注浆管制作过程的施工管控及其隐蔽验收。 ⑥经常性巡视检查现场，旁站关键工序，发现问题及时指出和整改。 ⑦严格质量验收，不符合设计及规范要求，不允许进入下一道施工工序。
治理措施	1. 采用超前小导管局部补强注浆。 2. 隧道洞内进行 wss 注浆加固。 3. 地面垂直 wss 注浆或者袖阀管注浆。

2.1.3　注浆效果差

通病现象	超前支护注浆效果不明显，对开挖范围围岩改良作用小。
规范标准及相关规定	《地下铁道工程施工标准》（GB/T 51310—2018） 《城市轨道交通工程项目规范》（GB 55033—2022）
原因分析	1. 注浆压力及注浆浆液配比错误。 2. 超前小导管及大管棚开孔不符合设计规范。 3. 注浆设备老旧未及时更换。
预防措施	1. 设计措施 ①控制浆液配合比。 ②控制注浆压力。 2. 施工措施 严格控制注浆量和注浆压力，根据岩层特性及时调整注浆参数及工艺。 3. 管理措施 ①熟练掌握图纸内容，参与设计交底和图纸会审。 ②加强现场施工管理，严格按照设计文件进行施工。 ③审查注浆浆液配合比，督促施工单位严格按照配比做好浆液拌制工作。 ④做好浆液材料的进场验收及复检工作，确保施工使用的注浆材料质量合格。 ⑤做好现场管理人员及作业人员的交底和质量培训，确保管理人员掌握施工标准、检查及验收标准和工艺要求。 ⑥施工过程中，严格按照试验后的合理施工参数施工，加强加固工程中各类原材的配比控制，加强过程中巡查。 ⑦经常性巡视检查现场，旁站关键工序，发现问题及时指出和整改。
治理措施	1. 隧道洞内 wss 加固注浆。 2. 地面进行垂直注浆。
照片	 缺陷照片　　　　　　标准照片

2.1.4　开挖超、欠挖

通病现象	隧道开挖面较设计过大、隧道开挖面较设计过小。
规范标准及相关规定	《地下铁道工程施工标准》（GB/T 51310—2018） 《城市轨道交通工程项目规范》（GB 55033—2022）
原因分析	1. 工人未按照测量放样点位开挖。 2. 机械开挖误差大。 3. 施工测量交底错误。
预防措施	**1. 施工措施** ①定向测量、高程传递、初次支护和二次衬砌测量准确。 ②施工立拱架根据测量点位准备安装且固定牢靠。 ③网片、连接筋施工符合设计要求，避免侵入净空范围。 ④混凝土喷锚厚度控制准确，严禁部分厚度大，导致侵限。 ⑤二次衬砌施工模板安装牢固，避免跑模、胀模。 ⑥在测放样时，必须将放样工作和复测工作分步进行，尽可能采取不同的测量手段和方法进行复核。 **2. 管理措施** ①熟练掌握图纸内容，参与设计交底和图纸会审。 ②加强现场施工管理，严格按照设计文件进行施工。 ③测量放样时要精确标出开挖轮廓线，在开挖过程中控制好开挖断面，做到测量精确。 ④岩石隧道爆破开挖时要严格按照爆破施工技术交底进行提前准备，精确控制好炮眼间距，并严格控制装药量。 ⑤在开挖过程中还须根据实际情况确定预留变形量，应将施工中可能发生的围岩变化情况（掉块或塌落）进行考虑。 ⑥严格按设计施作超前支护，控制好外插角、间距、数量、长度、搭接长度，防止因超前支护施作不到位造成超挖。 ⑦预留开挖轮廓边缘线，在开挖过程中采用人机配合，避免机械开挖造成超、欠挖现象。 ⑧地质情况较差、局部出现坍塌时，根据实际情况尽快施作初期支护进行封闭处理。 ⑨存在较大超挖时，初支完成后应及时进行背后注浆。
照片	 缺陷照片　　　　　标准照片

2.1.5　爆破效果差

通病现象	爆破后隧道超欠挖严重，爆破面需要二次处理。
规范标准及相关规定	《地下铁道工程施工标准》（GB/T 51310—2018） 《城市轨道交通工程项目规范》（GB 55033—2022）
原因分析	1. 爆破布孔间距、孔深错误。 2. 炸药量过多或者过少。 3. 选取爆破工艺不成熟。
预防措施	**1. 施工措施** ①控制掏槽眼、辅助眼、周边眼间距及孔深。 ②控制炸药用量。 **2. 管理措施** ①根据围岩情况进行爆破设计，并根据围岩变化及时调整爆破参数。 ②加强爆破工的责任心，提高业务水平，施工中严格按照爆破设计的装药结构、装药量和雷管段数进行装药。 ③测工应每循环对开挖断面进行准确测量。 ④每次爆破后要对爆破效果进行检查分析，调整优化爆破设计及施工。 ⑤严格控制周边眼装药量，采用光爆炸药与导爆索配合使用。 ⑥严格控制周边眼的起爆时差，力求使其同时起爆。
治理措施	1. 人工修整爆破面。 2. 根据实际情况二次爆破。
照片	 缺陷照片　　　标准照片　　　整改照片

2.1.6 锚杆施工不符合设计要求

通病现象	锚杆施工打设角度存在误差、数量不足。
规范标准及相关规定	《地下铁道工程施工标准》（GB/T 51310—2018） 《城市轨道交通工程项目规范》（GB 55033—2022）
原因分析	1. 锚杆长度不足。 2. 锚杆打设角度过大或者过小。 3. 锚杆打设纵向及环向间距错误。 4. 锚杆注浆压力过大或者过小。 5. 锚杆注浆浆液配比错误。
预防措施	1. 设计措施 按照设计间距、布局打设（环向纵向距离）。 2. 施工措施 采用药卷喷枪分别将快硬水泥药卷与缓凝水泥药卷注射孔口内，然后插入锚杆杆体，孔口找平，开始安装托板、垫圈和紧固螺母，在快硬水泥药卷达到张拉强度后和缓凝水泥初凝前，张拉和锁定锚杆。其工艺原理的核心部分为：快硬水泥终凝时间短，结石强度提高快，能及时实现预应力锚杆张拉，从而及时提供围岩支护抗力；缓凝水泥初凝时间较长，快硬水泥与缓凝水泥一起注入孔内，注浆一次成型，整个施工操作简单、方便、快捷。 3. 管理措施 ①熟练掌握图纸内容，参与设计交底和图纸会审。 ②加强现场施工管理，严格按照设计文件进行施工。 ③做好材料的进场验收及复检工作，确保施工使用的材料质量合格。 ④做好现场管理人员及作业人员的交底和质量培训，确保管理人员掌握施工标准、检查及验收标准和工艺要求。 ⑤加强锚杆施工过程的施工管控及其隐蔽验收。 ⑥经常性巡视检查现场，旁站关键工序，发现问题及时指出和整改。 ⑦要按设计及规范要求进行锚杆拉拔试验。
治理措施	二次打设补强
照片	   缺陷照片　　　　　标准照片　　　　　整改照片

2.1.7　格栅拱架加工质量差

通病现象	格栅拱架焊接接缝质量差、结构尺寸偏差较大、弯弧弧度不均一。
规范标准及相关规定	《地下铁道工程施工标准》（GB/T 51310—2018） 《城市轨道交通工程项目规范》（GB 55033—2022）
原因分析	1. 格栅拱架弯曲弧度存在误差。 2. 格栅拱架连接钢板焊接角度存在误差。 3. 格栅拱架弦长存在误差。 4. 格栅拱架焊缝长度不足、焊缝不饱满。
预防措施	1. 设计措施 ①钢架加工制作时，构件的连接是关键性工艺，应严格按有关规范规定执行，在洞内安装的过程中，要确保每一个连接节点准确到位且连接安全可靠，并确保各类焊缝的质量。格栅钢架加工后应放在水泥地面上试拼。 ②沿型钢钢架周边轮廓拼装偏差不应大于±30mm；型钢钢架由各单元钢构件拼装而成，各单元间用螺栓连接，螺栓孔眼中心间距公差不超过±0.5mm；型钢钢架平放时平面翘曲应小于±20mm。 ③第一榀钢架应在地面进行预拼装，检查无误后再批量加工，分批运到施工部位。施工中加强监控量测，根据信息反馈，研究确定是否需要加强钢架支护。 2. 施工措施 ①型钢拱架按设计图纸预先在集中加工场加工成型，并通过试拼接、运输至现场编号分类堆放。 ②加强对现场型钢拱架的保护。 3. 管理措施 ①熟练掌握图纸内容，参与设计交底和图纸会审。 ②加强现场施工管理，严格按照设计文件进行施工。 ③做好现场管理人员及作业人员的交底和质量培训，确保管理人员掌握施工标准、检查及验收标准和工艺要求。 ④加强材料进场验收管控，确保施工使用的材料质量合格。 ⑤加强格栅钢架制作过程的施工管控及其隐蔽验收。 ⑥第一榀格栅加工好后必须进行试拼检查净空尺寸，满足设计、规范要求后方能批量生产。 ⑦经常性巡视检查现场，旁站关键工序，发现问题及时指出和整改。 ⑧严格质量验收，不符合设计及规范要求，未经整改合格，不允许进入下一道施工工序。
治理措施	钢架加工制作时，构件的连接是关键性工艺，应严格按有关规范规定执行，在洞内安装的过程中，要确保每一个连接节点准确到位且连接安全可靠，并确保各类焊缝的质量。

照片	
	缺陷照片　　　　　　　　标准照片

2.1.8　格栅拱架安装不规范

通病现象	钢架种类、型号、规格误差，钢架的焊接、钢架的连接、钢架的竖直度存在误差。
规范标准及相关规定	《地下铁道工程施工标准》（GB/T 51310—2018） 《城市轨道交通工程项目规范》（GB 55033—2022） 《钢筋焊接及验收规程》（JGJ 18—2012）
原因分析	应及时安装好型钢钢架，钢架的架设必须准确到位。另外，从钢架的架设到拆除的整个施工过程中，对钢架的监测应严格要求，确保钢架的稳定万无一失。对各道钢架必须采取可靠的支托和连接，防止因围岩变形和施工撞击而发生脱落。
预防措施	**1. 设计措施** 型钢钢架纵向连接筋：前后榀钢架内外侧设连接筋，环向间距 1m（图纸有说明处优先），拉结筋必须与钢架可靠焊接，拉结筋分段接长采用搭接焊，焊接接头长度为：单面焊 10d，焊缝厚度均为 0.3d（d 为被连接钢筋直径）。 **2. 施工措施** ①拱架安装时一定要保证拱架垂直于隧道中心线。 ②安装上部拱架时控制好拱架角度、方向和垂直度。 ③纵向连接筋焊接时应焊接在拱架内腹板上，防止影响喷混凝土平顺度。 ④严格检查两榀格栅钢架纵向间距，控制在允许偏差范围内。 ⑤格栅拱架安装完成后，立即进行连接筋的设置并用锁脚锚杆固定，防止拱架发生位移。 **3. 管理措施** ①做好现场管理人员及作业人员的交底和质量培训，确保管理人员掌握施工标准、检查及验收标准和工艺要求。 ②经常性巡视检查现场，旁站关键工序，发现问题及时指出和整改。 ③严格质量验收，不符合设计及规范要求，不允许进入下一道施工工序。
治理措施	1. 格栅拱架垂直度误差大。 2. 格栅拱架在初次支护范围内摆放位置存在误差。
照片	　 缺陷照片　　　　　　　　　标准照片

2.1.9　锁脚锚杆（系统锚杆）打设数量及角度与设计不符

通病现象	锁脚锚杆（系统锚杆）打设数量少于设计，打设部位不同于设计，打设角度过大或者过小。
规范标准及相关规定	《地下铁道工程施工标准》（GB/T 51310—2018） 《城市轨道交通工程项目规范》（GB 55033—2022）
原因分析	1. 锁脚锚杆（系统锚杆）打设数量比设计少。 2. 锁脚锚杆（系统锚杆）打设角度比设计大或者小。
预防措施	**1. 设计措施** 锁脚锚管，采用ϕ42mm，壁厚3.5mm注浆花管，每处锚管设两根注浆花管，水平倾角分别为30°和45°；单根长度3.5m，纵向间距同型钢步距，注浆材料采用1∶1水泥浆，注浆终压为0.5MPa。 **2. 施工措施** ①锁脚锚管施作可根据地质情况采用直接顶入、吹管后顶入、风钻或者煤电钻引孔后放入等工艺。 ②锁脚锚管安设后应对工作面进行喷射混凝土封闭，厚度不小于50mm。 ③锁脚锚管路应进行压浆试验，检验管路的密封性。 ④锁脚锚杆采用L形钢筋与超前小导管焊接。 ⑤注浆时应经常观测注浆压力和流量的变化，发生漏浆、串浆等异常情况时，应采取间隔注浆、封堵等措施处理。 **3. 管理措施** ①根据设计要求，制定详细的施工方案，明确打设角度及数量等重要的施工参数，并经过监理审查。 ②把锁脚锚管的施工参数对施工作业人员做详细的技术交底。 ③施工中对锚管数量及打设角度进行检查，确保按照方案要求得以落实到位。 ④严格质量验收，不符合设计及规范要求，不允许进入下一道施工工序。
治理措施	1. 补打锚杆且注浆。 2. 锚杆采用锚固剂封口。
照片	 缺陷照片　　　　　标准照片

2.1.10　喷射混凝土厚度不足

通病现象	初次支护混凝土厚度不足，未满足设计尺寸厚度。
规范标准及相关规定	《地下铁道工程施工质量验收标准》（GB/T 50299—2018） 《混凝土结构设计规范》（GB 50010—2010）（2015 年版）
原因分析	1. 喷射混凝土厚度比设计小。 2. 局部喷射混凝土出现漏喷、空洞。
预防措施	1. 设计措施 　施工中应严格施工工艺，型钢钢架应及时封闭，喷射混凝土应密实、平整，无裂缝、脱落、漏喷、露筋、空鼓、渗漏水等情况。由于矿山法隧道进洞段、过渡段、盾构接头段等位置结构受力复杂，施工工序应周密、合理，并加强监控量测，做出详细科学的施工组织，确保施工安全和施工质量。应做好临时支撑系统，并预备施工应急方案。为了预防突发事件，施工前准备一定数量的应急钢横撑或其他材料，确保施工安全、顺利地进行。 2. 施工措施 　①进行混凝土喷射时，需严格按照湿喷工艺要求进行施工。喷射混凝土应密实、平整，无裂缝、脱落、漏喷、露筋、空鼓、渗漏水等情况；喷射混凝土作业应分段、分片、分层由下而上依次进行。喷射混凝土应做到湿喷。 　②加强施工管理，确保初期支护喷射混凝土密实，防止出现蜂窝、麻面现象。 　③应采用早强喷射混凝土，3h 强度不应低于 10MPa。 　④喷射混凝土前，应对受喷岩面进行处理后再喷射混凝土。初喷厚度不小于 4～6cm。 3. 管理措施 　①喷射混凝土前，应在岩壁上设置厚度标尺。 　②喷射作业前应对喷射工人进行详细的技术交底，确保喷射工人掌握质量控制要点。 　③喷射混凝土前对开挖断面进行检查，有欠挖及时处理到位。
治理措施	1. 二次补喷。 2. 根据实际情况增加网片层数。
照片	 缺陷照片　　　　标准照片

2.1.11 喷射混凝土平整度差，存在露筋现象

通病现象	喷射混凝土厚度参差不齐，局部出现未完全覆盖钢筋网。
规范标准及相关规定	《地下铁道工程施工质量验收标准》（GB/T 50299—2018） 《混凝土结构设计规范》（GB 50010—2010）（2015年版）
原因分析	1. 喷射混凝土面出现凹洞，不平顺。 2. 喷射混凝土未完全覆盖钢筋网片。
预防措施	**1. 施工措施** ①混凝土喷射前，需要制定详细的施工方案，包括施工工序、工艺流程、施工设备和使用的材料等。 ②在喷射混凝土施工前，需要清理和处理施工面，在确保基底坚固、平整的情况下进行施工。 ③对喷射混凝土的厚度、均匀性、密实度等进行严格控制。可以通过测量混凝土层厚度、使用流水表检测喷射速度等方法进行质量控制。 ④混凝土喷射完成后，需要进行恰当的养护工作，以确保混凝土的强度和耐久性。养护工作包括保湿、防止过早干燥和避免温度变化等。 **2. 管理措施** ①喷射混凝土前，应在岩壁上设置厚度标尺。 ②做好喷射混凝土原材料的质量控制，对喷射混凝土的配合比应严格控制，采取有效措施减少回弹量。 ③喷射作业前，应对喷射工人进行详细的技术交底，确保喷射工人掌握质量控制要点。
治理措施	1. 二次补喷。 2. 根据实际情况，增加网片层数后再补喷。
照片	 缺陷照片　　　　　标准照片

2.1.12 初支侵限

通病现象	隧道建筑结构内净空小于设计要求。
规范标准及相关规定	《地下铁道工程施工质量验收标准》（GB/T 50299—2018） 《地下铁道工程施工标准》（GB/T 51310—2018）
原因分析	1. 后期初次支护变形。 2. 喷锚厚度过大。 3. 立架存在误差。
预防措施	1. 施工措施 ①定向测量、高程传递、初次支护和二次衬砌测量准确。 ②施工立拱架根据测量点位准备安装且固定牢靠。 ③网片、连接筋施工符合设计要求，避免侵入净空范围。 ④混凝土喷锚厚度控制准确，严禁部分厚度大，导致侵限。 ⑤在测放样时，必须将放样工作和复测工作分步进行，尽可能采取不同的测量手段和方法进行复核。 2. 管理措施 ①熟练掌握图纸内容，参与设计交底和图纸会审。 ②加强现场施工管理，严格按照设计文件进行施工。 ③测量放样时要精确标出开挖轮廓线，在开挖过程中控制好开挖断面，做到测量精确。 ④做好围岩量测，及时了解围岩变形动态。 ⑤喷射混凝土施工前，对开挖断面进行检查，有欠挖及时处理到位。 ⑥定期对开挖净空尺寸和开挖中线进行复测。 ⑦结合监测情况，合理调整预留沉落量。 ⑧二衬前将侵限部分初支进行处理，保证二衬厚度。
治理措施	1. 换拱。 2. 凿除部分保护层厚度过大位置。 3. 与设计联系，增加二衬钢筋及混凝土强度。

2.2 防水及处理

2.2.1 防水基面处理不到位

通病现象	防水基面不平整、凹凸不平顺。
规范标准及相关规定	《地下铁道工程施工质量验收标准》（GB/T 50299—2018） 《地下铁道工程施工标准》（GB/T 51310—2018）
原因分析	1. 防水基面不平顺、凹凸不平顺。 2. 防水基面存在渗水、漏水、滴水。 3. 防水基面存在钢筋头等杂物。
预防措施	1. 施工措施 ①严格按照设计要求，施工防水板保护面。 ②对基面进行处理，保证基面不会损坏防水，导致防水失效。 2. 管理措施 ①熟练掌握联络通道图纸内容，参与设计交底和图纸会审。 ②做好现场管理人员及作业人员的交底和质量培训，确保管理人员掌握施工标准、检查及验收标准和工艺要求。 ③经常性巡视检查现场，旁站关键工序，发现问题及时指出和整改。 ④严格质量验收，不符合设计及规范要求，不允许进入下一道施工工序。
照片	 缺陷照片　　　　　　标准照片

2.2.2 初支渗漏水

通病现象	初次支护内表面存在渗水、滴水、明显湿渍。
规范标准及相关规定	《地下铁道工程施工质量验收标准》（GB/T 50299—2018） 《地下铁道工程施工标准》（GB/T 51310—2018）
原因分析	1. 初期支护防水效果差。 2. 初期支护存在漏喷、少喷。
预防措施	**1. 施工措施** ①严格按设计要求做好喷射混凝土配合比，并经验证。 ②针对渗漏点，严格按照初支背后注浆压力、注浆量。 ③初支完成一段后，先导用水泥浆系统进行封堵，然后针对个别点进行堵漏。 **2. 管理措施** ①加强现场施工管理，严格按照设计文件进行施工。 ②审查喷射混凝土施工配合比，督促施工单位严格按照配比施工。 ③做好喷射混凝土的进场验收及见证取样工作，确保施工使用的材料质量合格。 ④做好现场管理人员及作业人员的交底和质量培训，确保管理人员掌握施工标准、检查及验收标准和工艺要求。 ⑤经常性巡视检查现场，发现问题及时指出和整改。
治理措施	1. 初支完成后应及时进行初支背后注浆，保证初衬背后密实。 2. 针对渗漏点，严格按照初支背后注浆压力、注浆量。 3. 初支完成一段后，先导用水泥浆系统进行封堵，然后针对个别点进行堵漏。
照片	 缺陷照片　　　　　标准照片

2.2.3　变形缝、施工缝处渗水及止水带安装不符合要求

通病现象	变形缝、施工缝处施工不当导致滴水、渗水、漏水。止水带放置部位错误。
规范标准及相关规定	《地下铁道工程施工质量验收标准》（GB/T 50299—2018） 《地下铁道工程施工标准》（GB/T 51310—2018）
原因分析	1. 变形缝、施工缝防水措施未完善，存在间隙导致漏水。 2. 止水带未按照设计要求，未居中安装，收口方向相反。
预防措施	**1. 施工措施** ①施工缝应避开地下水和裂隙水较多的区段。 ②环向施工缝浇筑混凝土前，应将其表面凿毛、清理干净，涂刷水泥净浆或混凝土界面处理剂并及时浇筑混凝土。 ③施工缝中部设置 3mm 厚镀锌钢板。 ④施工缝（除顶板外）的外侧设外贴式止水带。 ⑤施工缝中部的钢板止水带为防止电化腐蚀，需采用钢筋将止水带与结构主体主筋焊接连接，连接点纵向间距不超过 5m。 ⑥嵌缝前，应按照设计要求的嵌缝深度除掉变形缝内一定深度的衬垫板，并将缝内表面混凝土面用钢丝刷和高压空气清理干净，确保缝内混凝土表面干净、干燥、坚实，无油污、灰尘、起皮、砂粒等杂物。变形缝衬垫板表面无堆积杂物。 ⑦中埋式止水带和背（外）贴式止水带的中心线与施工缝、变形缝中心线重合，止水带应固定牢靠、平直，不得有扭曲现象；穿墙管止水环与主管或翼环与套管应连续满焊，并做防腐处理；接缝处混凝土表面应密实、洁净、干燥，密封材料应嵌填严密、粘结牢固，不得有开裂、鼓泡和下塌现象。 **2. 管理措施** ①加强现场施工管理，严格按照设计文件进行施工。 ②做好现场管理人员及作业人员的交底和质量培训，确保管理人员掌握施工标准、检查及验收标准和工艺要求。 ③加强防水板焊接施工过程的施工管控及其隐蔽验收。 ④经常性巡视检查现场，发现问题及时指出和整改。 ⑤严格质量验收，不符合设计及规范要求，不允许进入下一道施工工序。
治理措施	1. 返工处理。 2. 缺陷处理，填充环氧树脂。
照片	 缺陷照片　　　　　　标准照片

<h1 style="text-align:center">2.3　二次衬砌</h1>

2.3.1　二衬钢筋层距、钢筋保护层不符合设计及规范要求

通病现象	二衬钢筋保护层较设计大或者小，内层钢筋与外层钢筋间距或大或小。
规范标准及相关规定	《钢筋机械连接技术规程》（JGJ 107—2016） 《钢筋焊接及验收规程》（JGJ 18—2012） 《地下铁道工程施工质量验收标准》（GB/T 50299—2018）
原因分析	二衬钢筋层距过大或者过小较设计要求。
预防措施	**1. 设计措施** ①所有配筋图中的钢筋长度均需现场实际放样，并满足构造要求。钢筋的放样可根据实际情况做适当调整。为了确保钢筋的保护层厚度，绑扎钢筋时应将受力主筋布置于分布钢筋的外侧。 ②钢筋焊接时应注意对防水层的保护。 ③在钢筋绑扎前应设置具有与混凝土等强的垫块和马凳筋，防止钢筋的挠度过大，确保最外层钢筋的净保护层厚度。 **2. 施工措施** ①控制钢筋保护层厚度。 ②架立筋位置合适。 ③提前复核钢筋层距。 **3. 管理措施** ①加强现场施工管理，严格按照设计文件进行施工。 ②做好现场管理人员及作业人员的交底和质量培训，确保管理人员掌握施工标准、检查及验收标准和工艺要求。 ③第一段钢筋绑扎严格执行样板验收，指导后续施工。 ④经常性巡视检查现场，发现问题及时指出和整改。 ⑤严格质量验收，不符合设计及规范要求，不允许进入下一道施工工序。 ⑥钢筋保护层宜选用质量合格的塑料垫卡；使用水泥砂浆预制垫块时，其强度、厚度、尺寸应符合有关要求。 ⑦钢筋保护层厚度应按照设计图纸要求设置。 ⑧主筋之间的勾筋应按设计要求设置，其加工偏差应符合规范要求。 ⑨安装不易变形的定位块。
治理措施	返工处理
照片	缺陷照片　　标准照片

2.3.2 杂散电流钢筋安装不规范

通病现象	杂散电流钢筋安装错误导致钢筋与混凝土脱离。
规范标准及相关规定	《钢筋焊接及验收规程》（JGJ 18—2012） 《钢筋机械连接技术规程》（JGJ 107—2016）
原因分析	杂散电流钢筋安装位置及连接方式错误。
预防措施	1. 设计措施 　施工过程中，应严格按有关杂散电流防护设计对钢筋连接的要求进行处理；同时，应根据杂散电流防护要求，预留预埋件、预留孔。 2. 管理措施 ①核实电焊工持证情况，确保电焊工持有效证件上岗。 ②做好现场管理人员及作业人员的交底和质量培训，确保管理人员掌握施工标准、检查及验收标准和工艺要求。 ③加强钢筋焊接施工过程的施工管控及其隐蔽验收。 ④经常性巡视检查现场，旁站关键工序，发现问题及时指出和整改。 ⑤严格质量验收，不符合设计及规范要求，未经整改合格，不允许进入下一道施工工序。
治理措施	施工过程中，应严格按有关杂散电流防护设计对钢筋连接的要求进行处理；同时，应根据杂散电流防护要求，预留预埋件、预留孔。

2.3.3　二衬混凝土表面麻面、蜂窝

通病现象	二衬混凝土的表观质量问题，混凝土浆液渗漏造成的混凝土表面有凹陷的小坑和表面不光滑、不平整的现象。
规范标准及相关规定	《地下铁道工程施工质量验收标准》（GB/T 50299—2018） 《混凝土结构工程施工质量验收规范》（GB 50204—2015）
原因分析	1. 模板表面粗糙或粘附水泥浆渣等杂物未清理干净，拆模板时混凝土表面被粘坏。 2. 模板未浇水湿润或湿润不够，构件表面混凝土的水分被吸去，使混凝土失水过多出现麻面。 3. 模板拼缝不严密，局部漏浆。 4. 模板隔离剂涂刷不均、局部漏刷，或失效，混凝土表面与模板粘结造成麻面。 5. 混凝土振捣不实，气泡未排出，停在模板表面，形成麻点。
预防措施	1. 施工措施 ①模块面清理干净，不得粘有干硬水泥砂浆等杂物。 ②木模板在浇筑混凝土前，应用清水充分湿润，清洗干净，不留积水，模板缝拼接严密，如有缝隙，应用油毡条、塑料条、纤维板或水泥砂浆等堵严，防止漏浆。 ③混凝土必须按操作规程分层均匀振捣密实，严防漏振，每层混凝土均应振捣至气泡排除为止。 ④混凝土搅拌时严格控制配合比，经常检查，保证材料计量准确。 ⑤混凝土应拌合均匀，按规范把握最短搅拌时间，确保振捣密实。 ⑥混凝土自由倾落高度一般不得超过 2m，浇筑楼板混凝土时，自由倾落度，不宜超过 1m，如超过上述高度，要采取串筒、溜槽等措施下料。 ⑦振捣时先使用插入式振捣器振捣梁腹混凝土，使其下部混凝土溢出与箱梁地板混凝土相结合，然后再充分振捣使两部分混凝土完全融合在一起，从而消除底板与腹板之间出现脱节和空虚不实的现象。 ⑧在钢筋密集处及复杂部位，采用细石混凝土浇灌，在模板内充满，认真分层振捣密实，预留孔洞。 ⑨下料时应两侧同时下料，侧面加开浇灌门，严防漏振，砂石中混有黏土块，模板工具等杂物掉入混凝土内，应及时清除干净。 ⑩在气温高、温度低或风速大的天气施工，混凝土浇筑后，应及早进行喷水养护，使其保持湿润，大面积混凝土宜浇完一段，养护一段。在炎热季节，要加强表面的抹压和养护工作。 ⑪混凝土养护可采用养护剂，或覆盖湿草袋、塑料布等方法，当表面发现微细裂缝时，应及时抹压，再覆盖养护。 ⑫混凝土水泥用量，水灰比和砂率不能过大，有条件的掺加合适的减水剂；严格控制砂石含泥量，避免使用过量粉砂。

预防措施	2.管理措施 ①加强模板施工过程的施工管控及其隐蔽验收。对台车模板表面进行重点检查。 ②经常性巡视检查现场，发现问题及时指出和整改。浇筑过程中重点盯控混凝土振捣工作，确保振捣到位。
治理措施	浇筑完成在初凝前进行抹面。敲打模板，加强混凝土的振捣。
照片	 缺陷照片　　　　　　　　　标准照片

2.3.4 混凝土结构露筋

通病现象	混凝土保护层小，或者钢筋偏移导致混凝土未全部包裹住钢筋。
规范标准及相关规定	《地下铁道工程施工质量验收标准》（GB/T 50299—2018） 《混凝土结构工程施工质量验收规范》（GB 50204—2015）
原因分析	1. 浇筑混凝土时钢筋保护层垫块位移，垫块太少或漏放，致使钢筋紧贴模板外露。 2. 结构构件截面小，钢筋过密，石子卡在钢筋上，使水泥砂浆不能充满钢筋周围造成露筋。 3. 混凝土配合比不当，产生离析，靠模板部位缺浆或模板漏浆。 4. 混凝土保护层太小或保护处漏振或振捣不实，振捣棒撞击钢筋或踩踏钢筋，使钢筋位移造成露筋。 5. 木模板未浇水湿润，吸水粘结或脱模过早，拆模时缺棱、掉角，导致露筋。
预防措施	1. 设计措施 ①混凝土宜采用输送泵输送，坍落度应为 120～160mm，坍落度每小时损失值不应大于 20mm，总损失值不应大于 40mm；振捣不得触及防水层、钢筋、预埋件和模板。 ②混凝土强度达到 100% 强度时，方可拆模。 2. 施工措施 浇筑混凝土时，应保证钢筋位置和保护层厚度正确；并加强检查；钢筋密集时，应选用适当粒径的石子，保证混凝土配合比准确和良好的和易性；浇筑高度超过 2m，应分层下料，以防止离析；模板应充分湿润并认真堵好缝隙；混凝土振捣严禁撞击钢筋，在钢筋密集处，可采用刀片或振捣棒进行振捣；操作时，避免踩踏钢筋，如有踩弯或脱扣等及时调直修正；保护层混凝土要振捣密实；正确掌握脱模时间，防止过早拆模，碰坏棱角。 3. 管理措施 ①加强模板施工过程的施工管控及其隐蔽验收。对模板表面进行重点检查。 ②经常性巡视检查现场，旁站关键工序，发现问题及时指出和整改。浇筑过程中重点盯控混凝土振捣工作，确保振捣到位。 ③浇筑混凝土应保证钢筋位置和保护层厚度正确，垫块数量及间距满足要求，缝隙处应仔细封堵。 ④混凝土振捣时严禁撞击钢筋，操作时，避免踩踏钢筋。 ⑤保护层混凝土要振捣密实；正确掌握脱模时间，防止过早拆模，避免碰坏棱角。
治理措施	表面露筋：刷洗净后，在表面抹 1：2 或 1：2.5 水泥砂浆，将露筋部位充满抹平；露筋较深：凿去薄弱混凝土和突出颗粒，先刷干净后，用比原来高一强度等级的细石混凝土填塞压实。

照片	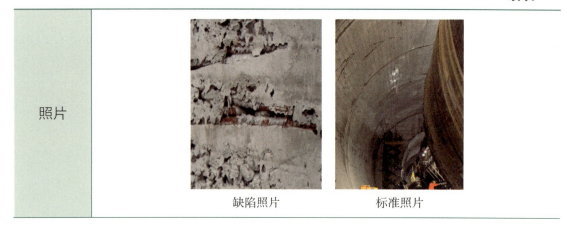
	缺陷照片　　　　　　　标准照片

2.3.5 混凝土接缝错台

通病现象	混凝土浇筑时由于模板安装时未完全固定，导致模板偏移，产生混凝土面不在统一平面。
规范标准及相关规定	《地下铁道工程施工质量验收标准》（GB/T 50299—2018） 《混凝土结构工程施工质量验收规范》（GB 50204—2015）
原因分析	1. 木模板未充分浇水湿润或湿润不够，混凝土浇筑后养护不好，造成脱水，强度低，或模板吸水膨胀将边角拉裂，拆模时，棱角被粘掉。 2. 低温施工过早拆除侧面非承重模板。 3. 拆模时，边角受外力或重物撞击，或保护不好，棱角被碰掉。 4. 模板未涂刷隔离剂，或涂刷不均。
预防措施	1. 施工措施 ①严格按施工规范操作，浇筑混凝土后，应根据水平控制标志或弹线用抹子找平、压光，终凝后浇水养护；模板应有足够的强度、刚度和稳定性，应支在坚实地基上，有足够的支承面积，防止浸水，以保证不发生下沉；在浇筑混凝土时，加强检查，凝土强度达到 1.2N/mm^2 以上，方可在已浇结构上走动。 ②复核模板位置是否正确。 2. 管理措施 ①模板台车就位时复核中线位置，保证台车中线与隧道中线保持一致。 ②根据台车所处位置、受力情况及支撑体系进行仔细计算，确保模板有足够的强度、刚度及稳定性。 ③混凝土与模板台车搭接部位表面应彻底清理干净，使台车与混凝土表面尽量紧贴，控制好模板和上板混凝土搭接长度，避免过长或过短。 ④加强台车支撑，将所有的支撑全部支撑到位，保证台车整体受力，必要时可在台车端部增加丝杠支撑。 ⑤在台车前端端部拱顶增设支撑，以防台车上浮造成拱部错台。
治理措施	可将该处松散颗粒及混凝土凿除，冲洗充分湿润后，视破损程度用 1∶2 或 1∶2.5 水泥砂浆抹补齐整，或支模用比原来高一强度等级混凝土捣实补好，认真养护。
照片	  缺陷照片　　　　　标准照片

2.3.6　二衬混凝土厚度不满足设计要求

通病现象	二衬混凝土由于模板或者净空问题导致混凝土厚度不足。
规范标准及相关规定	《地下铁道工程施工质量验收标准》（GB/T 50299—2018） 《混凝土结构工程施工质量验收规范》（GB 50204—2015）
原因分析	1. 初支侵限。 2. 二衬模板定位错误。
预防措施	1. 设计措施 ①拱部模板应预留沉落量 10～30mm，其高程允许偏差为设计高程加预留量沉落+100mm。 ②边墙与拱部模板应预留混凝土灌注及振捣孔口。 ③施工时应考虑足够的变形量，任何情况下不得侵入二衬限界，多余变形量在结构二衬模筑时一起浇筑密实即可。 2. 施工措施 ①测量确定断面净空是否满足。 ②保证模板架设位置是否正确。 ③确认模板是否牢靠。 3. 管理措施 ①严格按照施工方案对欠挖部分进行处理。 ②防水板铺设前对初支隧道进行断面测量，确保隧道二衬厚度满足设计要求。 ③做好台车精确定位。 ④加强开挖净空检查，严格按照设计和规范预留沉降量。 ⑤加强初期支护和衬砌过程的旁站监理。 ⑥对欠挖的部分严格按照规定的要求进行处理，达标后方可进行支护和衬砌。 ⑦适时开孔检查支护和衬砌的厚度，对衬砌厚度不足部分应开天窗，凿除欠挖部分周围的围岩，用同等级强度混凝土回填或注浆回填。
治理措施	1. 拱部模板应预留沉落量 10～30mm，其高程允许偏差为设计高程加预留量沉落+100mm。 2. 边墙与拱部模板应预留混凝土灌注及振捣孔口。 3. 施工时应考虑足够的变形量，任何情况下不得侵入二衬限界，多余变形量在结构二衬模筑时一起浇筑密实即可。

2.3.7 混凝土强度不符合设计要求

通病现象	由于天气、混凝土配比、混凝土原材质量问题等原因导致混凝土强度低。
规范标准及相关规定	《地下铁道工程施工质量验收标准》（GB/T 50299—2018） 《混凝土结构工程施工质量验收规范》（GB 50204—2015）
原因分析	1. 水泥过期或受潮，活性降低；砂、石集料级配不好，空隙大，含泥量大，杂物多，外加剂使用不当，掺量不准确。 2. 混凝土配合比不当，计量不准，施工中随意加水，使水灰比增大。 3. 混凝土加料顺序颠倒，搅拌时间不够，拌合不均。 4. 冬期施工，拆模过早或早期受冻。 5. 混凝土试块制作未振捣密实，养护管理不善，或养护条件不符合要求，在同条件养护时，早期脱水或受外力砸坏。
预防措施	1. 设计措施 ①混凝土结构宜采用商品混凝土，为控制入模温度，尽可能安排在夜间灌注混凝土。一般混凝土浇筑（最小几何尺寸小于 1m 的结构），当夏季天气炎热施工时，混凝土入模温度不应高于 32℃；当冬季天气寒冷施工时，混凝土入模温度不应低于 5℃，并应有保温措施。大体积混凝土浇筑（最小几何尺寸大于等于 1m 的结构），当夏季天气炎热施工时，混凝土入模温度不应高于 30℃；当冬季天气寒冷施工时，混凝土入模温度不应低于 5℃，并应有保温措施。混凝土中心温度与表面温度的差值不应大于 25℃。养护时间不应小于 14d。 ②施工时应严格控制混凝土配合比，水灰比的最大限值为 0.5，采用低水化热水泥并控制水泥用量，单位水泥用量不小于 320kg/m³，以及在混凝土中掺入不超过 20% 的粉煤灰和 TmS 高效减水剂，并严格按设计强度、抗渗强度等级通过试验确定最佳配合比。 2. 施工措施 ①隧道二衬除按施工流程设置水平施工缝外，还应设置分段环向施工缝，为减少混凝土收缩，可以配合采用跳槽分段浇筑混凝土的方法进行施工。 ②混凝土初凝后，需用麻布等措施覆盖，淋水保温养护，养护时间不少于 14d，并严格按《混凝土结构工程施工质量验收规范》（GB 50204—2015）的相关要求执行。 3. 管理措施 ①拌制混凝土所使用的粗、细骨料、外加剂和胶凝材料等必须符合国家现行有关标准的规定，使用前必须查验原材料的出厂合格证、试验报告。 ②混凝土的配合比必须经第三方检测单位验证，保证混凝土的和易性和耐久性。 ③控制好混凝土坍落度、入模温度及入模时间。 ④终凝后采用洒水养护或涂抹养护剂，防止表面游离水蒸发过快，产生收缩。
治理措施	1. 隧道二衬除按施工流程设置水平施工缝外，还应设置分段环向施工缝，为减少混凝土收缩，可以配合采用跳槽分段浇筑混凝土的方法进行施工。 2. 混凝土初凝后，需用麻布等措施覆盖，淋水保温养护，养护时间不少于 14d，并严格按《混凝土结构工程施工质量验收规范》（GB 50204—2015）的相关要求执行。

2.3.8 二衬施工缝渗漏水

通病现象	地下结构中可能出现的渗漏情况,按结构部位可分为变形缝部位、施工缝部位、墙面部位、穿墙管道部位、预埋件部位。按渗漏状况可分为孔眼渗漏、裂缝渗漏、墙面潮湿或渗漏、施工缝渗漏、变形缝渗漏、管道及预埋件部位渗漏。
规范标准及相关规定	《地下铁道工程施工质量验收标准》(GB/T 50299—2018) 《混凝土结构工程施工质量验收规范》(GB 50204—2015)
原因分析	1. 施工缝部位浇筑不良或骨料集中。 2. 施工缝掉入杂物导致防水失效。 3. 混凝土接头部位产生收缩造成开裂。 4. 施工缝防水施工不良造成防水失效。 5. 混凝土中的杂物较大形成过水通道。 6. 混凝土收缩或结构裂缝。 7. 浇筑时振捣不良导致不密实、内部空洞等原因形成积水。
预防措施	1. 设计措施 　　施工缝的布置是确保工程质量的关键,原则上环向施工缝间距不超过 12～16m。每次灌注混凝土量不得大于 300m³。施工缝的形式及防水要求按防水设计图施工。施工缝要与防水分区结合起来。水平施工缝浇筑混凝土前,应将其表面浮浆和杂物清除,先铺净浆,再铺 30～50mm 厚的 1：1 水泥砂浆或涂刷混凝土界面处理剂,并及时灌注混凝土;垂直施工缝浇灌混凝土前,应将其表面清理干净,并涂刷水泥净浆或混凝土界面处理剂,并及时浇筑混凝土。 　　2. 施工措施 　　①施工缝、变形缝等部位严格按照设计要求施工。 　　②防止施工缝掉入杂物。 　　③防止混凝土接头部位产生收缩造成开裂。 　　④防止混凝土中的杂物较大形成过水通道。 　　⑤防止混凝土收缩或结构裂缝。 　　⑥混凝土插入时要快,拔出时要慢,以免在混凝土中留下空隙。 　　每次插入振捣的时间为 20～30s,并以混凝土不再显著下沉,不出现气泡,开始泛浆时为准。 　　3. 管理措施 　　①加强防水材料进场验收管控,确保施工使用的材料质量合格。 　　②严格按照防水施工技术交底进行施工。 　　③混凝土浇筑过程中不能出现长时间停顿。 　　④进场时及时检查混凝土配合比、和易性及坍落度。 　　⑤混凝土浇筑时保证对称分层浇筑,分层振捣到位,模板台车窗口模板关闭严实,防止漏浆等。 　　⑥基面要引排结合,保证基面干燥,结构达 28d 后,再处理引排水。

续表

预防措施	⑦洞身施工防水层前先进行支护表面修整处理,凹凸不平处采用喷混凝土补平,割除锚杆、钢筋网等外露端头,防止防水层被戳破。 ⑧按规范安装止水条、止水带采用钢筋卡定位和固定,按设计要求埋设排水盲管。
治理措施	水平施工缝浇筑混凝土前,应将其表面浮浆和杂物清除,先铺净浆,再铺 30～50mm 厚的 1∶1 水泥砂浆或涂刷混凝土界面处理剂,并及时灌注混凝土;垂直施工缝浇筑混凝土前,应将其表面清理干净,并涂刷水泥净浆或混凝土界面处理剂,并及时浇筑混凝土。
照片	 缺陷照片　　　　　　　整治照片

2.3.9　隧道结构净空侵限

通病现象	二次衬砌混凝土浇筑由于模板跑模等原因导致建筑内净空小。
规范标准及相关规定	《地下铁道工程施工质量验收标准》（GB/T 50299—2018）
原因分析	1. 二衬跑模、胀模。 2. 测量放样错误。
预防措施	**1. 设计措施** ①拱部模板应预留沉落量 10～30mm，其高程允许偏差为设计高程加预留量沉落+100mm。 ②边墙与拱部模板应预留混凝土灌注及振捣孔口。 ③施工时应考虑足够的变形量，任何情况下不得侵入二衬限界，多余变形量在结构二衬模筑时一起浇筑密实即可。 **2. 施工措施** ①严格按照测量放样数据进行施工。 ②控制初次支护混凝土厚度。 ③隧道周边位移速率有明显减缓趋势。 1）水平收敛（拱脚附近）速度小于 0.2mm/d 或拱顶位移速度小于 0.15mm/d。 2）施作二次衬砌前的收敛量已达到总收敛量的 80%以上。 3）初期支护表面无再发展的明显裂缝。 **3. 管理措施** ①开挖断面放样、衬砌立模准确，尤其是中线、标高要反复校核，避免产生错误。 ②初支超、欠挖要求用激光断面仪进行检查，对欠挖的围岩进行处理。 ③衬砌台车有足够的刚度并支撑牢固，灌注混凝土时不跑模，钢板要求整体式大型钢板。 ④二衬混凝土浇筑前检测洞身断面尺寸，并在工作台车前方拱圈部位安装检查衬砌厚度的环状钢筋。
照片	  缺陷照片　　　　　　标准照片

2.3.10 衬砌背后空洞

通病现象	二衬衬砌混凝土与防水层或者防水层与初次支护之间存在空隙、空位。
规范标准及相关规定	《混凝土结构工程施工质量验收规范》（GB 50204—2015） 《地下铁道工程施工质量验收标准》（GB/T 50299—2018）
原因分析	1. 在钢筋较密的部位或预留洞和埋设件处，混凝土下料被搁住，未振捣就继续浇筑上层混凝土。 2. 混凝土离析，砂浆分离、石子成堆、严重跑浆，又未进行振捣。 3. 混凝土内掉入工具、木块、泥块等杂物，混凝土被卡住。
预防措施	**1. 施工措施** ①基面处理平顺没有凸起。 ②防水材料施工按照设计要求，搭接长度和焊缝长度宽度应符合要求。 ③混凝土浇筑过程全程盯控，控制混凝土浇筑速度和混凝土振捣频率和时间。 ④模板开混凝土浇筑孔位置准确。 **2. 管理措施** ①严格按照规范要求的松弛度铺设防水板，并加密固定，在模板台车端部预留排气孔，加强拱顶混凝土施工监督，保证顶部混凝土饱满密实，预埋压浆管，待混凝土达到设计要求后，进行拱部压浆处理。 ②加强质量意识到位，加大过程控制，责任到人，监控到位。 ③从源头做起，尽可能控制好开挖质量，控制超挖。 ④衬砌灌注混凝土施工时，拱顶设置溢浆管，检查拱顶混凝土灌注的饱满度。 ⑤衬砌表观适当增加拱部混凝土灌注口，保证混凝土灌注饱满、密实。在拱顶设注浆孔进行注浆，充填孔洞。
治理措施	二衬背后回填注浆施工。
照片	 缺陷照片　　　　　　整治照片

第 3 章

盾构工程

3.1 管片生产

3.1.1 管片钢筋笼安装质量差

通病现象	管片生产钢筋笼入模安装过程中，操作人员摆放不到位或保护层垫块安放位置不对，易造成钢筋笼安放位置不准确，管片保护层偏差超限。
规范标准及相关规定	《混凝土结构工程施工质量验收规范》（GB 50204—2015） 《预制混凝土衬砌管片》（GB/T 22082—2017） 《盾构法隧道施工及验收规范》（GB 50446—2017） 6.4 钢筋骨架 6.4.1 钢筋的品种、级别、规格和位置应符合设计要求。 6.4.2 钢筋加工应符合下列规定： 1. 应按钢筋下料表进行钢筋切断或弯曲。 2. 弧形钢筋加工时应防止平面翘曲，成型后表面不得有裂纹，并应验证成型尺寸。 3. 当设计允许受力钢筋设置接头时，可采用对焊连接或机械连接，接头质量应符合现行行业标准《钢筋焊接及验收规程》（JGJ 18）或《钢筋机械连接技术规程》（JGJ 107）的规定。 6.4.3 钢筋骨架应符合下列规定： 1. 当钢筋骨架连接时，应按钢筋下料表核对钢筋级别、规格、长度、根数及胎具型号。 2. 焊接前应对焊接处进行检查，不应有水锈、油渍，焊接后不应有焊接缺陷。 3. 当采用焊接时，应根据钢筋级别、直径及焊机性能进行试焊，并应在确定焊接参数后，方可批量施焊；焊接骨架的焊点设置应符合设计要求。当设计无规定时，宜采用对称跳点焊接。 4. 同一钢筋骨架不得使用多于 2 根带有接头的纵向受力钢筋，且不得相邻布置。 6.4.4 钢筋骨架安装应符合下列规定： 1. 骨架入模时不应对模具造成损坏，入模后骨架各部位的保护层应符合设计要求。 2. 浇筑混凝土前，应进行钢筋隐蔽工程验收。 6.4.5 弧形钢筋和钢筋骨架存放时，不应发生变形。
原因分析	1. 钢筋笼焊接尺寸不规范。 2. 钢筋笼安装位置不准确。 3. 钢筋笼保护层垫块安装数量不足。 4. 钢筋笼保护层垫块安装位置不准确。
预防措施	1. 施工措施 ①针对钢筋笼焊接尺寸，加强半成品钢筋下料、弯制尺寸检查，确保半成品尺寸符合施工要求。针对作业人员加强焊接技术培训，确保钢筋笼成型尺寸符合设计要求。

预防措施	②针对钢筋笼安装，确保操作人员严格按照标识标牌对应安装。 ③针对钢筋笼保护层垫块数量安装，严格按照施工技术交底要求，B/L/K 不同型号、不同类型按照要求安装相应数量垫块。 ④针对钢筋笼保护层垫块位置安装，严格按照施工技术交底要求，B/L/K 不同类型严格按照要求安装不同部位。 **2. 管理措施** ①加强管片钢筋笼制作过程的施工管控及其隐蔽验收。 ②经常性巡视检查现场，发现问题及时指出和整改。 ③严格质量验收，不符合设计及规范要求，不允许进入下一道施工工序。
治理措施	1. 现场技术人员全程施工旁站，质检工程师严格履行抽检制度。 2. 加强劳务工人质量责任意识，提高施工水平。
照片	 标准照片　　　　　　　　整治照片

3.1.2 管片预埋件定位不准确、安装不牢固

通病现象	预埋套筒安装位置不准确，安装不牢固，造成管片成型后预埋件不能正常使用。
规范标准及相关规定	《混凝土结构设计规范》（GB 50010—2010） 《预制混凝土衬砌管片》（GB/T 22082—2017） 《盾构隧道预制式设备快速安装系统技术规范及安装工艺指引》V3.1 版 管片厂预埋施工具体分为总体要求、套筒预埋作业规范、质量控制等 3 个环节描述。 1. 预埋套筒与管片模板弧面的切线应保持垂直，倾斜度 ≤ 1°。 2. 管片模具上套筒预埋处开孔孔位偏差：环向、纵向 ≤ 2mm。 3. 套筒预埋时，不应与管片钢筋直接接触，如有冲突需调整钢筋位置避开接触套筒。 4. 预埋套筒周边混凝土需振捣均匀、无孔洞，套筒不得出现歪斜、上浮或漏浆等质量问题。
原因分析	1. 钢膜预埋件开孔位置不准确、开孔未垂直于钢膜内弧面切线方向。 2. 预埋件安装底座尺寸误差较大。 3. 操作人员违章操作安装数量不够。
预防措施	1. 施工措施 ①针对钢模预埋件开孔位置，严格按照施工图纸仔细核对，每孔必须测量两次以上，进行数据偏差比对，确保开孔位置准确。预埋件开孔方向必须按照钢模内弧面预埋点切线垂直开孔，确保成型后预埋件位置准确，角度一致，确保预埋件最大承受抗拔性能。 ②严格要求预埋件供应厂家，针对预埋件底座尺寸制作必须精确，严格控制在直径±0.1mm，确保安装后稳定牢固。 ③针对作业人员加强质量技术培训，提高责任意识，加强作业水平，确保安装质量、数量。 2. 管理措施 ①做好设计图纸会审及交底工作，做好作业人员质量技术培训和技术交底。 ②经常性巡视检查现场，发现问题及时指出和整改。 ③严格质量验收，不符合设计及规范要求，未经整改合格，不允许进入下一道施工工序。
治理措施	1. 现场技术人员全程施工旁站，质检工程师严格履行抽检制度。 2. 加强劳务工人质量责任意识，提高施工水平。
照片	 缺陷照片　　　　　　　　标准照片

3.1.3　管片螺栓孔堵塞、坍孔

通病现象	管片生产过程中由于预埋件尺寸、安装工艺、拆除工艺等操作不到位易造成弯曲螺栓孔堵塞、坍孔。
规范标准及相关规定	《预制混凝土衬砌管片》（GB/T 22082—2017） 《盾构法隧道施工及验收规范》（GB 50446—2017）
原因分析	1. 预埋件尺寸偏差过大漏浆堵塞。 2. 操作人员安装错误，导致漏浆堵塞。 3. 操作人员拆除芯棒工艺错误，导致坍孔。
预防措施	1. 施工措施 ①针对预埋件尺寸偏差问题，严格要求供应商预埋件加工尺寸，尺寸偏差±2mm 以内，增加软质橡胶垫圈，确保预埋弯管两端在振动过程中密封、不漏浆。 ②针对预埋弯管安装，确保操作人员严格按照标识对应安装；要求供应商在每个预埋件上标注明显的标识，并针对作业人员加强监督培训。 ③针对芯棒拆除工艺，严格按照技术交底要求，在固定台位拆除，并且不能暴力拆除。严格按照施工工艺顺序拆除。 2. 管理措施 ①做好作业人员质量技术培训和技术交底。 ②经常性巡视检查现场，发现问题及时指出和整改。 ③严格质量验收，不符合设计及规范要求，不允许进入下一道施工工序。
治理措施	1. 现场技术人员全程施工旁站，质检工程师严格履行抽检制度。 2. 加强劳务工人质量责任意识，提高施工水平。
照片	 缺陷照片　　标准照片　　整治照片

3.2 盾构始发与到达

3.2.1 反力架安装质量不满足要求

通病现象	在盾构进出洞过程中，盾构反力架、托架发生位移、变形，使盾构掘进轴线偏离设计轴线，负环管片及后续管片拼装点位偏差较大、管片环向发生扭转，及盾构接收姿态偏差。
规范标准及相关规定	《盾构法隧道施工及验收规范》（GB 50446—2017）7.4.3 规定：始发掘进前，反力架应进行安全验算。
原因分析	1. 盾构托架及反力架的安装精度不够，中心夹角轴线与隧道设计轴线不平行，盾构在纠偏上产生了过大的侧向力。 2. 盾构托架及反力架的整体刚度、稳定性不够，或局部构件的强度不足。 3. 盾构姿态控制不好，盾构推进轴线与托架轴线产生较大夹角，致使盾构托架及反力架受力不均匀。 4. 对盾构托架及反力架的固定方式考虑不周，固定不牢靠。
预防措施	1. 施工措施 ①盾构反力架安装时反力架钢环环面与盾构掘进方向垂直，环面中心轴线与隧道设计轴线保持一致，确保反力架安装精度。 ②反力架整体的强度和刚度要能克服进洞时盾构机穿越加固体所产生的作用力。 ③在推进过程中合理控制盾构的总推力，且尽量使千斤顶合理编组，使反力架均匀受力。 ④对反力架的各构件进行强度、刚度校验，对受压支撑件一定要做稳定性验算。各连接点采用合理的连接方式保证连接牢靠，各构件安装要定位精确，并确保电焊质量及螺栓连接强度。 ⑤盾构托架安装时中心夹角轴线要与隧道设计轴线方向一致，当洞口段隧道设计轴线处于曲线状态时，考虑盾构托架沿隧道设计曲线的割线方向放置，割点取洞口内侧面处。 ⑥托架安装完成后要校验托架的标高等，确保安装精度。 ⑦托架整体的强度和刚度要能克服进出洞段盾构机穿越加固土体所产生的作用力。 ⑧合理控制盾构姿态，尽量使盾构轴线与盾构托架中心夹角轴线保持一致。 ⑨盾构托架的底面与始发井（到达井）的底板之间要垫平垫实，保证接触面积满足要求；盾构托架的侧面要与始发井（到达井）的侧墙固定牢固。 2. 管理措施 ①严格执行始发条件验收制度，按照条件验收表逐一检查，不符合相关规定，不予验收通过。 ②核查始发托架探伤报告或合格证。 ③经常性巡视检查现场，对反力架进行检查，对盾构的掘进参数进行分析，发现问题及时指出和整改。

治理措施	1. 先停止推进，对已发生变形破坏的构件分析破坏原因，进行相应的加固。对需要调换的部件，先将盾构支撑加固牢靠，再调换被破坏构件。 　　2. 盾构托架变形严重，盾构在其上又无法修复和加固时，只能采取措施使盾构脱离托架，创造工作条件后对托架做修复加固。
照片	 　缺陷照片　　　　　　　标准照片　　　　　　　整治照片

3.2.2　导轨施工质量差

通病现象	在盾构进洞过程中，由于底板高度与设计高度不符，始发托架安装精度不高，导轨安装精度不高，始发掘进过程中，盾构垂直姿态偏差大。
规范标准及相关规定	《盾构法隧道施工及验收规范》（GB 50446—2017）4.2.2 规定：盾构掘进施工前，应完成下列工作：1. 复核各工作井井位里程及坐标、洞门圈制作精度和安装后的高程和坐标；2. 盾构基座、负环管片和反力架等设施及定向测量数据的检查验收。 《盾构法隧道施工及验收规范》（GB 50446—2017）7.10.4 盾构空推应符合下列规定：导台或导向轨道水平和竖直方向的精度应满足设计要求。 《盾构法隧道施工及验收规范》（GB 50446—2017）9.2.7 规定：当盾构在既有结构内空推并拼装管片时，应合理设置导台，并应采取措施控制管片拼装质量和壁后填充效果。
原因分析	1. 底板实测高度与设计高度不符，托架安装时未及时进行复测。 2. 盾构机安装在托架上，托架受力变形，导致姿态和设计偏差较大。 3. 导轨安装完成后，未进行高度复测。
预防措施	1. 施工措施 ①托架安装前复测底板高度，托架安装后重新进行托架高度复核。 ②始发托架进场后进行验收，对有变形部位进行校正、受力薄弱部位进行加固，防止托架变形。 ③始发时，托架和洞门之间安装导轨、洞门内安装导轨，安装完成后对高度进行复测，防止盾构机栽头。 2. 管理措施 ①严格质量验收，不符合设计及规范要求，未经整改合格，不允许进入下一道施工工序。 ②安装过程中加强现场巡查，发现问题及时督促落实整改，未整改完成，不予验收。
治理措施	重新按要求进行安装导轨。
照片	 缺陷照片　　　　标准照片　　　　整治照片

3.2.3　帘幕板安装质量差

通病现象	盾构机始发、接收时，洞门密封帘幕板安装质量不合格，始发或者接收时损坏，泥浆水从洞门密封帘幕处挤出渗漏，大量的泥浆水从洞门流出，造成地面沉降。
规范标准及相关规定	《盾构法隧道施工及验收规范》（GB 50446—2017）4.2.2 规定：盾构掘进施工前，应完成下列工作：洞口前土体加固和洞门圈密封止水装置检查验收。 《盾构法隧道施工及验收规范》（GB 50446—2017）4.4.3 规定：洞门密封装置应满足盾构始发和接收密封要求。
原因分析	1. 洞门折叠板尺寸较短，引起折叠板外翻。 2. 盾构外壳上有突出的注浆管等物体，使密封受到影响。 3. 洞门密封安装时，折叠板未紧固到位，密封装置和洞门之间存在间隙。 4. 接收时，洞门密封装置未拉紧，洞门帘布和盾体之间存在间隙。
预防措施	1. 施工措施 ①洞门密封装置加工前进行模拟，保证洞门密封的尺寸，防止折叠板外翻。 ②保证盾构机始发姿态，洞门密封圈安装要准确，密封圈涂牛油，增加润滑性。 ③在设计、使用洞门密封时要预先考虑到盾壳上的凸出物体，在相应位置设计可调节的构造，保证密封的性能。 ④盾构进洞时要及时调整密封钢板的位置，及时地将洞口封好。 ⑤盾构将进入进洞口土体加固区时，要降低正面的平衡压力。 ⑥洞门折叠板采用高强度钢材加工，防止折叠因强度不足挤压破坏。 ⑦洞门密封安装时，加强连接螺栓的紧固，出洞时密封装置拉紧。 ⑧洞门密封装置安装之后，在洞门密封和洞门之间的缝隙处涂抹密封胶。 2. 管理措施 ①加强洞门帘布及压板的进场验收管控，确保施工使用的帘布及压板质量合格。 ②帘幕板安装前检查帘幕板尺寸是否与洞门尺寸一致。 ③帘幕板安装完成后检查帘幕板与洞门钢环密贴程度，对存在鼓包位置要求施工单位重新安装；安装过程加强现场巡视，发现问题及时督促落实整改，未经验收通过，严禁进入下一道工序。 ④折叠压板安装完成后，对螺栓连接位置逐一检查，保证连接可靠性，对折叠压板拉紧，判断帘幕板是否能够完整收紧。 ⑤条件验收过程中现场对帘幕板进行验收，发现问题须落实整改，整改后重新验收。
治理措施	1. 始发时洞门密封泥水渗漏，可采用向洞门密封位置塞棉絮进行封堵。 2. 对洞口进行注浆堵漏，减少土体的流失。 3. 渗漏较大时，可对洞门注入聚氨酯进行堵漏。 4. 为了防止盾构始发或到达时泥土、地下水从盾壳和洞门的间隙处流失，以及盾尾通过洞门后背衬注浆浆液的流失，在盾构始发或到达时需安装洞门密封。

治理措施	5. 洞门密封的施工分两步进行，第一步是在结构的施工过程中，做好洞门预埋件工作，预埋件必须与结构的钢筋连接在一起。第二步是在盾构正式始发或到达前，应先清理完洞口的渣土，然后进行洞口密封装置的安装。 6. 洞门密封装置由帘布橡胶、扇形压板、防翻板、垫片和螺栓等组成。安装洞门密封之前，应对帘布橡胶的整体性、硬度、老化程度等进行检查，对圆环板的成圆螺栓孔位等进行检查，并提前把帘布橡胶的螺栓孔加工好。然后将洞门预埋件的螺栓孔清理干净，最后按照帘布橡胶板、圆环板、扇形压板、防翻板的顺序进行安装。
照片	   　缺陷照片　　　　　　标准照片　　　　　　整治照片

3.2.4 盾构始发姿态偏离轴线

通病现象	盾构机始发、接收时,盾构机姿态和设计轴线偏差较大,导致成型管片姿态超限。
规范标准及相关规定	《盾构法隧道施工及验收规范》(GB 50446—2017)表 16.0.3 隧道平面位置和高程偏差,规定地铁隧道轴线偏差允许范围是±100mm。
原因分析	1. 始发、接收托架定位偏差较大,盾构机在托架上推进时,姿态难以调整。 2. 始发时,盾构机刀盘脱离托架到达掌子面之前,由于刀盘自重,盾构机栽头。 3. 盾构机安装在托架上,托架受力变形,导致姿态和设计偏差较大。 4. 盾构机接收时,出洞姿态偏差较大,导致刀盘出洞时偏离洞门一侧。 5. 小半径始发时,盾构机姿态按照定位的夹角推进,姿态逐渐偏离设计轴线。
预防措施	**1. 施工措施** ①精确始发、接收托架的定位安装,安装后重新进行托架复核。 ②始发时,托架和洞门之间安装导轨、洞门内安装导轨,防止盾构机栽头。 ③始发托架进场后进行验收,对有变形部位进行校正,受力薄弱部位进行加固,防止托架变形。 ④出洞前分两次复核盾构机人工姿态、洞门姿态,确保盾构机出洞姿态。 ⑤小半径始发时,采用割线始发,始发前进行 CAD 模拟,选择最佳始发线路。 **2. 管理措施** ①始发前要求施工单位复核盾构机姿态是否与设计隧道中心轴线一致,测量监理工程师复测,复核资料以书面形式报送监理复核签认。 ②检查盾构始发托架验算是否经设计核算,验算未通过,方案不予审批,复核始发托架安装精度并上报书面资料复核签认,始发基座与结构连接的形式现场验收,连接形式不可靠,不予验收通过。 ③检查防扭转装置是否安装到位,未安装不予验收通过;导轨安装精度及刚度是否符合要求,上报送书面资料签认复核。 ④严格执行始发条件验收制度,按照条件验收表逐一检查,不符合相关规定,不予验收通过。
治理措施	1. 盾构机定位后,根据盾构机测量系统显示的实际姿态进行模拟。若发现姿态超限,及时对托架进行调整。 2. 始发后或接收过程中姿态超限,用注浆的办法对隧道作少量纠偏,便于盾构推进轴线的纠偏。 3. 始发时姿态偏差较大时,可开启超挖刀进行纠偏。
照片	标准照片　　 整治照片

3.2.5 盾构到达姿态偏差较大

通病现象	盾构始发、到达施工过程中，由于测量误差、始发托架及反力架放置不合理加固不符合要求，造成盾构机始发、接收姿态偏差较大。
规范标准及相关规定	《盾构法隧道施工及验收规范》（GB 50446—2017）表 16.0.3 隧道平面位置和高程偏差，规定地铁隧道轴线偏差允许范围是±100mm。
原因分析	1. 导线控制点差值严重超限，联系测量布网方法不满足规范要求。 2. 隧道内部部分强制对中点不稳定。 3. 隧道部分点间视线光源或隧道壁部分不足 0.1m。 4. 掘进施工过程中姿态控制不当，未及时有效地制定纠偏计划。
预防措施	1. 施工措施 ①盾构到达前 200m、50m 进行导线和高程测量多层复测，并报监理审核，同时应对到达洞门进行测量，以精确确定其位置。 ②应以距离洞门 80m 为起点，制定严格的掘进出洞计划，严格控制轴线，并落实到每一环。 ③综合盾构姿态现状、接收段设计线路和地质情况、洞门姿态等，制定出洞盾构姿态控制计划，并严格落实。 ④现场掘进施工中，测量搬站、管片姿态测量，定期对测量控制点及导线进行复核，确保数据的准确性。 ⑤盾构区间超过一定距离，必须进行陀螺定向。 ⑥加强技术文件编写的规范性、准确性、及时性，加强技术文件在执行过程中的跟踪与反馈，遇到问题必须及时沟通解决。 2. 管理措施 ①盾构到达前，督促施工单位开展盾构到达前联系测量，做好书面记录上报监理部核查签认。 ②要求施工单位对到达洞门进行测量，测量监理工程师对洞门位置进行复核，复核资料上报监理部核查签认。 ③要求施工单位在刀盘距离洞门 50m 时，对盾构机姿态进行人工复核，确保出洞前盾构机姿态满足设计隧道轴线及洞门位置，复核资料上报监理部核查签认。 ④出洞前要求施工单位对管片安装纵向连接装置，检查连接装置的可靠性，加强现场巡查，发现问题及时督促整改。未落实整改，暂停掘进。 ⑤条件验收对各项资料、现场连接装置验收记录逐一检查。如有漏缺，不予验收。
治理措施	1. 将洞门左侧安装好的洞门帘布、环板、折页压板拆除。 2. 将洞门左侧 11 点位至 8 点位安装好的洞门钢环进行割除。

治理措施	3. 洞门钢环割除完成后，对接收洞门 11 点位至 8 点位进行破除，以增加洞门左侧盾构机与洞门之间的空间。 4. 检查盾构机铰接系统是否正常，开启铰接系统，将铰接系统角度设置成转弯趋势，铰接开启角度不超过设备允许开设角度。 5. 在掘进过程中加大盾构机油缸分区压差，避免盾构机贴洞门太近，影响出洞。
照片	　　 　　缺陷照片　　　　　　　　标准照片

3.3 管片拼装

3.3.1 管片破损

通病现象	拼装完成的管片出现缺角、掉边、裂缝的现象叫作管片破损。管片破损后，破损位置变薄弱，使隧道结构强度受到影响，从而影响结构安全。
规范标准及相关规定	《盾构法隧道施工及验收规范》（GB 50446—2017）16.0.1 规定：结构表面应无贯穿性裂缝、无缺棱掉角，管片接缝应符合设计要求。9.4.1 规定：对已拼装完成的钢筋混凝土管片表面出现本规范 6.6.2 规定的一般缺陷时，应及时修补。修补后质量应符合验收要求。 9.4.2 管片修补时，应分析管片破损原因及程度，制定修补方案。 9.4.3 修补材料强度不应低于管片强度。
原因分析	1. 管片在脱模、储存、运输过程中发生碰撞，致使管片的边角缺损。 2. 拼装时管片在盾尾中的偏心量太大，管片与盾尾发生磕碰现象，以及盾构推进时盾壳卡坏管片。 3. 定位凹凸榫的管片，在拼装时位置不准，凹凸榫没有对齐，在千斤顶靠拢时，会由于凸榫对凹榫的径向分力而顶坏管片。 4. 管片拼装时相互位置错动，管片与管片间没有形成面接触，盾构推进时在接触点处产生应力集中而使管片的角碎裂。 5. 前一环管片的环面不平，使后一环管片单边接触，在千斤顶的作用下形同跷跷板，管片受到额外的弯矩而断裂。在封顶块与邻接块的接缝处的环面不平，也是导致邻接块两角容易碎裂的原因。 6. 拼装好的邻接块开口量不够，在插入封顶块时，间隙偏小，如强行插入，则导致封顶块管片或邻接块管片的角崩落。 7. 拼装机在操作时转速过大，拼装时管片发生碰撞，边角崩落。 8. 管片选型不合理，盾尾间隙局部过小，盾尾对管片的挤压造成破损。 9. 盾构姿态不稳定，盾构机纠偏、调整姿态过程中造成管片局部应力过大，导致管片开裂、破损。 10. 注浆压力太大，注浆不均匀，致使管片破损。 11. 管片上浮造成螺栓孔处破损，对于凹凸榫管片，当管片存在上浮时，相邻管片之间存在位移差，导致凹凸榫之间存在相互挤压造成破损。
预防措施	1. 施工措施 ①做好管片进场验收工作，保证进场管片没有破损现象。 ②对地面转运管片人员进行安全交底，保护好成品管片。 ③对管片水平运输和垂直运输进行安全交底，运输管片时注意避免碰撞。 ④拼装管片前熟悉拼装机灵敏度，拼装幅度不要太大，避免管片之间的碰撞。

预防措施	⑤拼装前盾尾一定要清理干净，避免拼装夹泥带砂。 ⑥做封顶块标准尺，防止拼装太小，封顶块不要强行插入。封顶块两边止水条涂抹黄油，保证 K 块能顺利插入。 ⑦管片选型要准确，管片要顺应盾尾。 ⑧姿态纠偏时，应勤纠、缓纠，控制好掘进姿态。 ⑨有单顶的盾构机，油缸撑靴要扶正。 ⑩做好注浆控制，注浆压力要适当，注浆要均匀，浆液凝固时间要符合要求，避免管片上浮现象。 **2. 管理措施** ①熟练掌握管片施工图纸内容，参与设计交底和图纸会审。 ②施工前首先审查分包单位企业资质、施工方案，监理及有关部门审核同意后，方可实施。 ③原材料的质量预控，严把材料进场检验关，材料进场同时必须申报正式的出厂质量合格证明；材料使用前应由监理人员现场见证取样送指定实验室检验，经检验符合有关要求后，由监理人员审核认可后，方可使用。 ④严格执行管片进场及工序施工检查验收制度，加强管片翻转、搬运过程中成品保护。 ⑤管片拼装前应对预拼装管片和盾尾区域进行检查，确认管片完好及盾尾区间干净、无积渣。 ⑥应建立缺陷整改处理管理制度。 ⑦应有针对性地编制质量缺陷整改技术方案，并按规定进行审批。 ⑧组织缺陷修复样板验收会，按照规范及设计要求及时对管片破损情况进行处理。整改过程资料应齐全，整改完成后应组织验收。
治理措施	1. 因运输碰损的管片进行修补后方能使用，修补须采用与原管片强度相应的材料。 2. 在井下吊运过程中损坏的管片，如损坏范围大，影响止水条部位的，应予以更换。如损坏范围小，可在井下修补后使用。 3. 推进过程中被盾壳拉坏的管片，应立即进行修补，以保证止水效果。 4. 内弧面有缺损的管片进行修补时，所用的材料应与原管片强度等级相同，以保证强度和减少色差。
照片	 缺陷照片　　标准照片　　整治照片

3.3.2　管片错台

通病现象	相邻成型管片接缝处出现的偏差或者平整度叫作管片错台。管片错台后，在错台位置相当于管片厚度变薄了 2 倍的错台量，错台位置强度变小，成为整个隧道最薄弱的地方，影响隧道结构。管片错台会减小止水条的接触宽度或损坏止水条，引起渗漏水。错台可能引起应力集中造成管片破损。错台还会影响隧道美观。管片错台分为环间错台和环内错台。相邻管片环与环之间的错台叫做环间错台（环缝错台）；同一环管片块与块之间的错台叫环内错台（纵缝错台）。
规范标准及相关规定	《盾构法隧道施工及验收规范》（GB 50446—2017）表 9.3.5 管片拼装允许偏差和检验方法中规定：管片拼装表环间错台允许范围是 6mm，环内错台允许范围是 5mm。16.0.5 隧道允许偏差，规定地铁隧道环间允许范围是 15mm，环内错台允许范围是 10mm。 7.10.4 盾构空推应符合下列规定： 1. 导台或导向轨道水平和竖直方向的精度应满足设计要求； 2. 控制推力、速度和姿态，并应监测管片变形； 3. 应采取措施挤紧管片防水密封条，并应保持隧道稳定。
原因分析	1. 管片拼装时过于注重进度，拼装平整度控制不好，拼装时出现错台。 2. 拼装质量不好，管片出现张角、喇叭缝，致使管片椭变，脱出盾尾受力不均，出现交叉错台。 3. 推进过程中姿态控制不好，纠偏过急，致使盾尾间隙变小，盾尾挤压管片，使管片间出现错台。 4. 管片选型不正确，管片趋势和盾构机趋势不一致，推进过程中盾尾将管片挤压错台。 5. 螺栓复紧不及时，复紧不到位，相邻管片在推力作用下发生滑动错台。 6. 注浆控制不均匀，注浆压力太大，在注浆压力作用下管片产生错台。 7. 管片上浮导致错台。盾构处于下坡段掘进时，掘进推力对管片存在一个向上的竖直分力，容易造成管片上浮。同步注浆不饱满，上部浆液少，管片上部与地层之间存在空隙，为管片上浮提供空间。浆液凝固时间长，导致管片不能及时固定，造成管片上浮。
预防措施	1. 施工措施 ①管片拼装严格按照管片拼装操作规程，控制好平整度和椭圆度，同时避免出现喇叭缝、张角、交叉缝等缺陷。 ②控制好盾构机姿态，推进过程中尽量稳住姿态。需要纠偏时，要做到勤纠偏、缓纠偏。 ③做好管片选型，管片要适应盾尾，管片趋势要和盾构机趋势一致，避免前进过程中盾尾挤压管片。 ④严格落实螺栓复紧制度，拼装时复紧一次，推进时复紧一次，出盾尾时复紧一次，出台车时复紧一次，要求每次复紧后，扭矩达到 300kN·m 以上。

预防措施	⑤控制好同步注浆量和注浆压力，确保管片壁后空隙填充饱满，同时保证均匀注浆。 ⑥在隧道顶部进行二次注双液浆，及时稳固管片，防止管片上浮。 **2. 管理措施** ①熟练掌握管片施工图纸内容，参与设计交底和图纸会审。 ②施工前首先审查分包单位企业资质、施工方案，监理及有关部门审核同意后，方可实施。 ③做好盾构机司机及管片拼装手的培训交底。 ④严格执行盾构试掘进总结和百环验收制度，应根据试掘进情况调整并确定掘进参数，并根据百环验收情况制定后续施工的工序标准。 ⑤管片拼装前应对预拼装管片和盾尾区域进行检查，确认管片完好及盾尾区间干净、无积渣。 ⑥严格执行管片螺栓复紧三次制度。
治理措施	1. 对 15mm 以内的错台可不做处理。 2. 对于大于 15mm，不影响隧道建筑限界的错台可处理，也可不处理。 3. 对于影响隧道建筑限界的错台，就必须进行处理。 4. 错台的处理包括打磨处理和修补处理，具体处理措施要经过专家论证会确定。
照片	 缺陷照片　　　　　　标准照片

3.3.3 管片姿态偏差超限

通病现象	成型管片由于上浮、侧移等原因偏离设计轴线，管片轴线偏差可分为平面位置偏差和高程位置偏差两种。管片轴线偏差超限会改变线路方向，使盾构无法正常接收，或者造成盾构线路改线。
规范标准及相关规定	《盾构法隧道施工及验收规范》（GB 50446—2017）表 16.0.3 隧道平面位置和高程偏差，规定地铁隧道轴线偏差允许范围是±100mm。
原因分析	管片轴线偏差超限主要有两方面的原因：一是盾构机轴线偏差过大；二是管片出盾尾后发生位移，位移量偏大。 （一）盾构机轴线偏差过大原因分析 1. 始发阶段托架定位不准确，初始姿态偏差较大，或者初始线路输入有误，导致测量不准确，管片姿态测量不及时，造成轴线偏差较大。 2. 联系测量及洞内导线点复测不及时，导致盾构姿态误差较大，造成轴线的偏差大。 3. 盾构接收洞门偏差较大，为了准确接收，盾构机轴线跟着存在偏差。 4. 盾构超挖或欠挖，造成盾构在土体内的姿态不好，导致盾构轴线产生过量的偏移。 5. 盾构机纠偏不及时，或纠偏不到位。 6. 盾构机处于不均匀土层中，即处于两种不同土层相交的地带时，两种土的压缩性、抗压强度、抗剪强度等力学性能不同。 7. 盾构机处于非常软弱的土层中时，如推进停止的间歇太长，当正面平衡压力损失时会下沉。 8. 拼装管片时，拱底块部位盾壳内清理不干净，有杂质夹杂在相邻两环管片的接缝内，使管片的下部超前，轴线产生向上的趋势，影响盾构推进轴线的控制。 9. 管片选型不正确，使管片轴线与盾构轴线不一致，影响盾构轴线的控制。 （二）管片位移量偏大原因分析 1. 同步注浆量不够、二次补浆不及时，导致管片出盾尾后逐渐上浮，引起管片轴线偏差大。 2. 同步浆液质量不好，泌水后引起隧道下沉，从而影响管片轴线。 3. 浆液凝固时间过长，无法及时固定管片，使管片在大的推力作用下发生位移，引起轴线偏差。 4. 管片环面和油缸轴线不垂直时，在推力的作用下，管片向一侧偏移，引起轴线偏差。 5. 管片姿态测量不及时，没有及时发现管片轴线和盾构机轴线偏差的关系，导致推进过程中管片轴线偏差较大。
预防措施	1. 施工措施 ①始发阶段选择合适的始发方式，托架定位后进行初始姿态模拟，提前预判盾构机轴线偏差。 ②始发前，组织对所有盾构掘进自动导向系统录入的计划线数据进行全面核查，确保录入数据的正确可靠。

预防措施	③及时进行测量搬站，按照规范要求进行联系测量和多次洞内控制点复测，减小测量施工误差。 ④及时进行管片姿态测量，对比分析盾构机姿态的准确性和管片出盾尾后的位移情况，及时进行盾构机姿态调整。 ⑤正确设定平衡压力，使盾构机的出土量与理论值接近，减少超挖与欠挖现象，控制好盾构机的姿态。 ⑥发现盾构机姿态出现偏差时及时准确纠偏，使盾构机正确地沿着隧道设计轴线前进。 ⑦盾构机处于不均匀土层中时，适当控制推进速度，多用刀盘切削土体，减少推进时的不均匀阻力。采用向开挖面注入泡沫或膨润土的办法改善土体，使推进更加顺畅。 ⑧当盾构机在极其软弱的土层中施工时，掌握推进速度与进出土量的关系，控制正面土体的流失；保持连续掘进，避免长时间停机，出现盾构机下沉。 ⑨拼装拱底块管片前对盾尾进行清理，防止杂质夹杂在管片间，影响隧道轴线。 ⑩做好管片选型，控制好盾构机姿态，确保管片环面与盾构机轴线垂直。在施工中按质保量做好注浆工作，保证浆液的拌合质量、注入的方量和压力，及时进行二次注浆稳固管片，防止管片出盾尾发生位移。 **2. 管理措施** ①熟练掌握管片施工图纸内容，参与设计交底和图纸会审。 ②施工前首先审查分包单位企业资质、施工方案，监理及有关部门审核同意后，方可实施。 ③做好盾构机司机及管片拼装手的培训交底，加强管片选型管理。 ④严格执行盾构测量多级复核制度，人工及自动测量互相校对。 ⑤按规范要求及时进行地面控制测量、联系测量、隧道内控制测量、掘进施工测量、贯通测量和竣工测量。
治理措施	1. 调整盾构的推进油缸编组或调整各区域油压，并结合铰接油缸及时纠正盾构轴线。 2. 对开挖面做局部超挖，使盾构沿被超挖的一侧前进。 3. 通过径向孔注入水、厚浆、双液浆等介质改变盾构机一侧摩擦力，使盾构机姿态更易调整。 4. 在盾尾后隧道外周压注双液浆形成环箍（必要时采用聚氨酯），以隔断后方来水路径。
照片	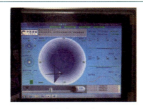 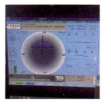 缺陷照片　　　　　标准照片

3.3.4 隧道椭圆度超标

通病现象	拼好的管片内径和理论内径相差较大,管片发生变椭的现象叫做管片椭变现象。管片椭变后会引起管片内弧面或外弧面受压,出现崩角、崩边以及螺栓孔拉裂等破损;管片椭变使止水条挤压不紧密,外弧面破损,引起管片渗漏水;椭变后管片受力不均导致纵缝交叉错台。管片椭变的类型主要有横向椭变和竖向椭变,拼装手控制不好时,管片在自重的作用下很容易出现横向椭变,俗称横鸭蛋,因此在管片椭变中横向椭变居多。
规范标准及相关规定	《盾构法隧道施工及验收规范》(GB 50446—2017)表 9.3.5 管片拼装允许偏差和检验方法中规定:管片拼装椭圆度允许范围是±5‰。16.0.5 隧道允许偏差,规定地铁隧道成型椭圆度允许范围是±6‰。
原因分析	1. 盾构机盾尾椭圆度过大,管片拼好后,在盾尾作用下管片跟着变椭。 2. 在管片拼装过程中,封顶块预留尺寸过大,管片在自身重力的作用下下掉,出现横向椭变。 3. 在管片拼装过程中,纵缝出现了内外张角纵缝外弧面处缝宽,内弧面处缝窄,拼装完成后,管片就会变椭。如果腰部内弧面处纵缝窄,外弧面处纵缝宽,就会出现横向椭变;相反,会出现竖向椭变。 4. 管片的环面与盾构轴线不垂直,管片与盾构的中心不同心,在推力的作用下,管片受力不均,出现椭变现象。 5. 注浆压力不均匀可引起管片椭变。 6. 管片在浮力的作用下出现椭变。
预防措施	1. 施工措施 ①盾构机进场后,测量班复测盾尾椭圆度(米字形测量),椭变超过 1cm 时,要矫正盾尾。 ②控制好封顶块预留尺寸,拼装时,注意控制拼缝大小,封顶块预留尺寸比理论值大 1cm 即可。 ③管片拼装过程中,注意纵缝的质量,缝宽要均匀一致,不要出现前后喇叭缝和内外张角。 ④控制好盾构机姿态,做好管片选型,使管片轴线和盾构机轴线一致,保证管片环面与盾构机轴线垂直,管片均匀受力,盾尾与管片之间的间隙均匀。 ⑤注浆时,注意注浆管的布置位置,注意各管路的注浆压力,使管片均匀受力。 2. 管理措施 ①熟练掌握管片施工图纸内容,参与设计交底和图纸会审。 ②施工前首先审查分包单位企业资质、施工方案,监理及有关部门审核同意后,方可实施。 ③做好盾构机司机及管片拼装手的培训交底。

预防措施	④严格按要求做好管片三环拼装验收，确保出厂管片满足椭圆度要求。 ⑤定期对盾构机盾尾椭圆度进行测量复测。
治理措施	1. 进行二次注浆，及时稳固管片，避免管片上浮严重。 2. 发现管片椭变后，及时与拼装手沟通，逐步调整管片椭圆度，避免出现椭圆度越来越大的情况。 3. 管片拼装完成后可利用整圆器整圆。 4. 管片出盾尾后，及时多次复紧螺栓。

3.3.5 螺栓未扭紧

通病现象	螺栓未扭紧会导致螺杆孔漏水、管片在脱出盾尾时发生偏移,导致管片错台、螺栓孔渗漏水、破损。
规范标准及相关规定	《盾构法隧道施工及验收规范》(GB 50446—2017)7.10.4 盾构空推应符合下列规定:1. 导台或导向轨道水平和竖直方向的精度应满足设计要求;2. 控制推力、速度和姿态,并应监测管片变形;3. 应采取措施挤紧管片防水密封条,并应保持隧道稳定。 《盾构法隧道施工及验收规范》(GB 50446—2017)9.2.4 规定:管片连接螺栓紧固应符合设计要求。管片拼装完成,脱出盾尾后,应对管片螺栓及时复紧。
原因分析	1. 螺杆复紧不到位。 2. 螺杆质量差,螺栓或螺母有坏丝或生锈。 3. 螺杆或螺母不干净,夹杂异物。
预防措施	1. 施工措施 ①四次复紧法。 螺杆工在管片拼装过程中按要求安装螺栓孔的防水橡胶垫圈,并对螺栓进行第一次复紧,要求扭矩达到 300N·m 以上;管片拼装完成后,掘进过程中进行第二次螺栓复紧,要求扭矩达到 300N·m 以上;该环管片推出盾尾后进行第三次螺栓复紧,要求扭矩达到 300N·m 以上;管片出 5 号台车前进行第四次螺栓复紧,要求扭矩达到 300N·m 以上;重点关注管片出盾尾后在连接桥时的螺栓复紧情况;螺栓复紧检查完成后,将检查结果反馈至监控室,并同时向技术负责人反馈检查结果。发现螺栓松动或扭矩未达到 300N·m 的情况,要求立即整改。整改完成后,通知质检员进行复检。 ②加强螺杆、螺母保养,定期用黄油进行润滑保养,损坏的螺杆应及时进行维修。 ③螺杆、螺母使用前提前冲洗干净,谨防夹杂异物。 2. 管理措施 ①加强管片螺栓进场验收,确保施工使用的管片螺栓质量合格。 ②做好作业人员质量技术培训和技术交底,严格执行多次复紧制度。 ③加强过程检查,对松动螺栓及时进行复紧。
治理措施	1. 安排专人对松动螺杆进行复紧,保证扭矩达到 300N·m 以上。 2. 对螺杆工进行岗位职责再教育。 3. 安排专人定期检查螺杆松紧情况。
照片	   缺陷照片　　　　标准照片　　　　整治照片

3.3.6　止水条损坏（挤出）

通病现象	止水条损坏（挤出）会导致管片纵、环缝渗漏水。
规范标准及相关规定	《盾构法隧道施工及验收规范》（GB 50446—2017）11.2 接缝防水规定：密封条在密封槽内应套箍和粘贴牢固，不得有起鼓、超长或缺口现象，且不得歪斜、扭曲。
原因分析	1. 止水条质量不符合质量标准，尺寸、强度、硬度、遇水膨胀倍率等参数不符合要求，而使止水能力下降。 2. 止水条粘贴不牢，使止水条在拼装时松脱或拉坏。 3. 管片拼装的质量不好，接缝中有杂物，管片纵缝有内外张角、前后有喇叭缝等，管片之间的缝隙不均匀，局部缝隙太大，止水条挤压不密实或者止水条损坏，使止水条无法满足密封的要求。 4. 管片错台量超过有关规范，相邻止水条错位挤压，导致破损或脱槽。 5. 管片吊装运输时，磕碰挤压导致止水条损坏。
预防措施	**1. 施工措施** ①做好防水材料进场验收。防水材料进场后，对防水材料外观尺寸进行检查，按照规范要求对进场批次防水材料进行相关性能检测，满足要求时方可投入使用。 ②加强管片防水材料粘贴控制。粘贴前止水条槽道内全部清理干净，保证槽道内处于干燥状态。粘贴时刷胶均匀，避免胶水污染止水条。粘贴完成后及时检查有无开胶情况，经检查质量符合要求后方可吊装下井。 ③加强管片拼装过程控制：拼装前盾尾清理、管片止水条冲洗，检查止水条上是否存在异物。拼装过程控制管片椭圆度、喇叭口，每环量取封顶块拼装大小，控制封顶块拼装大小，对封顶块止水条进行润滑处理，拼装动作轻缓，避免管片拼装过程中的破损；拼装完成后加强管片螺栓复紧。 ④加强管片吊装运输规范，提高工作人员工作素质，已损坏的止水条禁止使用。 **2. 管理措施** ①加强止水条进场验收，确保施工使用的止水条质量合格。 ②做好管片拼装手质量技术培训和技术交底。 ③严格执行管片进场及工序施工检查验收制度，对损坏止水条及时进行更换处理。
治理措施	1. 现场防水材料检查，并对其相关性能进行检测，已经损坏、过期的材料禁止使用。 2. 对地面管片工进行技术再交底，规范粘贴止水条。 3. 对管片止水条进行地面、井下、隧道三次质量验收，保证止水条吊装质量。 4. 加强管片拼装质量监督，对拼装手进行技术培训和岗位职责教育。
照片	 　　缺陷照片　　　　　　标准照片　　　　　　整治照片

3.3.7	隧道侵线
通病现象	成型管片由于上浮、侧移及掘进过程中盾构机姿态超限等原因造成偏离设计轴线，管片轴线偏差可分为平面位置偏差和高程位置偏差两种。管片轴线偏差超限会改变线路方向，使盾构机无法正常接收，或者造成隧道线路改线。
规范标准及相关规定	《盾构法隧道施工及验收规范》（ GB 50446—2017 ）表 16.0.3 隧道平面位置和高程偏差，规定地铁隧道轴线偏差允许范围是±100mm。
原因分析	1. 盾构机始发、接收时，盾构机姿态和设计轴线偏差较大，导致成型管片姿态超限。 2. 测量异常，导向系统出现故障等。 3. 管片姿态测量不及时，测量频次不足。 4. 盾构掘进时，出现渣土超挖与欠挖的现象，姿态波动大等。 5. 姿态纠偏不及时，对盾构姿态变化预测不准确。 6. 土层软硬不均匀，导致分区力差大，造成管片受力不均匀，导致上浮。 7. 软弱地层施工时，速度与出土量不匹配，导致土体流失；有时停机时间长导致盾体下沉等。 8. 拼装拱底块管片前对盾尾进行清理，防止杂质夹杂在管片间，影响隧道轴线。 9. 管片选型错误，导致管片环面与盾构机轴线不垂直，使管片受力不均。 10. 同步注浆量、压力控制不好，上部多、下部少，导致管片下沉；上部少、下部多，导致管片上浮；浆液质量不好，流失大，致使管片出盾尾发生位移。
预防措施	1. 施工措施 ①始发阶段选择合适的始发方式，托架定位后进行初始姿态模拟，提前预判盾构机轴线偏差。 ②始发前，组织对所有盾构掘进自动导向系统录入的计划线数据进行全面核查，确保录入数据的正确、可靠。 ③及时进行测量搬站，按照规范要求进行联系测量和多次洞内控制点复测，减小测量施工误差。 ④及时进行管片姿态测量，对比分析盾构机姿态的准确性和管片出盾尾后的位移情况，及时进行盾构机的姿态调整。 ⑤正确设定平衡压力，使盾构机的出土量与理论值接近，减少超挖与欠挖现象，控制好盾构机姿态。 ⑥发现盾构机姿态出现偏差时及时准确纠偏，使盾构机正确地沿着隧道设计轴线前进。 ⑦盾构机处于不均匀土层中时，适当控制推进速度，多用刀盘切削土体，减少推进时的不均匀阻力。采用向开挖面注入泡沫或膨润土的办法改善土体，使推进更加顺畅。

续表

预防措施	⑧当盾构机在极软弱的土层中施工时，掌握推进速度与进出土量的关系，控制正面土体的流失；保持连续掘进，避免长时间停机而出现盾构机下沉。 ⑨拼装拱底块管片前对盾尾进行清理，防止杂质夹杂在管片间，影响隧道轴线。 ⑩做好管片选型，控制好盾构机姿态，确保管片环面与盾构机轴线垂直。 ⑪在施工中按质保量地做好注浆工作，保证浆液的拌合质量、注入的方量和压力。及时进行二次注浆，稳固管片，防止管片出盾尾发生位移。 **2. 管理措施** ①熟练掌握管片施工图纸内容，参与设计交底和图纸会审。 ②施工前首先审查分包单位企业资质、施工方案，监理及有关部门审核同意后，方可实施。 ③做好盾构机司机及管片拼装手的培训交底，加强管片的选型管理。 ④严格执行盾构测量多级复核制度，人工及自动测量互相校对。 ⑤按规范要求及时进行地面控制测量、联系测量、隧道内控制测量、掘进施工测量、贯通测量和竣工测量。
治理措施	1. 了解区间线路、地层特性并制定针对性的管片轴线控制措施。 2. 组织开展盾构机掘进姿态控制、成型管片轴线偏差控制培训，并下达技术交底。 3. 针对小曲线半径、特殊地层段掘进提前进行管片排版，姿态控制。确保后期成型隧道轴线偏差在可控范围内。 4. 定期组织技术总结会，针对成型隧道轴线偏差进行分析，并制定下一步预防措施。
照片	缺陷照片　　　　　　　标准照片

3.4 管片防水

3.4.1 管片缓冲垫、止水圈粘贴不牢

通病现象	管片缓冲垫、止水圈粘贴不牢导致隧道管片渗漏。
规范标准及相关规定	《盾构法隧道施工及验收规范》（GB 50446—2017）11.2 接缝防水规定：密封条在密封槽内应套箍和粘贴牢固，不得有起鼓、超长或缺口现象，且不得歪斜、扭曲。
原因分析	1. 在生产管片过程中，设置密封垫的沟槽部位混凝土不密实，有水泡、气泡等缺陷，管片拼装完成后，水绕过止水条从水泡、气泡孔处渗漏进来。管片养护不到位，产生贯穿裂缝，出现裂缝渗漏。 2. 止水条质量不符合质量标准，尺寸、强度、硬度、遇水膨胀倍率等参数不符合要求，而使止水能力下降。 3. 止水条粘贴不牢，使止水条在拼装时松脱或变形，无法起到止水作用。 4. 对已贴好止水条的管片保护不好，使止水条在拼装前已遇水膨胀，管片拼装困难且止水能力下降。 5. 管片拼装的质量不好，接缝中有杂物，管片纵缝有内外张角、前后有喇叭缝等，管片之间的缝隙不均匀，局部缝隙太大，止水条挤压不密实或者止水条损坏，使止水条无法满足密封的要求，周围的地下水就会渗透进隧道；封顶块拼装时，止水条被挤出，造成封顶块角部渗漏。 6. 管片错台量超过有关规范，相邻止水条挤压接触面积变小，不能正常吻合压紧，从而引起隧道漏水。 7. 管片外弧面破损，破损范围达到粘贴止水条的止水槽时，止水条与管片间不能紧密相贴，水就从破损处渗漏进隧道。 8. 螺栓孔未加防水橡胶圈。
预防措施	1. 施工措施 ①严格做好管片进场验收，仔细检查止水槽是否有破损、大的气泡，管片是否存在贯穿裂缝，对不合格管片坚决予以退场，并做好管片退场台账。 ②做好防水材料进场验收。防水材料进场后，对防水材料外观尺寸进行检查，按照规范要求对进场批次防水材料进行相关性能检测，满足要求时方可投入使用。 ③加强管片防水材料粘贴控制。粘贴前止水条槽道内全部清理干净，保证槽道内处于干燥状态。粘贴时刷胶均匀，避免胶水污染止水条。粘贴完成后及时检查有无开胶情况，经检查质量符合要求后方可吊装下井。 2. 管理措施 ①做好作业人员质量技术培训和技术交底，严禁在基面不干净和有水的情况下进行粘贴。

预防措施	②加强管片缓冲垫、止水圈材料进场验收，确保施工使用的材料质量合格。 ③严格执行管片进场及工序施工检查验收制度，确保拼装前管片缓冲垫、止水圈粘贴牢固。
治理措施	拆除后重新粘贴。
照片	缺陷照片　　　　　标准照片　　　　　整治照片

3.4.2 管片接缝渗漏

通病现象	盾构管片拼装接缝渗漏水。
规范标准及相关规定	《盾构法隧道施工及验收规范》（GB 50446—2017）11.11 规定：隧道主要渗漏水通道是管片和管片环接缝。管片接缝防水一般采用防水密封条（止水带），通过螺栓和拼装管片成环后盾构千斤顶反力（压力、顶力）挤压密贴达到防水目的。管片拼装成环后，应检查接缝是否密贴和有无渗水，并采取再次紧固螺栓方法处理。对于严重渗漏处，可采用二次补强注浆的方法处理。
原因分析	1. 管片拼装的质量不好，管片错台过大造成管片止水条失效，产生管片缝隙之间漏水；接缝中有杂物，管片纵缝有内外张角、前后喇叭等，管片之间的缝隙不均匀，局部缝隙太大，使止水条无法满足密封的要求，周围的地下水就会渗漏进隧道。 2. 管片碎裂，破损范围达到粘贴止水条的止水槽时，止水条与管片间不能密贴，水就从破损处渗漏进隧道。 3. 纠偏量太大，所贴的楔子垫块厚度超过止水条的有效作用范围。 4. 止水条粘贴质量不好，粘贴不牢固，使止水条在拼装时松脱或变形，无法起到止水作用。 5. 止水条质量不符合质量标准，强度、硬度、遇水膨胀倍率等参数不符合要求，而使止水能力下降。 6. 对已贴好止水条的管片保护不好，使止水条在拼装前已遇水膨胀，管片拼装困难且止水能力下降。 7. 壁后注浆不充分，同步注浆效果不好，浆液注入管片后，很快被水稀释没有起到及时固定管片的作用，二次补注浆没有将管片背后的空隙完全填充。
预防措施	1. 施工措施 ①提高管片的拼装质量，及时纠环面，拼装时保证管片的整圆度和止水条的正常工况，提高纵缝的拼装质量。 ②对破损的管片及时进行修补，运输过程中造成的损坏应在贴止水条以前修补好。对于因为管片与盾壳相碰而在推进或拼装过程中被挤坏的管片，也应原地进行修补，以对止水条起保护作用。 ③控制衬垫的厚度，在贴过较厚衬垫处的止水条上应按规定加贴一层遇水膨胀橡胶条。 ④应严格按照粘贴止水条的规程进行操作，清理止水槽，胶水不流淌后才能粘贴止水条。 ⑤采购质量好的止水条产品，在施工过程中定期抽检止水条的质量，产品须检验合格方能使用。 ⑥在施工现场加防雨棚等防护设施，加强对管片的保护。根据情况也可对膨胀性止水条涂缓膨胀剂，确保施工的质量。 ⑦做好同步注浆及二次补浆，及时将管片背后的空隙有效填充。

预防措施	**2. 管理措施** ①熟练掌握图纸内容，参与设计交底和图纸会审。 ②施工前首先审查分包单位企业资质、施工方案，监理及有关部门审核同意后，方可实施。 ③原材料的质量预控：严把材料进场检验关，材料进场同时必须申报正式的出厂质量合格证明；材料使用前应由监理人员现场见证取样送指定实验室检验，经检验符合有关要求后，由监理人员审核认可后方可使用。 ④做好盾构机司机及管片拼装手的培训交底。 ⑤严格执行管片进场及工序施工检查验收制度。 ⑥核查同步注浆和二次注浆质量，隧道完成后对管片壁后注浆效果进行检查。 ⑦应建立缺陷整改处理管理制度。 ⑧应有针对性地编制质量缺陷整改技术方案，并按规定进行审批。 ⑨组织缺陷修复样板验收会，按照规范及设计要求及时对渗漏水情况进行处理。整改过程资料应齐全，整改完成后应组织验收。 ⑩应由专业队伍进行缺陷整改。
治理措施	1. 对渗漏部分的管片接缝进行注浆。 2. 利用水硬性材料在渗漏点附近进行壁后注浆。 3. 对管片的纵缝和环缝进行嵌缝，嵌缝一般采用遇水膨胀材料嵌入管片内侧预留的槽中，外面封以水泥砂浆，以达到堵漏的目的。
照片	 缺陷照片　　　　　　　标准照片　　　　　　　整治照片

3.4.3 管片结构贯穿裂缝渗漏

通病现象	管片贯穿缝漏水。
规范标准及相关规定	《盾构法隧道施工及验收规范》（GB 50446—2017）16.0.1 规定：结构表面应无贯穿性裂缝、缺棱掉角，管片接缝应符合设计要求。
原因分析	1. 管片生产质量差。 2. 管片存放不标准。 3. 管片拼装环面不平整。 4. 推进推力过大，超过管片承受强度。
预防措施	**1. 施工措施** ①控制管片生产质量。 ②加强管片验收，对于超过 0.2mm 的裂缝予以退场。 ③管片存放严格按照要求底部垫平台。 ④提高管片拼装质量。 ⑤合理调整参数，避免推力过大，推力方向和管片轴线方向夹角过大。 ⑥对于已经产生贯穿缝漏水的管片及时堵漏封堵。 **2. 管理措施** ①做好盾构机司机及管片拼装手的培训交底。 ②严格执行管片进场及工序施工检查验收制度。 ③应建立缺陷整改处理管理制度。 ④应有针对性地编制质量缺陷整改技术方案，并按规定进行审批。 ⑤组织缺陷修复样板验收会，按照规范及设计要求及时对渗漏水情况进行处理。整改过程资料应齐全，整改完成后应组织验收。 ⑥应由专业队伍进行缺陷整改。
治理措施	二次注浆堵漏。
照片	缺陷照片　　 标准照片　　 整治照片

3.4.4　管片吊装孔或注浆孔渗漏

通病现象	管片吊装孔或注浆孔漏水。
规范标准及相关规定	《盾构法隧道施工及验收规范》（GB 50446—2017）11.11 规定：隧道主要渗漏水通道是管片和管片环接缝。管片接缝防水一般采用防水密封条（止水带），通过螺栓和拼装管片成环后盾构千斤顶反力（压力、顶力）挤压密贴达到防水目的。管片拼装成环后，应检查接缝是否密贴和有无渗水，并采取再次紧固螺栓方法处理。对于严重渗漏处，可采用二次补强注浆的方法处理。
原因分析	1. 管片生产质量差。 2. 二次注浆后压浆孔未封孔，或者封孔不合格。
预防措施	*1. 施工措施* ①控制管片生产质量。 ②加强管片验收。 ③管片二次注浆完成后，及时用双液浆封孔。 *2. 管理措施* ①做好盾构机司机及管片拼装手的培训交底。 ②严格执行管片进场及工序施工检查验收制度。 ③严格按设计要求做好二次注浆后压浆孔的封堵工作。 ④应建立缺陷整改处理管理制度。 ⑤应有针对性地编制质量缺陷整改技术方案，并按规定进行审批。 ⑥组织缺陷修复样板验收会，按照规范及设计要求及时对渗漏水情况进行处理。整改过程资料应齐全，整改完成后应组织验收。 ⑦应由专业队伍进行缺陷整改。
治理措施	对于已经渗漏的压浆孔，及时二次注入双液浆封堵或者用微膨胀水泥封堵。
照片	 　缺陷照片　　　　　　　　标准照片　　　　　　　　整治照片

3.4.5 联络通道与管片接缝渗漏

通病现象	联络通道与管片接缝渗漏。
规范标准及相关规定	《盾构法隧道施工及验收规范》（GB 50446—2017）11.3 特殊部位防水中 11.3.3 规定隧道与工作井、联络通道等附属构筑物的接缝处，应按设计要求进行防水处理。
原因分析	1. 管片拼装的质量不好，管片错台过大造成管片止水条失效，产生管片缝隙之间漏水；接缝中有杂物，管片纵缝有内外张角、前后喇叭等，管片之间的缝隙不均匀，局部缝隙太大，使止水条无法满足密封的要求，周围的地下水就会渗漏进隧道。 2. 管片碎裂，破损范围达到粘贴止水条的止水槽时，止水条与管片间不能密贴，水就从破损处渗漏进隧道。 3. 纠偏量太大，所贴的楔子垫块厚度超过止水条的有效作用范围。 4. 止水条粘贴质量不好，粘贴不牢固，使止水条在拼装时松脱或变形，无法起到止水作用。 5. 止水条质量不符合质量标准，强度、硬度、遇水膨胀倍率等参数不符合要求，而使止水能力下降。 6. 对已贴好止水条的管片保护不好，使止水条在拼装前已遇水膨胀，管片拼装困难且止水能力下降。 7. 壁后注浆不充分，同步注浆效果不好，浆液注入管片后，很快被水稀释，没有起到及时固定管片的作用，二次补注浆没有将管片背后的空隙完全填充。
预防措施	1. 施工措施 ①提高管片的拼装质量，及时纠环面，拼装时保证管片的整圆度和止水条的正常工况，提高纵缝的拼装质量。 ②对破损的管片及时进行修补，运输过程中造成的损坏应在贴止水条以前修补好。对于因为管片与盾壳相碰而在推进或拼装过程中被挤坏的管片，也应原地进行修补，以对止水条起保护作用。 ③控制衬垫的厚度，在贴过较厚衬垫处的止水条上应按规定加贴一层遇水膨胀橡胶条。 ④应严格按照粘贴止水条的规程进行操作，清理止水槽，胶水不流淌以后才能粘贴止水条。 ⑤采购质量好的止水条产品，在施工过程中定期抽检止水条的质量，产品须检验合格方能使用。 ⑥在施工现场加防雨棚等防护设施，加强对管片的保护。根据情况也可对膨胀性止水条涂缓膨胀剂，确保施工的质量。 ⑦做好同步注浆及二次补浆，及时将管片背后的空隙有效填充。

预防措施	**2. 管理措施** ①熟练掌握联络通道图纸内容，参与设计交底和图纸会审。 ②联络通道施工前首先审查分包单位企业资质、施工方案，监理及有关部门审核同意后，方可实施。 ③原材料的质量预控：严把材料进场检验关，材料进场同时必须申报正式的出厂质量合格证明；材料使用前应由监理人员现场见证取样送指定实验室检验，经检验符合有关要求后，由监理人员审核认可后，方可使用。 ④按照设计图纸要求对联络通道施工进行隐蔽工程验收。 ⑤施工单位管理人员和监理人员需全程旁站，确保联络通道混凝土浇筑振捣密实。 ⑥应建立缺陷整改处理管理制度。 ⑦应有针对性地编制质量缺陷整改技术方案，并按规定进行审批，整改过程资料应齐全，整改完成后应组织验收。 ⑧应由专业队伍进行缺陷整改。
治理措施	1. 对渗漏部分的管片接缝进行注浆。 2. 利用水硬性材料在渗漏点附近进行壁后注浆。 3. 对管片的纵缝和环缝进行嵌缝，嵌缝一般采用遇水膨胀材料嵌入管片内侧预留的槽中，外面封以水泥砂浆，以达到堵漏的目的。
照片	 缺陷照片　　　　　　标准照片　　　　　　整治照片

3.4.6 洞门与管片接缝渗漏

通病现象	始发及接收端头加固不良,是对不良地层的加固不密实,未起到稳定地层的作用,地下水通过已加固土体的通道渗漏至洞门前方,形成渗漏、明股水流等,在盾构机始发、接收时,刀盘对主体结构的破坏造成严重的水土流失。
规范标准及相关规定	《盾构法隧道施工及验收规范》(GB 50446—2017)11.3 特殊部位防水中 11.3.3 规定隧道与工作井、联络通道等附属构筑物的接缝处,应按设计要求进行防水处理。 7.4.2 规定:始发掘进前,应对洞门外经改良后的土体进行质量检查,合格后方可始发掘进;应制定洞门围护结构破除方案,并应采取密封措施保证始发安全。
原因分析	1. 桩身垂直度不够、加固体不连续。 2. 不同地层中加固的施工参数选择不合理。 3. 端头周边降水施工不到位。 4. 抽芯后未灌砂浆密实。 5. 加固体外侧止水帷幕未起到作用。 6. 主体结构转角处加固体连接不密实,造成水体通道。
预防措施	1. 施工措施 ①充分考虑端头加固的时间,盾构始发前要预留检测后的补充加固时间,如果是连续墙或挖孔桩、钻孔桩,端头加固最好和围护结构一起施工。 ②加固方案的审查、加固工艺的确定,要根据地质条件、周边环境影响、盾构机形式等因素综合评价方案和工艺的经济性、安全性。 ③加固过程的检查,确保加固过程工艺参数的合理性和桩身的垂直度。 ④抽芯检验,竖直抽芯和水平抽芯对孔位、深度、连续性、抗渗性等检验。 ⑤抽芯检验后及时灌浆回填,对检验不合格的加固区域进行补充加固处理。 2. 管理措施 ①熟练掌握洞门环梁图纸内容,参与设计交底和图纸会审。 ②洞门环梁施工前首先审查分包单位企业资质、施工方案,监理及有关部门审核同意后,方可实施。 ③原材料的质量预控:严把材料进场检验关,材料进场同时必须申报正式的出厂质量合格证明;材料使用前应由监理人员现场见证取样送指定实验室检验,经检验符合有关要求后,由监理人员审核认可后,方可使用。 ④做好洞门管片拆除前节点验收工作,检查洞门周边 3 环管片二次注浆效果及质量,确保形成第一道地下水防线。 ⑤按照设计图纸要求对洞门环梁防水施工进行隐蔽工程验收。 ⑥施工单位管理人员和监理人员需全程旁站,确保后浇洞门环梁 3 点~9 点位置以上部分混凝土振捣密实。 ⑦应建立缺陷整改处理管理制度。

预防措施	⑧应有针对性地编制质量缺陷整改技术方案，并按规定进行审批，整改过程资料应齐全，整改完成后应组织验收。 ⑨应由专业队伍进行缺陷整改。
治理措施	对于存在质量缺陷的端头，及时采取补充加固处理，以保证满足盾构始发或者到达要求。洞门根据不同的渗漏方式，采取不同的处理方式。 1. 接缝位置有轻微渗水，采取预埋注浆管注入纯水泥浆进行封堵。 2. 接缝位置有较大渗水，采取预埋注浆管注入水泥-水玻璃（硅酸钠）双液浆进行封堵。 3. 渗漏水在注浆后无法有效止水的，采取针孔注入环氧树脂进行封堵。
照片	缺陷照片　　标准照片　　整治照片

第 4 章

高架工程

4.1 下部结构

4.1.1 桩基偏位

通病现象	成孔后不垂直，偏差值大于规定值。
规范标准及相关规定	《铁路桥涵工程施工质量验收标准》（TB 10415—2018） 《高速铁路桥涵工程施工质量验收标准》（TB 10752—2018) 《铁路桥梁钻孔桩施工技术规程》（Q/CR 9212—2015）
原因分析	1. 地质条件不好，存在斜面岩层、卵石、孤石等，钻孔过程中钻头（锤头）倾斜、扩孔导致桩位偏差。 2、施工放样错误导致桩位偏差或钻孔过程未进行定期复测或护桩定位错误。 3. 钻机钻杆不垂直。 4. 钢筋笼入孔后未进行校正。
预防措施	1. 施工措施 ①钻机就位前，应对施工现场进行整平和压实，并把钻机调整到水平状态，在钻进过程中，应经常检查使钻机始终处于水平状态工作。水上钻机平台在钻机就位前，必须进行安装验收，其平台要牢固、水平，钻机架要稳定。 ②应使钻机顶部的起重滑轮槽、钻杆的卡盘和护筒桩位的中心在同一垂直线上，并在钻进过程中防止钻机移位或出现过大的摆动。 ③定期检查钻头、钻杆、钻杆接头，发现问题及时维修或更换。 ④使用冲击钻施工时冲程不要过大，尽量采用二次成孔，以保证成孔的垂直度。 ⑤软硬土层交界面或倾斜岩面处钻进，应低速低钻压钻进。发现钻孔偏斜，应及时回填黏土，冲平后再低速低钻压钻进。 ⑥在复杂地层钻进，必要时在钻杆上加设扶整器。 ⑦钢筋笼入孔前要调直，孔口焊接时，上、下钢筋笼要保持同心。钢筋笼定位要准确，为确保其定位的准确性，必须用水准仪测量桩位地面标高并核实计算无误的吊筋长度，用足够强度的杆件固定在机台上。 2. 管理措施 ①加强桩基设备的进场与现场安装验收。 ②严格按照设计桩位施工放样，并在施工过程中定期检核桩位偏差，及时纠偏，建立测量、施工和班组三级复核制度。 ③建立地质资料台账清单，将地质变化及时记录在册，分段留存渣样，备勘察单位查验。 ④对已出现的桩位偏差超过规定的，及时与设计联系，明确补桩等处理措施。

续表

治理措施	1. 当遇到孤石等障碍物时，可采用冲击钻冲击成孔。 2. 当钻孔偏斜超限时，应回填黏土，待沉积密实后再重新钻孔。
照片	 　　　　缺陷照片　　　　　　　　　　　整治照片

4.1.2 单桩承载力不足

通病现象	单桩承载力不满足设计要求。
规范标准及相关规定	《铁路桥涵工程施工质量验收标准》（TB 10415—2018） 《高速铁路桥涵工程施工质量验收标准》（TB 10752—2018） 《铁路桥梁钻孔桩施工技术规程》（Q/CR 9212—2015）
原因分析	1. 成孔过程导致桩侧泥皮和桩底沉渣过厚的影响。 2. 浇筑混凝土在桩端附近产生附加泥皮的影响。 3. 成孔时间较长。
预防措施	1. 加强地质勘察工作，全面了解工程地质情况，为设计提供准确的参数。对于地质复杂的地块，各参数应根据现场试验获取。持力层的选取，选择稳定的持力层，且厚度要达到不少于 3 倍桩径且不少于 5m 的要求。对于遇水软化的土质，桩端阻力和桩侧摩阻力应予以一定折减。 2. 加强施工过程控制，严格按施工规范进行操作，根据地质情况，采用合理的施工工艺，控制成孔进度和混凝土灌注时间。对于桩端沉渣厚度严格控制，浇筑混凝土前再次核验桩端沉渣厚度。发现达不到要求的，及时进行二次清孔。
治理措施	1. 施工措施 ①制定施工方案（工程桩成孔工艺、机械设备、桩径与清孔情况，要求桩位精度符合设计与规范要求，桩长、桩径不小于设计值，清孔干净，孔壁尽量少粘附泥浆，保证达到设计要求的承载力）。施工前对管理人员进行施工方案交底，对施工班组进行技术交底，过程中严格执行每道工序验收。 ②加强钢筋、混凝土原材管控，混凝土配合比和钢筋质量必须满足设计规范要求。 ③按照设计终孔原则做好超前钻验收。 ④开孔前，核对桩位处的地质勘察资料；当对地质情况有疑问时，及时向建设单位建议适当补充地质孔，探明情况。 ⑤当现场实际地质情况与设计图纸中提供的地质资料不符时，或桩位处无可参考地质勘察资料时，或桩基设计桩底标高超过地质勘察资料的勘探深度时，或桩位处地质情况变化较复杂时，应及时向建设单位沟通，通过建设单位联系设计单位、勘察单位共同到场确认。 ⑥对于地层中出现较厚砂、卵砾石层，应充分考虑施工工艺造成的泥皮厚度对桩侧摩阻力的影响。设计桩长应适当加长，满足设计承载力要求。 ⑦加强施工过程控制，严格按施工规范操作，根据掌握的地质情况，合理使用泥浆浓度，提高泥浆质量；控制成孔进尺速度；控制泥皮和沉渣厚度，严格按施工规范操作。 ⑧桩成孔后重点对孔深、孔径、孔位与沉渣厚度进行查验，从清孔停止至混凝土开始浇筑，控制在 1.5～3h，一般不得超过 4h，否则应重新清孔。 ⑨根据设计和规范要求做好钢筋笼质量验收。

治理措施	⑩浇筑前混凝土应拌合均匀，其搅拌延续时间应符合要求，坍落度应满足要求。 ⑪确保灌注的连续性，并关注孔内水头高度、导管的埋置深度、钢骨架的稳定、桩孔内溢出的泥浆处置措施等动向，不符合要求时，应予以及时制止或纠正。 ⑫灌注桩浇筑完成达到设计强度后，及时通知第三方检测单位对桩基质量进行检测。 ⑬对出现承载力达不到设计要求的，及时与设计联系，明确处理措施。

4.1.3 桩基长度不足

通病现象	桩基长度不满足设计要求。
规范标准及相关规定	《铁路桥涵工程施工质量验收标准》（TB 10415—2018） 《高速铁路桥涵工程施工质量验收标准》（TB 10752—2018） 《铁路桥梁钻孔桩施工技术规程》（Q/CR 9212—2015）
原因分析	1. 没有进行清孔，导致沉渣过厚，影响桩长。 2. 地质扰动较大，导致灌注过程中缩孔、坍孔等致使桩长不足。
预防措施	1. 施工措施 ①钢筋笼的吊放，应保证垂直，分节钢筋笼焊接接长时，上下两节钢筋笼应垂直焊接，避免弯折。在钢筋笼下放时应保持钢筋笼位于孔中心，避免碰塌孔壁。 ②钢筋笼下放前，测量孔深，发现沉渣过厚，采用钻机进行掏渣。灌注前必须进行二次清孔，清孔后保证沉渣厚度达到设计要求。 ③尽量缩短成孔至灌注混凝土的间隔时间，以避免沉渣过厚或造成坍孔。 2. 管理措施 ①加强工人的技术交底及教育培训，提高施工作业人员的操作水平。 ②现场管理人员加强验孔、钢筋笼、吊筋验收及清孔泥浆指标的检查与控制，确保符合设计及规范要求。 ③做好工序衔接，保证成桩质量。 ④混凝土浇筑应连续，并控制好超灌高度。 ⑤对出现桩长达不到设计要求的，及时与设计联系，明确处理措施。
治理措施	1. 接桩法。当成桩后桩顶标高不足，常采用接桩法处理，方法有以下两种： ①开挖接桩。挖出桩头，凿去混凝土浮浆及松散层，并凿出钢筋，整理与冲洗干净后用钢筋接长，再浇筑混凝土至设计标高。 ②嵌入式接桩。当成桩中出现混凝土停浇事故后，清除已浇筑混凝土有困难时，可采用此法。 2. 补桩法。桩基承台（梁）施工前补桩，如钻孔桩距过大，不能承受上部荷载时，可在桩与桩之间补桩。 3. 钻孔补强法。此法适应条件是基身混凝土严重蜂窝、离析、松散、强度不够、桩长不足及桩底沉渣过厚等质量事件。桩身混凝土局部有离析、蜂窝时，可用钻机钻到质量缺陷部位下一倍桩径处，进行清洗后高压注浆。桩长不足时，采用钻机钻至设计持力层标高；对桩长不足部分注浆加固。

4.1.4 墩柱混凝土蜂窝、麻面、烂根

通病现象	混凝土结构表面出现蜂窝、麻面、烂根等外观问题。
规范标准及相关规定	《铁路桥涵工程施工质量验收标准》（TB 10415—2018） 《高速铁路桥涵工程施工质量验收标准》（TB 10752—2018） 《混凝土结构工程施工规范》（GB 50666—2011）
原因分析	1. 混凝土配合比不当或砂、石子、水泥材料加水量计量不准，造成砂浆少、粗骨料多。 2. 混凝土搅拌时间不够，未拌合均匀，和易性差，振捣不密实。 3. 下料不当或下料过高，未设串筒使粗骨料集中，造成石子、砂浆离析。 4. 混凝土未分层下料，振捣不实，漏振，或振捣时间不足。 5. 模板缝隙未堵严，水泥浆流失。 6. 钢筋较密，使用的粗骨料粒径过大或坍落度过小。 7. 施工缝处未进行处理就继续灌上层混凝土。
预防措施	1. 施工措施 ①严格控制配合比，严格计量。 ②下料高度超过 2m，要用串通或溜槽。 ③分层下料，分层振捣，防止漏振。 ④模板缝应堵塞严密，浇筑中，应随时检查模板支撑情况，防止漏浆。 ⑤模板表面要清理干净，不得粘有干硬水泥砂浆等杂物。浇筑混凝土前，模板缝应浇水充分湿润。模板缝隙应用包装胶带纸等堵严，模板隔离剂应选用长效的涂刷均匀，不得漏刷。 ⑥混凝土分层均匀振捣密实，并用木槌敲打模板外侧使气泡排出为止。 2. 管理措施 ①加强施工作业人员培训和施工技术交底。有针对性地开展施工作业人员技能培训，使其掌握正确的操作技能。 ②确保原材料质量，规范原材料存放、保管和使用，杜绝使用不合格材料。 ③慎重选用外加剂。选用外加剂要熟悉其品种性能；经检验确认符合施工要求后方可使用。必须准确控制掺加剂量，严禁使用对工程质量和耐久性有不利影响的外加剂。 ④严格控制配合比。严格按设计要求和规范要求进行配合比设计，混凝土施工过程中，根据施工工艺、施工条件、材料、混凝土质量波动的变化情况，及时进行配合比调整、报批。加强混凝土拌合管理，保证计量准确，搅拌均匀，防止离析。 ⑤确保施工工艺规范。模板质量要符合要求，制作安装必须牢固；钢筋加工与安装规范，严格控制钢筋位置和保护层厚度；混凝土振捣规范，合理控制浇筑厚度，避免过振松顶和漏振；混凝土保湿养护要加强；养护时间必须达到规范要求。 ⑥若出现蜂窝、麻面、烂根等外观问题的情况，及时召开总结分析会，明确处理措施及下一步的施工改进措施。

治理措施	1. 对小蜂窝，冲洗干净后，用 1：2 的水泥砂浆填满压实抹平，水泥采用 P·O 42.5，较大蜂窝，先凿去松动石子冲洗干净，用高一强度等级的细石混凝土填塞压实，并认真养护，养护时间不少于 7d。 2. 少量麻面不影响结构受力的情况，用清水刷洗，充分湿润后用 1：2 水泥砂浆抹面，压实。 3. 将烂根处松散混凝土和软弱颗粒凿去，洗刷干净后支模，用比原混凝土高一强度等级的细石混凝土填补，并振实。
照片	 缺陷照片　　　　　标准照片　　　　　整治照片

4.1.5 墩柱跑模、胀模

通病现象	墩柱混凝土浇筑过程中出现跑模、胀模等现象。
规范标准及相关规定	《铁路桥涵工程施工质量验收标准》（TB 10415—2018） 《高速铁路桥涵工程施工质量验收标准》（TB 10752—2018） 《混凝土结构工程施工规范》（GB 50666—2011）
原因分析	1. 由于模板刚度不够，使局部模板变形明显形成胀模现象。 2. 模板支撑在松软地基上，不牢固或刚度不够，混凝土浇筑后局部产生较大侧向变形。 3. 模板连接螺栓数量不够或未紧固，导致模板跑模、胀模。 4. 模板支撑不够、对拉螺杆未穿或对拉螺杆数量不够、角部斜拉螺杆未安装或未销紧，致使模板跑模、胀模。 5. 混凝土浇筑未分层进行，一次下料过多或混凝土浇筑速度过快，竖向构件根部压力急剧增加，导致模板跑模、胀模。
预防措施	1. 施工措施 ①墩柱模板应采用标准化组合钢模板，钢模板及其配件应按批准的加工图加工，成品经检验合格后方可使用。 ②严格按照模板设计对模板的对拉螺杆和角部斜拉螺杆进行安装，并严格检查。 ③模板安装完成后对模板连接螺栓进行检查，确保所有连接螺栓到位并完成紧固。 ④模板安装完毕后，应对其平面位置、顶部标高、节点联系及纵横向稳定性进行检查，签认后方可浇筑混凝土。浇筑时，发现模板有超过允许偏差变形值的可能时，应及时纠正。 ⑤模板在安装过程中，必须设置防倾覆设施。 ⑥混凝土进行分层放料，严格混凝土浇筑速度。 2. 管理措施 ①加强施工作业人员培训和施工技术交底。有针对性地开展施工作业人员技能培训，使之掌握正确的操作技能。 ②现场技术人员加强模板安装过程中的检查，浇筑前要仔细检查加固方法和措施是否到位。 ③混凝土浇筑过程中安排专人进行护模工作，发现问题及时纠正。
治理措施	1. 先弹垂直线，标识混凝土胀模位置。 2. 将胀模一侧混凝土面用电锤逐层剔凿，凿除时不得损坏结构钢筋，将此处混凝土凿除到略小于设计截面尺寸，将四周凿毛，使之与墩柱混凝土设计面能够充分结合，上部略微凿深，留出灌注混凝土的空隙，呈线性，方便混凝土浇筑。用毛刷刷干净，并用水冲洗，使其无松动石子及粉尘。

治理措施	3. 检查因胀模是否引起钢筋位移。若未发生位移，进行下一步整改施工。如果钢筋位移，剔凿的深度应满足钢筋复位后保护层厚度要求，然后进行钢筋复位。重新用毛刷刷干净，并用水冲洗，使其无松动石子及粉尘。如果位移较大，钢筋无法复位，将原钢筋切断，使用与原钢筋同等级同规格的钢筋进行双边焊接，焊接搭接长度 $\geq 10d$（d 为钢筋直径），扩大混凝土凿除面的面积及深度，要满足钢筋焊接搭接长度及焊接钢筋复位后的保护层厚度，并使重新焊接的水平钢筋与竖向钢筋能够重新绑扎牢固，将四周凿毛，使之与原混凝土结构能够充分结合，重新用毛刷刷干净，并用水冲洗，使其无松动石子及粉尘。 4. 对修补处涂刷一层用同结构混凝土相同的水泥做成水泥浆进行界面处理，以使新旧混凝土能结合良好。 5. 立模，确保模板固定在墩柱面上，模板与胀模凿除处留有空隙，呈线性，以便填塞混凝土。 6. 混凝土应采用细石混凝土，宜用收缩补偿性混凝土，强度等级应比原设计强度等级高一个强度等级，进行填实塞满，振捣到位，确保混凝土填实。 7. 施工完毕终凝后拆除模板，报监理部门验收，做好混凝土养护。养护需及时，禁止提前拆除模板，模板在达到强度后方可拆除，养护时间不少于 14d。
照片	   缺陷照片 　　　　　标准照片 　　　　　整治照片

4.2 上部结构

4.2.1 预应力锚头混凝土破碎

通病现象	预应力张拉后，锚板下混凝土开裂、破碎。
规范标准及相关规定	《铁路桥涵工程施工质量验收标准》（TB 10415—2018） 《高速铁路桥涵工程施工质量验收标准》（TB 10752—2018）
原因分析	1. 通常锚板附近钢筋布置很密，浇筑混凝土时，振捣不密实，混凝土疏松或仅有砂浆，以致该处混凝土强度低。 2. 锚垫板下的钢筋布置不够、受压区面积不够、锚板或锚垫板设计厚度不够，受力后变形过大。
预防措施	1. 施工措施 ①锚板、锚垫板必须有足够的厚度，以保证其刚度。 ②锚垫板下应布置足够的钢筋，以使钢筋混凝土足以承受因张拉预应力束而产生的压应力和主拉应力。 ③浇筑混凝土时应特别注意在锚头区的混凝土质量，因在该处往往钢筋密集，混凝土的粗骨料不易进入而只有砂浆，会严重影响混凝土的强度。 2. 管理措施 ①熟悉设计图纸，做好设计交底、图纸会审，注意槽口位置的预留。 ②加强施工作业人员培训和施工技术交底，有针对性地开展施工作业。 ③人员技能培训，使其掌握正确的操作技能。 ④严格控制锚板、锚垫板质量，做好检测工作，确保符合设计及规范要求。 ⑤做好锚下混凝土浇筑时的旁站管理，确保锚下混凝土振捣密实。 ⑥预应力张拉时，混凝土必须达到规定的强度；同时，应力控制应准确。 ⑦严格按设计要求配置适量横向钢筋或螺旋筋，保证混凝土端面有足够的承压强度和安全储备。 ⑧认真验算构件张拉阶段预拉区的拉应力，严格控制超张拉值。 ⑨若出现预应力张拉后，锚板下混凝土开裂、破碎的情况，及时召开专题会，明确处理措施及下一步施工改进措施。必要时，召开专家会进行论证。
治理措施	将锚具取下，凿除锚下损坏部分，然后加筋用高强度混凝土修补，将锚下垫板加大加厚，使承压面扩大。
照片	 缺陷照片 　　　　　标准照片

4.2.2 张拉预应力筋时断丝、断束

通病现象	预应力在张拉过程中出现断丝、断束现象。
规范标准及相关规定	《铁路桥涵工程施工质量验收标准》（TB 10415—2018） 《高速铁路桥涵工程施工质量验收标准》（TB 10752—2018） 《铁路预应力混凝土铁路桥梁自动张拉系统》（Q/CR 586—2017）
原因分析	1. 实际使用的预应力钢丝或预应力钢绞线直径偏大，锚具与夹片不密贴，张拉时易发生断丝或滑丝。 2. 预应力束没有或未按规定要求梳理编束，使得钢束长短不一或发生交叉，张拉时易发生断丝或滑丝。 3. 锚夹具的尺寸不准，夹片的误差大，夹片的硬度与预应力盘不配套，容易出现滑丝的情况。 4. 锚圈放置位置不准，支承垫块倾斜，千斤顶安装不正，会造成预应力钢束断线。 5. 施工焊接时，把接地线接在预应力筋上，造成钢丝间短路，损伤钢丝，张拉时发生断丝。 6. 把钢束穿入预留孔道内时间长，造成钢丝锈蚀。混凝土砂浆留在钢束上，又未清理干净，张拉时产生滑丝。 7. 油压表失灵，造成张拉力过大，易产生断丝。
预防措施	1. 施工措施 ①预应力筋和锚具组装件应按要求进行静载锚固性能试验，确保两者相互匹配。 ②穿束过程中加强表面检查，预应力筋不得被油污，及时切除受损害部分。 ③预应力筋编束时应逐根理顺，不能紊乱。 ④气温低于＋5℃且无保温措施时，禁止进行张拉工作。 ⑤张拉即将开始前，所有的钢丝束在张拉点之间应能自由移动，同时构件可以自由地适应施加预应力时产生的预应力钢筋的水平和垂直位移。 ⑥锚板与锚垫板（喇叭口）应在穿束前提前安装完成。施工中，相互间要尽可能同轴。工具锚夹片与锚板锥孔不应粘附泥浆或其他杂物。穿束前应对钢绞线进行除锈打磨，以减少摩阻力。 ⑦安装工具锚，应与前端张拉端锚具对接准确，不得使工具锚与张拉端锚具之间的钢绞线扭绞。 ⑧安装千斤顶，千斤顶前端止口与限位板应对接准确，千斤顶应用可靠的支架悬吊，同时能调整其高度。 ⑨张拉锚固后应及时进行压浆（一般在48h内完成），压浆前要切除多余钢束。切割时应留有足够长度，不能碰伤锚具。 ⑩张拉系统使用前应进行标定，张拉力按标定曲线取值或按回归方程计算。 ⑪张拉前应检查张拉系统安全、可靠，张拉时应有安全措施。张拉千斤顶后不能站人，以防万一。

预防措施	⑫工作锚的夹片与工具锚夹片分开放置，工具锚夹片使用次数不宜超过10次。 ⑬千斤顶、油表的配套校验，张拉过程的控制。 2. 管理措施 ①加强施工作业人员培训和施工技术交底。有针对性地开展施工作业人员技能培训，使其掌握正确的操作技能。 ②严格控制钢绞线进场质量，选用硬度合格的锚夹具，做好检测工作，确保钢绞线符合设计及规范要求。穿束时，预应力筋编束应逐根理顺，两端对应，不能紊乱，避免穿束时预应力筋错位。 ③加强材料进场验收管理制度，严把材料进场关，对压浆料、外加剂、钢绞线、锚具等进行检查，检查其是否符合设计要求和相关标准规定；并进行见证取样送第三方检测单位进行试验检测；孔道灌浆料进场时应核对其产品合格证和出厂检验报告，并做进场复验。 ④检查张拉用千斤顶及压力表是否经过标定，使用期限及次数是否满足规范要求（6 个月/200 次），千斤顶的额定张拉力是否满足不低于所需张拉力的 1.2 倍要求，与千斤顶配套使用的压力表是否为防震型产品，其最大读数是否为张拉力的 1.5～2.0 倍，标定精度是否满足不低于 1.0 级的要求。 ⑤预应力钢材的下料，不得采用电、气焊来切割，避免其材质冷脆。 ⑥浇筑混凝土前，应使管道孔和垫板孔垂直对中；张拉时，要使千斤顶与锚环垫板对中。 ⑦现场做好钢绞线穿束、张拉的旁站管理工作，发现断丝、断束情况及时予以更换。 ⑧预应力钢束张拉完毕，严禁撞击锚头和钢束，保证锚具和预应力钢材的质量，并尽快进行封锚。 ⑨预应力钢束张拉完后，应尽早进行孔道压浆，并切实保证压浆质量。压浆材料、外加剂及水泥浆配比应根据管道形状、压浆方法、材料性能及设备条件通过试验确定。
治理措施	孔外断丝，断丝时应力值未达到设计要求，断丝钢绞线缩进锚板之间安装上特制的退锚处理器，进行退锚张拉，其张拉须缓慢进行，张拉中注意观察，借张拉钢绞线束带出夹具，然后用小钢针，从退锚处理器的空口处取出夹片，不让夹片在千斤顶回油时随钢绞线内缩。取完所有夹片，两端千斤顶回油，拔掉退锚处理器，检查锚板，将断丝钢绞线挪匀后，重新装上夹片。

4.2.3 预应力结构孔道堵塞、压浆不实

通病现象	孔道压浆过程中，压浆管道过长，压浆压力不足。
规范标准及相关规定	《铁路桥涵工程施工质量验收标准》（TB 10415—2018） 《高速铁路桥涵工程施工质量验收标准》（TB 10752—2018） 《铁路预应力混凝土铁路桥梁自动张拉系统》（Q/CR 586—2017）
原因分析	1. 灌浆前孔道未用高压水冲洗，灰浆进入管道后，水分被大量吸附，导致灰浆难以流动。 2. 孔道中有局部堵塞或障碍物，灰浆被中途堵住。灰浆在终端溢出后，持续荷载继续加压时间不足。 3. 灰浆配制不当。如所用的水泥泌水率高、水灰比大、灰浆离析等。
预防措施	1. 施工措施 ①保证压浆压力，适当提高压浆稳压持荷压力，压浆应使用活塞式压浆机，压浆的压力以保证压入孔内的水泥浆密实为准，开始压力要小，逐步加大，最大压力一般为 0.5~0.8MPa，当输浆管道较长或采用一次压浆时，应适当增大压力，梁体竖向预应力孔道的压浆最大压力控制在 0.4~0.6MPa，每个孔道压浆至最大压力后，应有一定稳定时间（不小于5min）压浆应达到孔道另一端饱满和出浆，并应达到排气孔排出与规定稠度相同的水泥浆液为止，然后才能关闭出浆阀门。 ②锚具外面的预应力筋间隙应用环氧树脂浆或棉花水泥浆填塞，以免冒浆而损失压浆压力。封锚时应留排气孔。 ③严格按照规范规定的压力及持续时间进行压浆。 ④孔道在压浆前应用水冲洗，以排除孔内粉渣杂物，保证孔道顺畅，冲洗后用空压机吹去孔内积水，但要保持孔道湿润，使水泥浆与孔壁结合良好。在冲洗过程中若发现有冒水、漏水现象，应及时堵塞漏洞。 ⑤严格按照批复的配合比配置浆液。 ⑥压浆应缓慢均匀，一般每一孔道宜于两端先后各压浆一次，对于泌水率较小的水泥浆，通过试验证明达到孔道饱满时，可采取一次压浆方法。 2. 管理措施 ①加强施工作业人员培训和施工技术交底。有针对性地开展施工作业人员技能培训，使之掌握正确的操作技能。 ②完成压浆料试验配合比（或采用高性能"专用压浆料"），水泥浆的配合比必须结合施工季节、使用材料、现场条件等灵活选取，材料方面严格把控。加强进场压浆用的材料检查，做好原材取样送检并经检测合格。 ③加强压浆设备进场验收，计算复核理论压浆量。 ④压浆前，对浆液按照试验进行配制，检测其流动度等指标是否满足相关要求。浆液宜采用自动计量的拌合设备拌制。

预防措施	⑤采用胶管抽芯法制孔时，应采用通孔器或压气、压水等方法对孔道进行检查，检查压注通路的管道状态是否正确、通畅，如发现孔道堵塞、有残留物，或与邻孔有串通，应及时处理，其压浆孔、排水孔、排气孔和检查孔应按设计的位置和间距进行安装。 ⑥张拉后应尽早进行孔道压浆（不超过 48h）。压浆应缓慢、均匀、连续进行，水泥浆入水泥浆泵前应过筛孔为 3mm×3mm 的筛子，防止水泥浆中颗粒堵塞孔道。 ⑦压浆作业过程中检查压浆顺序、压浆压力、压浆连续性、排气孔设置，排气孔封堵及稳压时间及条件是否符合要求。 ⑧压浆后，检查灌压浆记录。通过计算理论压浆量与实际压浆量等检查孔道密实情况。如有不实，及时纠正。 ⑨每孔道应一次压成，中途不应停顿；否则，须将已压灌部分水泥浆冲洗干净，从头开始压浆。
治理措施	灌浆前应以高压水冲洗，除去杂物，疏通和湿润整个管道。配制高质量的浆液。选用强度等级不低于 42.5MPa 的普通硅酸盐水泥，灰浆水灰比宜控制在 0.1～0.45，泌水率宜小于 2%，最大不应超过 3%。灰浆应具有良好的流动度并不易离析，可掺入适量的减水剂和微膨胀剂，但不得使用对管道和预应力索有腐蚀作用的外掺剂，掺量和配方应根据试验确定。
照片	 缺陷照片　　　　　　标准照片　　　　　　整治照片

4.2.4 梁体结构线形不顺直、结构尺寸偏差大

通病现象	梁体外形尺寸,线形不顺直、结构尺寸存在偏差。
规范标准及相关规定	《城市轨道交通桥梁工程施工及验收标准》(CJJ/T 290—2019) 《城市轨道交通预应力混凝土节段预制桥梁技术标准》(CJJ/T 293—2019) 《城市桥梁桥面防水工程技术规程》(CJJ 139—2010)
原因分析	1. 模板自身变形,有孔洞,拼装不平整。 2. 模板体系的刚度、强度及稳定性不足,造成模板整体变形和位移。 3. 混凝土下料方式不当,冲击力过大,造成跑模或模板变形。 4. 振捣时振捣棒接触模板过度振捣。 5. 放线误差过大,结构构件支模时因检查核对不细致造成的外形尺寸误差。
预防措施	1. 施工措施 ①模板使用前要经修整和补洞,拼装严密、平整。 ②模板加固体系要经计算,保证刚度和强度;支撑体系也应经过计算设置,保证足够的整体稳定性。 ③下料高度不大于2m。随时观察模板情况,发现变形和位移要停止下料,进行修整加固。 ④振捣时振捣棒避免接触模板。 ⑤浇筑混凝土前,对结构构件的轴线和几何尺寸进行反复认真的检查核对。 2. 管理措施 ①施工前对管理人员、相关施工班组进行技术交底。加强施工作业人员培训和施工技术交底。有针对性地开展施工作业人员技能培训,使其掌握正确的操作技能。 ②加强施工方案中对模板及支撑系统设计验算复核,应充分考虑其自重、施工荷载及混凝土的自重及浇捣时产生的侧向压力。建立各级模板质量管控制度,对进场模板进行加强验收,以保证模板及支架有足够的承载能力、刚度和稳定性。 ③测量人员做好梁体测量放线工作,作业人员严格对放样点进行模板安装作业。模板安装时应严格控制尺寸,端模板的安装应考虑封锚端厚度要求,模板安装完成,并经验收合格后才允许进行下一道工序施工。加强模板安装后,进行测量复核程序。 ④加强梁体的线形监控工作,确保整体梁体线形符合设计及规范要求。 ⑤做好浇筑过程人员分工管理,严格按照施工方案做好混凝土浇筑质量管理控制,专人跟踪,严格把控振捣工艺。在混凝土振捣时,注意避免在两侧腹板进行强振或过振,以免引起内模偏移。 ⑥拆除模板后,及时安排测量组对浇筑结构的尺寸进行复核,对出现偏差超出控制范围的部位编制补救措施。
治理措施	对部分位置进行打磨处理。
照片	 缺陷照片　　　　整治照片

4.2.5 梁体出现裂纹

通病现象	梁体出现开裂、破损现象。
规范标准及相关规定	《城市轨道交通桥梁工程施工及验收标准》（CJJ/T 290—2019） 《城市轨道交通预应力混凝土节段预制桥梁技术标准》（CJJ/T 293—2019） 《城市桥梁桥面防水工程技术规程》（CJJ 139—2010）
原因分析	1. 模板自身变形，有孔洞，拼装不平整。 2. 模板体系的刚度、强度及稳定性不足，造成模板整体变形和位移。 3. 混凝土下料方式不当，冲击力过大，造成跑模或模板变形。 4. 振捣时，振捣棒接触模板，过度振捣。 5. 放线误差过大，结构构件支模时因检查核对不细致造成的外形尺寸误差。
预防措施	1. 施工措施 ①严格控制混凝土原材料的质量与配合比设计，选用水化热低、活性较小的水泥。 ②在混凝土中添加适量防裂材料：掺入适量引气缓凝保塑剂、高效减水剂，可减小混凝土早期温度收缩和干缩开裂。 ③掺入适量钢纤维或改性聚丙烯纤维，可以抑制混凝土在硬化过程中由温度收缩、干燥变形等因素引起的非结构性早期裂缝产生。 ④严格控制混凝土拌合运输和浇筑，确保混合料的和易性，搅拌质量较好的混凝土在滑模摊铺施工过程中容易振捣密实。从而减少或避免因混合料搅拌和摊铺振捣不均匀，造成局部收缩应力不均衡引起混凝土开裂。 ⑤养护对裂缝的防治起到关键作用，加强初期保湿、保温养护，可以大大地减少早期裂缝产生。因此，在施工过程中要求在混凝土浇筑收浆后，尽早喷洒足量养护剂和覆盖塑料薄膜，以阻止水分蒸发，确保桥面混凝土达到保湿养护效果。 ⑥采取二次振捣和二次压面，减少硬化前后裂缝，二次振捣开始时间一般为一次振捣后 3h。 ⑦严格控制桥梁预应力张拉效果，确保桥梁梁体能够有效建立预应力体系，避免桥梁梁体裂缝现象的产生。 ⑧加强桥梁梁体混凝土浇筑时的振捣工作，尤其是在腹板内预应力筋较为密集的地方要做到不漏振、不少振，充分保证混凝土的浇筑密实度。 ⑨预应力张拉前，通过同条件试件确认梁体混凝土强度符合设计和规范的要求。 2. 管理措施 ①施工前对管理人员、相关施工班组进行混凝土浇筑技术交底。 ②制定浇筑计划，合理安排混凝土的浇筑时间，回避高温天气。 ③做好浇筑过程人员分工管理，检查技术管理人员是否到岗。严格按照施工方案做好混凝土浇筑质量管理控制，专人跟踪，做到分层浇筑，严格把控振捣工艺。 ④做好混凝土浇筑时的旁站工作，确保混凝土振捣密实。

预防措施	⑤加强混凝土出厂及进场质量检查以及混凝土供应商原材取样送检检测。 ⑥浇筑完成后的收面及养护管理，及时做好覆盖养护，并派专人负责并做好养护记录。 ⑦制定质量缺陷修补方案并做好审批工作。 ⑧待混凝土达到拆模要求，对结构进行全面检查评估，对存在问题进行总结分析，并制定后续改进措施。 ⑨若梁体出现开裂、破损现象，及时召开专题会，明确处理措施及下一步施工改进措施，必要时召开专家会进行论证。
治理措施	1. 可以使用自动低压灌浆的方法进行修复，其是包括材料、机具、施工的一项综合技术。灌浆修复后裂缝内部被 AB-1 灌浆树脂填充饱满，其抗拉及粘接强度较高，不会产生再次开裂。 2. 选用柔性材料进行修复，这种开放式的修复方法是一种全新的概念。与以往刚性修复对比，它更适用于活动量较大的裂缝处理。
照片	 缺陷照片　　　　　　标准照片　　　　　　整治照片

4.2.6　梁、板起拱度不符合规范和设计要求

通病现象	梁的起拱值偏小。
规范标准及相关规定	《城市轨道交通桥梁工程施工及验收标准》（CJJ/T 290—2019） 《城市轨道交通预应力混凝土节段预制桥梁技术标准》（CJJ/T 293—2019） 《城市桥梁桥面防水工程技术规程》（CJJ 139—2010）
原因分析	1. 预应力张拉值不够，未达到设计值。 2. 设计计算不够准确，张拉力本身偏小。 3. 箱梁浇筑过程中，自身出的问题。如：梁配筋位置偏差，混凝土浇筑厚度偏差，直接影响了张拉后起拱度。 4. 预应力筋波纹管定位不准确，位置的变化也是影响起拱最关键的一个环节。
预防措施	1. 施工措施 ①波纹管的安装定位应准确。 ②控制张拉的试块应与梁板同条件养护。 ③增加钢绞线的自检频率。伸长值计算采用同批钢绞线弹性模量的实测值。 ④按要求的时间持荷。 ⑤控制混凝土的张拉龄期。 2. 管理措施 ①加强施工作业人员培训和施工技术交底。有针对性地开展施工作业人员技能培训，使其掌握正确的操作技能。 ②做好梁体张拉的旁站管理工作，确保梁体张拉工序符合设计及规范要求。 ③对支架现浇法选择代表性的支架体系与地基进行预压，合理确定预拱度。
治理措施	再次对梁体进行张拉，达到设计值。
照片	 标准照片　　　　　　　　　　整治照片

4.2.7 支座安装常见质量问题

通病现象	支座型号或方向安装错误。
规范标准及相关规定	《铁路桥涵工程施工质量验收标准》（TB 10415—2018） 《高速铁路桥涵工程施工质量验收标准》（TB 10752—2018）
原因分析	支座在出厂时，一般应有明显的标记，注明支座型号、反力和位移，以免在安装时发生混淆。但运至工地后各种支座混放，技术人员在支座安装时不认真核对支座型号及安装方向。
预防措施	1. 施工措施 ①支座安装后，检查其型号、方向、活动量及预偏量。 ②加强过程控制，做好技术交底。 ③在支座安装之前应先对支座的安装位置进行测量检验，支座安装平面应和支座的滑动平面或滚动平面平行，其平行度的偏差不宜超过 2%。 ④支座安装前应对活动支座顶、底板的相对位置进行检查。辊轴支座和滑动支座的预制位移量必须符合设计要求。 ⑤为保证支座安装平整，一般应在支座底面与支承垫石顶面之间，捣筑 20～40mm 厚的干硬性无收缩砂浆垫层。该砂浆垫层的强度必须和结构混凝土等强。 2. 管理措施 ①熟悉设计图纸，做好设计交底、图纸会审，熟悉施工技术规范和质量要求、使用的施工方法和材质要求等技术交底。 ②按设计要求检查支座的规格、尺寸是否符合规定，产品合格证书是否齐全，有无技术性能指标等。 ③严格按照设计要求进行安装，梁板安装前认真核对图纸，将每墩支座的型号、规格罗列清楚，确保每墩支座规格、型号正确。支座的材料、规格和质量必须满足设计和规范的要求，经验收合格后方可安装。 ④施工过程中对支座垫石、支座的吊装、安装、标高、连接锚固，以及浇筑混凝土、砂浆等全过程进行控制，并做好记录。 ⑤定期检查支座有无异常现象发生。如发现问题，及时分析研究，避免事故的发生。
治理措施	支座安装方向及型号错误，制定支座更换专项方案。
照片	 标准照片

4.2.8 高架车站屋面积水、漏水

通病现象	屋面结构完成，出现渗漏水现象。
规范标准及相关规定	《地下工程防水技术规范》（GB 50108—2008）
原因分析	混凝土在凝固的过程中，会产生一定量的水和热，当水和热蒸发散去后，混凝土内含有的水分就减少了，因此干燥开裂。
预防措施	1. 施工措施 ①严格按设计文件中注明使用的防水材料品种、规格、性能要求，选用符合质量标准要求的防水材料。 ②严格选用经市以上主管部门技术鉴定且具有生产许可证的厂家生产的防水产品。 ③选用的防水产品除必须附有产品合格证外，防水材料进场后必须现场见证取样，送交有资质的检测部门复试合格后方可用于工程上。 ④屋面防水工程要选择专业防水施工队伍和取得合格证的工人持证上岗操作，在施工前编制防水施工方案，并就施工方法、工艺流程、质量安全及成品保护等方面对操作人员进行详细的技术交底，使每个操作人员都能明确工程的总体质量标准和要求，确保施工质量。 ⑤屋面泛水严禁外贴法施工。泛水及转角等处按规定施工，上面和屋面之间卷材分层搭接，防水层贴到挑泛水底，钉防腐木条将防水层上口压牢，并用密封材料将端头封严。 ⑥屋面防水层施工前对结构层进行蓄水试验，确保结构无渗漏。在确保结构层无渗漏的情况下进行防水层施工，防水工程施工完工后，对屋面防水层进行泼水试验，并做好试验记录，同时加强成品保护。若有损坏，采用同种防水材料进行修复。 2. 管理措施 ①加强材料进场验收管理制度，严把材料进场关，防水材料的品种、规格、性能、质量应符合设计要求和相关标准规定。 ②严格执行图样会审、技术交底等技术管理制度。技术交底要全面、有针对性，对质量通病和本工种施工重点、难点，如轴线控制、预留预埋件施工等更应进行详细交底，质检员现场严格把关，督促检查交底的实施。 ③根据工程特点，做好防水混凝土配合比优化设计，严格控制坍落度，振捣均匀充分，以提高其密实度，保证抗渗性能。 ④严格控制伸缩缝施工质量，保证安装固定牢固，各类型伸缩缝都必须将其可靠地锚固在梁体或桥台中。 ⑤严格控制伸缩缝保护带混凝土的灌注质量，防止开裂、破损。 ⑥做防水基层应坚实、平整、光滑、干燥，阴阳角处应做成圆弧形，圆弧半径应符合规范要求；严格控制施工工艺，使其达到相应的质量标准。

预防措施	⑦桥面铺装施工前对桥面梁板顶标高进行全面测量，以确保铺装层的设计厚度。 ⑧当进行混凝土桥面铺装时，应按图纸所示预留好伸缩缝工作槽；当进行沥青混凝土铺装时，可不留伸缩缝工作槽，而在安装伸缩缝前先行切割沥青混凝土铺装所占的伸缩缝的位置；混凝土的铺设要均匀，铺设的高度应略高于完成的桥面标高；要用振动器压实，并用整平板整平。 ⑨混凝土桥面铺装完成后，做好养护工作，应在拉毛后以手指按压混凝土，无痕迹时即覆盖湿无纺土工布，并充分保持湿润。
治理措施	采用注浆堵漏和抹面堵漏相结合的施工方法，即环氧注浆和喷涂水泥基渗透结晶型防水涂料。
照片	 缺陷照片　　　　标准照片　　　　整治照片

4.2.9　箱梁混凝土观感质量差

通病现象	混凝土结构表面出现蜂窝、麻面、孔洞、冷缝、缺棱掉角等问题。
规范标准及相关规定	《铁路桥涵工程施工质量验收标准》（TB 10415—2018） 《高速铁路桥涵工程施工质量验收标准》（TB 10752—2018） 《铁路混凝土梁支架现浇施工技术规程》（TB 10110—2011）
原因分析	1. 模板表面粗糙，浇筑混凝土前模板清理不干净或模板缝没有堵严，与模板接触部分的混凝土失水过多或漏浆。 2. 混凝土水灰比不准，和易性差，浇筑后出现蜂窝、麻面。 3. 混凝土没有分层浇筑或下料不当，造成混凝土出现离析，发生蜂窝、麻面。 4. 混凝土振捣质量差，影响混凝土外观质量。
预防措施	1. 施工措施 1）蜂窝 ①严格控制配合比，严格计量。 ②下料高度超过 2m 要用串筒或溜槽。 ③分层下料，分层振捣，防止漏振。 ④堵严模板缝隙，浇筑中随时检查纠正漏浆情况。 2）麻面 模板表面要清理干净，不得粘有干硬水泥砂浆等杂物。浇筑混凝土前，模板缝应浇水，充分湿润。模板缝隙应用包装胶带纸等堵严，模板隔离剂应选用长效的，涂刷均匀，不得漏刷。混凝土分层均匀，振捣密实，并用木槌敲打模板外侧，使气泡排出为止。 3）孔洞 在钢筋密集处及复杂部位，应采用细石混凝土浇筑，在模板内充满。认真分层振捣密实或配合人工捣固。预留洞口应两侧同时下料，侧面加开浇灌口，严防漏振。砂石中混有黏土块、模板等杂物掉入混凝土内，应及时清理干净。 4）缺棱掉角 ①模板在浇筑混凝土前应充分润湿或均匀涂刷脱模剂，混凝土浇筑后应认真洒水养护。 ②拆除侧面非承重模板时，混凝土应具有足够的强度。 ③拆模时不能用力过猛过急，注意保护棱角；吊运时，严禁模板撞击棱角。 5）冷缝 ①灌注混凝土须在下层混凝土未初凝前完成，以防止出现施工冷缝。 ②调整保温和养护措施，延缓升降温速率，混凝土减低用水量，增加混凝土的和易性。 ③减少混凝土浇筑的分层厚度，条件允许时，混凝土中增加缓凝剂，以防出现施工裂缝。 ④振捣棒应插入下层混凝土 50～100mm，插入式振动器移动间距不大于其作用半径的 1.5 倍，对细骨料混凝土拌合物，则不大于其作用半径的 1 倍，插点间距不超过 400mm。

预防措施	**2. 管理措施** ①加强施工作业人员培训和施工技术交底。有针对性地开展施工作业人员技能培训，使其掌握正确的操作技能。 ②确保原材料质量，规范原材料存放、保管和使用，杜绝使用不合格材料。 ③慎重选用外加剂。选用外加剂要熟悉其品种性能，经检验确认符合施工要求后方可使用。必须准确控制掺加剂量，严禁使用对工程质量和耐久性有不利影响的外加剂。 ④严格控制配合比。严格按设计要求和规范要求进行配合比设计，混凝土施工过程中，根据施工工艺、施工条件、材料、混凝土质量波动的变化情况，及时进行配合比调整、报批。加强混凝土的拌合管理，保证计量准确，搅拌均匀，防止离析。 ⑤做好混凝土浇筑前的模板清理工作。
治理措施	1. 对小蜂窝冲洗干净后，用 1：2 的水泥砂浆填满、压实、抹平，水泥采用 P·O 42.5，对较大蜂窝先凿去松动石子，冲洗干净，用高一强度等级的细石混凝土填塞压实，并认真养护，养护时间不少于 7d。 2. 少量麻面不影响结构受力的情况，用清水刷洗，充分润湿后用 1：2 水泥砂浆抹面，压实。 3. 将烂根处松散混凝土和软弱颗粒凿去，洗刷干净后支模，用比原混凝土高一强度等级的细石混凝土填补并振实。
照片	 缺陷照片　　　　　　　　标准照片　　　　　　　　整治照片

4.2.10　伸缩缝间隙超标

通病现象	桥梁伸缩缝间隙不均。
规范标准及相关规定	《铁路桥涵工程施工质量验收标准》（TB 10415—2018） 《高速铁路桥涵工程施工质量验收标准》（TB 10752—2018）
原因分析	1. 施工安装不到位。 2. 受温度及行车量的影响。
预防措施	**1. 施工措施** ①安装伸缩装置时，上部构造端部间的空隙宽度及伸缩装置的安装预定宽度均应与安装温度相适应，并应遵照图纸规定。伸缩装置的安装应在伸缩装置制造商提供的夹具控制（将伸缩装置预置）下进行。伸缩装置一般应在+5～+20℃的温度范围内安装。 ②安装时，伸缩缝的中心线要与梁端中心线相重合。如果伸缩缝较长，须将伸缩装置分段运输，到现场后再对接。对接时，将两段伸缩缝上平面置于同一水平面上，使两段伸缩缝接口处紧密靠拢并校直调正。用高质量的焊条逐条焊接。焊接时，宜先焊接顶面，再焊侧面，最后焊底面。要分层焊接并及时清除焊渣，焊接结束后用手提砂轮机磨平顶面。 ③伸缩缝的焊接：固定后，对伸缩缝的标高再复测一遍。确认在临时固定过程中未出现任何变形、偏差后，把异形钢梁上的锚固钢筋与预埋钢筋在两侧同时焊牢，最好一次全部焊牢。 ④模板安装。模板采用泡沫板、纤维板等，模板须坚固、严密，能确保在混凝土振捣时不出现移动并能防止砂浆流入伸缩缝内，以免影响伸缩。为防止混凝土从上部缝口进入型钢内侧沟槽内，型钢的上面必须用胶布封好。 **2. 管理措施** ①加强施工作业人员培训和施工技术交底。有针对性地开展施工作业人员技能培训，使其掌握正确的操作技能。 ②建设单位、监理单位应做好施工协调工作，在混凝土强度未达到设计强度前，不得开放交通。 ③加强焊接人员责任心，严格按照设计图和规范进行焊接。 ④主梁焊接应采用 CO_2 气体保护焊，保证焊缝饱满。 ⑤对伸缩缝预埋筋缺失的，应及时处理。 ⑥伸缩缝橡胶条应按照设计要求安装到位。
治理措施	施工完成后及时养护，达到设计强度后方可开放交通。
照片	 缺陷照片　　　　　　标准照片

4.2.11　桥梁预制栏板安装缺陷

通病现象	护栏成品线形不顺直，影响视觉效果。
规范标准及相关规定	《铁路桥涵工程施工质量验收标准》（TB 10415—2018） 《高速铁路桥涵工程施工质量验收标准》（TB 10752—2018）
原因分析	1. 模板刚度或加工精度不够，制作粗糙，模板固定不牢固，施工过程产生移动，或模板支立时调整直顺度、精度差。 2. 测量放样精度差，模板支立边线不准确。 3. 施工工艺要求不严，施工控制措施、细节不到位，施工人员质量意识差，造成外观质量差。
预防措施	1. 施工措施 ①放样准确，宜一次放样成功，避免多次放样产生误差。 ②应采用刚度较好的钢模板并严格按设计尺寸制作，模板交角处采用倒圆角处理，模板应线形平顺。 ③浇筑节段间应平滑顺接。 2. 管理措施 ①加强施工作业人员培训和施工技术交底。有针对性地开展施工作业人员技能培训，使其掌握正确的操作技能。 ②放样准确，宜一次放样成功，避免多次放样产生误差。 ③应采用刚度较好的钢模板并严格按设计尺寸制作，模板交角处采用倒圆角处理，模板应线形平顺。 ④加强模板进场验收工作，做好试拼验收检查。 ⑤加强模板安装验收，做到有效固定，浇筑节段间应平滑顺接。 ⑥若出现护栏成品线形不顺直，影响视觉效果的现象，及时召开专题会，明确处理措施及下一步施工的改进措施。
治理措施	对部分位置进行打磨找平。
照片	 缺陷照片　　　　　标准照片　　　　　整治照片

第 5 章

轨道工程

5.1 有砟轨道工程

5.1.1 钢轨擦伤、掉块

通病现象	钢轨碰伤、擦伤、掉块、扭曲、硬弯。
规范标准及相关规定	《高速铁路轨道工程施工质量验收标准》（TB 10754—2018）验标要求 16.3.1 长钢轨的类型、规格应符合设计要求。
原因分析	1. 吊装钢轨未防护，钢轨吊点不符合要求。 2. 大坡度重车爬坡、紧急制动易造成钢轨擦伤。
预防措施	1. 设计措施 明确钢轨类型。 2. 施工措施 ①严格把控吊装技术规范，做好吊装工作的技术交底与过程盯控。 ②严格按照设计规范要求时速行车，减少或避免紧急制动及加速。 3. 管理措施 ①提前规划大坡度动力配置，行车过程中尽量避免紧急制动。 ②吊装钢轨采用吊带，不得使用机械设备直接接触钢轨，选择合适的方式吊运钢轨。
治理措施	1. 根据钢轨损伤程度，轻伤的进行打磨修复处理。 2. 如出现钢轨重伤及以上情况，及时进行换轨。
照片	 缺陷照片　　　　　　标准照片　　　　　　整治照片

5.1.2　轨枕伤损

通病现象	轨枕出现掉块、轨枕端部有裂纹。
规范标准及相关规定	《高速铁路轨道工程施工质量验收标准》（TB 10754—2018）验标要求 16.3.2 轨枕及扣配件类型、规格应符合设计要求。轨枕的表面应无裂纹。 16.3.4 轨枕端部破损和掉角长度不应大于 50mm。
原因分析	1. 轨枕下道砟面不平遭重车碾压，外部机械碰撞。 2. 装卸轨枕方式不当，或者轨枕直接落地。
预防措施	1. 设计措施 结合道床类型，提前决定轨枕类型。 2. 施工措施 ①严格控制轨枕堆放层数及每层轨枕下方垫方木位置。 ②严格控制堆放轨枕材料地面平整度。 3. 管理措施 ①道床表面设凹槽。行车前轨枕层轨槽下应捣固密实，其他施工作业时防止外物撞击轨枕。 ②装卸轨枕应采用吊装方式，严禁人工将轨枕直接从车上卸下。
治理措施	1. 对掉块混凝土轨枕进行更换。 2. 对轨枕端部裂纹进行修补。
照片	 缺陷照片　　　　　标准照片　　　　　整治照片

5.1.3 轨枕间距超限

通病现象	有砟道床轨枕移位、偏斜，导致轨枕间距不满足要求。
规范标准及相关规定	《高速铁路轨道工程施工质量验收标准》（TB 10754—2018）验标要求 16.3.5 轨枕应方正，并与轨道中心线垂直。枕间距允许偏差为 ±20mm，连续 6 根轨枕的距离允许偏差为 ±30mm。
原因分析	铺轨时轨枕间距未控制到位、大型养护设备捣固时轨枕移动。
预防措施	1. 设计措施 根据道床类型，给出轨枕间距及可以调整范围。 2. 施工措施 ①轨排钉联时，根据图纸给出轨枕间距在钢轨轨底画出轨枕中心线。 ②安装扣件时，螺钉扭矩严格按照图纸控制。地铁一般道床要求，直线地段螺钉扭矩为 100～150N·m。 ③安装弹条时，应使用专用工具将弹条安装到位。地铁使用弹条Ⅲ型扣件弹条安装就位时，弹条尾部小圆弧内侧与铁垫板端部边缘相距 8～10mm。 3. 管理措施 ①新建线路，应对轨排钉联工序重点关注，安排技术员旁站抽检。 ②既有线路运营，应加强线路维修养护工作，做好预防工作。
治理措施	1. 轨排钉联、轨枕铺设时应严格控制轨枕间距。 2. 轨枕扣件应满足规定扣压力要求。 3. 轨枕应方正，并与轨道中心垂直。
照片	缺陷照片　　 标准照片　　 整治照片

5.1.4　扣件歪斜、脱落

通病现象	有砟道床混凝土长枕弹条 I 型扣件锚固螺栓松动，扣件脱落。
规范标准及相关规定	《高速铁路轨道工程施工质量验收标准》（TB 10754—2018）验标要求 16.3.7 扣件组装应符合下列要求： 1. 绝缘轨距块的配置应符合设计要求。 2. 各种零件应安装齐全，位置正确。
原因分析	扣配件扣压力过大造成螺杆被拔出、弹条变形，硫磺锚固质量差抗拔力不足，螺纹道钉保护措施不到位，丝扣被破坏，施工时配件不足，后期未及时补齐。
预防措施	**1. 设计措施** 对碎石道床用新 II 型混凝土长枕的螺栓锚固抗拔强度，以及螺栓的拧紧力矩做出说明。 **2. 施工措施** ①使用新 II 型混凝土长枕锚固剂锚固时。对锚固剂和水的比例进行严格控制，搅拌完成后在规定时间将锚固剂使用完。 ②使用专用模具进行锚固，锚固完成后在露出螺栓底部刷上绝缘油。 ③在扣件安装完成后，螺栓扭力控制在规定范围内。 **3. 管理措施** ①重点盯控螺栓锚固工序，严格控制锚固剂和水的比例。 ②安装扣件时，螺栓的扭力严格控制。
治理措施	1. 扣件安装时，电动扳手扣压力应提前调至标准值。 2. 锚固的轨枕出厂前应抽查抗拔试验，确保轨枕质量。 3. 轨枕吊装时应轻吊轻放，防止螺纹道钉碰撞。 4. 静态验收前应进行线路检查，对配件不足地段及时补齐。 5. 对已经出现锚固螺栓脱落问题的轨枕，重新锚固。
照片	 缺陷照片　　　　标准照片　　　　整治照片

5.2 无缝线路轨道工程

5.2.1 钢轨焊头错牙

通病现象	焊接过程中，外力碰到钢轨接头，钢轨接头错牙。
规范标准及相关规定	《高速铁路轨道工程施工质量验收标准》（TB 10754—2018）验标要求 9.6.8 钢轨焊接接头应纵向打磨平顺，不应有低接头，钢轨焊接平直度应符合钢轨焊接接头平直度允许偏差规定。
原因分析	1. 钢轨焊接对轨时未对齐，或对轨时轨头过高或过低。 2. 焊接过程中触碰钢轨，导致钢轨产生较大振动和位移，产生错牙现象。
预防措施	**1. 设计措施** 钢轨焊接时，提出钢轨轨温和接头对位误差范围。 **2. 施工措施** ①钢轨焊接接头对位，严格控制对位误差。 ②现场控制，发现焊接钢轨接头被外力碰撞，及时检查，不满足要求的，立即锯开重新焊接。 **3. 管理措施** ①钢轨焊接时，施工单位技术员、施工员全程跟踪，对焊接技术要求严格执行。 ②严格质量验收，不符合设计及规范要求，未经整改合格，不允许进入下一道施工工序。
治理措施	1. 钢轨焊接对轨应按照操作要求对齐，防止钢轨扰动。 2. 钢轨焊接作业时按规范执行轨端对正作业，并做好现场测量工作。 3. 焊接接头出现问题，立即整改。
照片	 缺陷照片　　　　　标准照片　　　　　整治照片

5.3　轨道道岔

5.3.1　运营过程中尖轨损伤

通病现象	运营过程中道岔尖轨被压溃。
规范标准及相关规定	《高速铁路轨道工程施工质量验收标准》（TB 10754—2018）验标要求 12.3.1 道岔的规格、型号应符合设计要求。道岔钢轨件应无碰伤、擦伤、掉块、凹陷、硬弯、扭曲等缺陷。
原因分析	尖轨翘头。
预防措施	**1. 设计措施** 道岔尖轨应与基本轨密贴，不翘头。 **2. 施工措施** ①严格控制尖轨和基本轨的密贴。 ②对道岔碎石道床进行捣固，确保道岔枕木下方道砟密实。 ③道岔铺设、捣固完成后对尖轨应进行检查，防止道岔不平顺，尖轨未全面藏尖。 **3. 管理措施** ①道岔组装时，技术员旁站。对尖轨和基本的密贴，尖轨开口，滑床板空吊进行检查，发现问题及时整改。 ②道岔进场时，对质量严格把控：道岔的规格、型号应符合设计要求。道岔钢轨件应无碰伤、擦伤、掉块、凹陷、硬弯、扭曲等缺陷。
治理措施	1. 道岔铺设、捣固完成后对尖轨应进行检查，防止道岔不平顺，尖轨未全面藏尖。 2. 发现尖轨出现问题，及时在天窗作业点进行尖轨更换。
照片	 缺陷照片　　　　标准照片　　　　整治照片

5.3.2 道岔轨枕间距超限

通病现象	道岔轨枕间距大于设计要求。
规范标准及相关规定	《高速铁路轨道工程施工质量验收标准》（TB 10754—2018）验标要求轨枕应方正，间距及偏斜允许偏差为±20mm，"单枕连续铺设法"还应满足6根轨枕的距离允许偏差为±30mm。
原因分析	道岔组装时未严格按照图纸轨枕间距安装轨枕。
预防措施	**1. 设计措施** 确定道岔各轨枕间距，尤其在安装连接拉杆位置处轨枕间距。 **2. 施工措施** 轨枕铺设时应严格控制轨枕间距，道岔应按铺设图进行铺设，牵引点位置轨枕间距偏差严格按规范要求执行。 **3. 管理措施** 道岔组装，连接扣件轨枕工序，技术员现场旁站，对轨枕间距进行量测，对不满足要求的立即进行整改。
治理措施	不满足轨枕间距的轨枕立即进行调整。
照片	缺陷照片　　 标准照片　　 整治照片

5.3.3 道岔标识缺失

通病现象	道岔标识喷涂不全，喷涂不清晰。
规范标准及相关规定	《高速铁路轨道工程施工质量验收标准》（TB 10754—2018）验标要求 19.0.7 各种标志、标识应设置端正，涂料色泽鲜明，图像字迹清晰、完整。
原因分析	标志、标识喷涂时模具污染、喷涂遍数不足，标志、标识安装不全。
预防措施	**1. 设计措施** 明确道岔所需要的标识数量、标识内容、标识尺寸及位置。 **2. 施工措施** ①标志、标识喷涂时，及时清理模具污染，加强喷涂遍数。 ②各种标志、标识应设置端正，涂料色泽鲜明，图像字迹清晰、完整。 **3. 管理措施** 运营过程中，及时对脱落标识进行复喷涂工作，保证其性能良好。
治理措施	标志、标识喷涂时，及时清理模具污染，加强喷涂遍数。
照片	缺陷照片　　 标准照片　　 整治照片

5.4 整体道床施工

5.4.1 道床伸缩缝歪斜

通病现象	整体道床伸缩缝歪斜。
规范标准及相关规定	整体道床伸缩缝要求垂直与钢轨，在两轨枕中间位置。
原因分析	施工过程中作业不规范，伸缩缝板未方正及加固，或在混凝土浇筑过程中振捣棒触碰伸缩缝板导致歪斜，且未及时扶正。
预防措施	1.设计措施 明确整体道床伸缩缝设置位置。 2.施工措施 ①施工时对道床伸缩缝模板或聚乙烯泡沫板进行固定，保证在两轨枕中心位置。 ②浇筑过程中，因操作失误或加固不牢靠导致的伸缩缝板歪斜及时扶正。 3.管理措施 ①道岔浇筑混凝土前，检查要浇筑范围道岔伸缩缝是否歪斜。 ②浇筑过程中，发现歪斜伸缩缝及时处理。
治理措施	发现歪斜伸缩缝，在混凝土浇筑前及时处理。
照片	

缺陷照片　　　　标准照片　　　　整治照片

5.4.2　整体道床混凝土质量缺陷

通病现象	混凝土浇筑振捣不充分，导致蜂窝麻面。
规范标准及相关规定	严格按照要求对整体道床混凝土进行振捣。
原因分析	整体道床混凝土浇筑时作业不规范，未按照要求进行振捣或振捣不充分，或混凝土质量不合格，导致整体道床面蜂窝、麻面。
预防措施	1. 设计措施 明确道床混凝土振捣要求。 2. 施工措施 ①按照作业规范要求进行作业，混凝土作业应分层浇筑、分层振捣密实，加强轨枕底部及周围混凝土的捣固，以防出现裂缝。 ②捣固混凝土时，严禁振动器触及支撑架和钢轨。 3. 管理措施 ①做好混凝土进场验收，严禁不合格品进入施工场地。 ②混凝土浇筑，施工员全程旁站。
治理措施	充分振捣道床混凝土。
照片	 　缺陷照片　　　　　　标准照片　　　　　　整治照片

第 6 章

装饰装修与常规设备安装工程

6.1 建筑装饰装修

6.1.1 植筋不符合要求

通病现象	构造柱植筋深度不够，植筋松动、不牢固，拉拔试验不满足要求。
规范标准及相关规定	《混凝土结构加固设计规范》（GB 50367—2013）15.1.3 规定：采用植筋和种植全螺纹螺杆锚固时，其锚固部位的原构件混凝土不得有局部缺陷。若有局部缺陷，应先进行补强或加固处理后再植筋。
原因分析	1. 施工现场未进行技术交底。 2. 现场质量管理不到位。
预防措施	**1. 设计措施** ①修编隔墙指引技术要求，明确植筋相关参数及实施做法。 ②设计图纸完善植筋做法详图，明确设计要求。 ③施工设计图纸交底强调植筋部位的要求和植筋做法讲解。 **2. 施工措施** 　钻孔定位应根据需要准确定位，钻孔时孔深应按照植筋胶性能所要求的钢筋锚固深度确定；清孔时应将残渣和灰粉清理干净；植筋胶注入应用专用工具，胶量应按钢筋插入孔底时胶注满孔洞确定，注胶量与孔径、孔深、钢筋直径有关；植筋时应将钢筋顺孔洞向一个方向旋转缓缓插入，最后将钢筋扶正位置，养护期间不要扰动钢筋。 **3. 管理措施** ①组织施工人员开展技术交底，明确植筋施工工艺参数。 ②技术人员依据图纸核对墙线及构造柱位置，检查土建结构界面，清理结构混凝土浮浆，避免影响锚固强度。 ③施工质检人员、监理人员逐一核实锚固深度（孔深）及清孔情况。 ④植筋完成后，应采取保护措施，避免受外力移动。
治理措施	1. 将拉拔不合格部位的钢筋全部拔掉。 2. 严格按照植筋方案重新钻孔或在原孔处继续加深，但不得改变原孔所用的钻头直径。 3. 钻孔完毕后必须将孔内的粉末清除干净。 4. 按照植筋交底要求将钻孔重新向监理报验。 5. 监理验孔完毕后及时植筋。 6. 最后，在监理的见证下重新做拉拔试验。
照片	   　缺陷照片　　　　标准照片　　　　　整治照片

6.1.2 箍筋间距过大

通病现象	箍筋间距过大。
规范标准及相关规定	《砌体结构设计规范》（GB 50003—2011）10.2.5 多层砖砌体房屋的构造柱应符合下列构造规定：构造柱的最小截面可为 180mm×240mm（墙厚 190mm 时为 180mm×190mm）；构造柱纵向钢筋宜采用 4ϕ12，箍筋直径可采用 6mm，间距不宜大于 250mm，且在柱上、下端适当加密；当 6、7 度超过六层、8 度超过五层和 9 度时，构造柱纵向钢筋宜采用 4ϕ14，箍筋间距不应大于 200mm；房屋四角的构造柱应适当加大截面及配筋。
原因分析	1. 现场未按照设计图纸进行施工。 2. 技术交底不到位。
预防措施	1. 设计措施 ①修编隔墙指引技术要求，明确结构隔墙筋相关参数及实施做法。 ②施工图说明及详图明确设计要求和图纸。 ③施工设计图纸交底强调此部位的要求和做法讲解。 2. 施工措施 圈梁、构造柱箍筋间距按设计要求不大于 150mm，且不少于 4 根；配筋带分布筋间距不大于 100mm，且不少于 4 根。 3. 管理措施 ①组织施工人员开展技术交底，编制交底文件，制定圈梁、构造柱钢筋施工样板。 ②施工技术人员、监理人员加强对构造柱、圈梁钢筋笼制作过程的检查，检查钢筋规格型号、箍筋间距、整体稳固性。 ③监理人员依据规范、图纸对钢筋实施隐蔽工程验收，并挂牌拍照留存备查。
治理措施	钢筋间距过大时，应对构造柱钢筋进行修整，以保证钢筋位置及间距准确。
照片	 缺陷照片　　　标准照片　　　整治照片

6.1.3 预留门洞口尺寸不符合要求

通病现象	预留门洞口尺寸过大或不够。
规范标准及相关规定	《建筑门窗洞口尺寸系列》（GB/T 5824—2021） 门窗洞口宽、高定位线的确定。
原因分析	1. 施工管理人员对规范掌握不到位。 2. 技术交底不到位。
预防措施	1. 设计措施 ①设计提供门窗尺寸表，对门洞要求将误差可控范围进行预留。 ②图纸表达完善，完善相关大样实施做法。 ③施工图设计交底再次明确，避免问题。 ④设计现场巡检重点检查。 2. 施工措施 两边各增加 20mm，上方增加 30mm，例如 GFm1021，洞口尺寸预留为宽 1040mm，高 2130mm。 3. 管理措施 ①组织装修、风水电技术人员审查图纸，查阅管线过墙、过墙预留门洞位置，制作预留孔洞大样图，详细向装修、风水电施工人员交底，并签字确认。 ②装修技术人员依据图纸核对现场门洞放线成果。 ③通风空调与装修技术人员充分协调，考虑房间内过墙风管、风室风管尺寸，预留墙洞或运输门洞。 ④监理人员组织参建单位审查 BIM 图，并加强对孔洞预留位置的实测实量核实。
治理措施	根据门窗洞口尺寸偏差大小，制定专项施工方案，审批后进行缺陷修复。
照片	 缺陷照片　　　　标准照片　　　　整治照片

6.1.4　砌体砌筑不符合要求

通病现象	砖砌体通缝或搭接长度不满足规范。
规范标准及相关规定	《砌体结构工程施工质量验收规范》（GB 50203—2011）5.3.1 规定：砖砌体组砌方法应正确，内外搭砌，上、下错缝。清水墙、窗间墙无通缝；混水墙中不得有长度大于 300mm 的通缝，长度 200～300mm 的通缝每间不超过 3 处，且不得位于同一面墙体上。砖柱不得采用包心砌法。
原因分析	1. 施工管理人员对规范掌握不到位。 2. 技术交底不到位。
预防措施	1. 设计措施 ①图纸表达完善，完善相关大样实施做法。 ②施工图设计交底再次明确，避免问题。 ③设计现场巡检重点检查。 2. 施工措施 砖砌体组砌方法应正确，内外搭砌，上、下错缝，砖柱不得包心砌法。 3. 管理措施 ①组织高素质的砌筑施工队伍，上岗前进行严格的技术交底。 ②检查砌体构造柱钢筋合格证书、性能复试试验报告。植筋按要求完成拉拔试验后，方可进入下一道工序。
照片	 缺陷照片　　　　标准照片　　　　整治照片

6.1.5　主筋保护层厚度不够

通病现象	模板安装不牢固，很容易出现胀模、跑模，胀模导致柱子外形鼓肚，跑模则导致主筋保护层厚度不够。
规范标准及相关规定	《混凝土结构工程施工质量验收规范》（GB 50204—2015）4.1.2 模板及支架应根据安装、使用和拆除工况进行设计，并应满足承载力、刚度和整体稳固性要求。
原因分析	在模板支设阶段，构造柱模板加固不够牢固，或加固方式不正确。
预防措施	1. 设计措施 ①施工图设计交底再次明确，避免问题。 ②设计现场巡检重点检查。 2. 施工措施 选用质量好的模板并严格控制模板的周转次数，合模时加固牢靠。 3. 管理措施 ①混凝土应保证配合比准确和良好的和易性，其搅拌延续时间应符合要求，坍落度应适宜。 ②浇筑混凝土前，模板应浇水充分湿润，支模前应将模板清扫干净，不得粘有干硬水泥砂浆等杂物。 ③模板拼缝应严密，模板与墙体缝隙应采用泡沫胶、塑料条、纤维板堵严；模板应涂刷隔离剂；浇筑过程中，要检查模板、拼缝等位置，发现模板变形、走动或漏浆，应及时修复加固。 ④做好混凝土浇筑后的养护管理，拆模不应过早，防止过早拆模，损坏棱角。
治理措施	1. 对胀模部位截面尺寸超过允许偏差 8mm 并在 30mm 以内的构造柱，将胀模部分混凝土全部剔除掉；截面尺寸偏差在 30mm 以外的，将构造柱打掉重新施工。 2. 对构造柱层间垂直度偏差在 30mm 以内的，对胀模部分混凝土全部剔除，并露出钢筋，采用 C25 混凝土浇筑密实；对构造柱层间垂直度偏差在 30mm 以外的，将构造柱打掉重新施工。 3. 因构造柱偏差导致位移或断裂的墙体，推倒清理后重新砌筑，墙体和圈梁底部缝隙以密实砂浆灌实。
照片	   缺陷照片　　　　标准照片　　　　整治照片

6.1.6　构造柱浇筑不符合要求

通病现象	构造柱浇筑前，底部残留砂浆、碎砖等杂物未清理。
规范标准及相关规定	《混凝土结构工程施工质量验收规范》（GB 50204—2015）4.2.5 模板安装应符合下列要求： 1. 模板的接缝应严密； 2. 模板内不应有杂物、积水或冰雪等； 3. 模板与混凝土的接触面应平整、清洁。
原因分析	1. 技术交底不到位。 2. 现场主要管理人员在模板安装前未进行检查。
预防措施	**1. 设计措施** ①施工图设计交底再次明确，避免问题。 ②设计现场巡检重点检查。 **2. 施工措施** 　浇筑构造柱混凝土前，应将砌体及模板浇水湿润，利用柱底预留的清理孔清理落地灰、砖渣及其他杂物，清理完毕后立即封闭洞眼；先在结合面处注入适量与混凝土配比相同的去石水泥砂浆，构造柱混凝土分段浇筑，每段高度不大于2m。振捣时，严禁振动器触碰砖墙。 **3. 管理措施** ①组织施工人员开展构造柱混凝土浇筑、模板安装技术交底。 ②支模前应将构造柱底部进行凿毛，并清扫干净。浇筑混凝土前，再次将构造柱底部清扫干净。 ③监理人员在模板安装前实施构造柱钢筋隐蔽验收，并挂牌拍照，留存备查。
照片	 缺陷照片　　　　　标准照片　　　　　整治照片

6.1.7 圈梁、构造柱浇筑质量差

通病现象	圈梁、构造柱浇筑质量差，蜂窝、麻面。
规范标准及相关规定	《砌体结构设计规范》（GB 50003—2011）10.2.5。
原因分析	1. 模板表面粗糙或清理不干净，粘有干硬水泥砂浆等杂物，拆模时混凝土表面被粘损。 2. 模板接缝拼装不严密，灌注混凝土时缝隙漏浆。 3. 混凝土振捣不密实，混凝土中的气泡未排出，一部分气泡停留在模板表面。
预防措施	1. 设计措施 ①施工图设计交底再次明确，避免问题。 ②设计现场巡检重点检查。 2. 施工措施 浇筑构造柱混凝土前，应将砌体及模板浇水湿润，利用柱底预留的清理孔清理落地灰、砖渣及其他杂物，清理完毕后立即封闭洞眼；先在结合面处注入适量与混凝土配比相同的去石水泥砂浆，构造柱混凝土分段浇筑，每段高度不大于2m。振捣时，严禁振动器触碰砖墙。 3. 管理措施 ①混凝土应保证配合比准确和良好的和易性，其搅拌延续时间应符合要求，坍落度应适宜。 ②上岗前进行严格的技术交底。 ③混凝土浇筑前进场坍落度检查。做好混凝土浇筑过程旁站工作，确保混凝土分层下料、及时振捣。 ④控制拆模时间并及时养护。 ⑤做好抹灰前隐蔽验收，检查不同材料基体交接处的加强措施。
治理措施	1. 对胀模部位截面尺寸超过允许偏差 8mm 并在 30mm 以内的构造柱，将胀模部分混凝土全部剔除掉；截面尺寸偏差在 30mm 以外的，将构造柱打掉重新施工。 2. 对构造柱层间垂直度偏差在 30mm 以内的，对胀模部分混凝土全部剔除，并露出钢筋，采用 C25 混凝土浇筑密实；对构造柱层间垂直度偏差在 30mm 以外的，将构造柱打掉重新施工。 3. 因构造柱偏差导致位移或断裂的墙体，推倒清理后，重新砌筑，墙体和圈梁底部缝隙以密实砂浆灌实。
照片	 缺陷照片　　　　　　标准照片

6.1.8　抹灰层空鼓、裂缝

通病现象	抹灰墙面开裂、空鼓、灰层脱落。
规范标准及相关规定	《建筑装饰装修工程质量验收标准》（GB 50210—2018）4.2.4 抹灰层与基层之间及各抹灰层之间必须粘结牢固，抹灰层应无脱层和空鼓，面层应无爆灰和裂缝。
原因分析	1. 墙面抹灰未按要求实行分层抹实。 2. 新拌砂浆超过施工开放时间，砂浆配合比不稳定等，从而影响到砂浆的粘结强度性能。 3. 抹灰前，没有对基层上的凹凸不平及孔洞部位做出修补处理，局部抹灰过厚。 4. 钉挂在墙面上的钢网未张拉牢固，对砂浆产生回弹。 5. 砂浆的和易性、粘连性和施工开放时间难以满足施工要求。
预防措施	1. 设计措施 ①施工图设计交底再次明确，避免出现问题。 ②设计现场巡检重点检查。 2. 施工措施 ①基层清理应符合以下规定： 砖砌体：应清除表面杂物、尘土，抹灰前应洒水湿润； 混凝土：用水泥砂浆或细石混凝土修补脚手架孔洞，在混凝土表面凿毛或洒水湿润后涂刷水泥砂浆（加适量胶粘剂）。 ②混凝土剪力墙、柱，抹灰前应对基层进行甩浆处理。 ③抹灰应该分层进行，每遍厚度宜为 5~7mm。 ④墙体转角处，柱、梁与墙体交角处加设塑料护角；混凝土、加气混凝土砌块、轻质板墙等不同基地材料交接处设钢丝网，每边宽度不少于 100mm。 ⑤用水泥砂浆和水泥混合砂浆抹灰时，应待前一抹灰层凝结后方可抹后一层。底层的抹灰层强度不得低于面层的抹灰层强度；抹灰砂浆中的打底砂浆强度等级不应小于砌块强度等级。 ⑥水泥砂浆抹灰面层初凝后应适时喷水养护，养护时间不少于 7d。水泥砂浆拌好后，应在初凝前用完，凡结硬砂浆不得继续使用。 ⑦当基层垂直平整度控制在 8mm 以内时，建议采用干拌轻质砂浆抹灰。 3. 管理措施 ①编制技术交底文件，向施工人员开展施工工序及技术参数指标等技术交底。 ②分层抹灰的不能超过规定的厚度，凡大于规定值的分层厚度均应分层抹灰。 ③抹灰层在凝结硬化前，应防止快干、水冲、撞击、剔凿。保证抹灰层增长到足够的强度。内墙面抹灰要一次到底，避免烂根。 ④抹灰前，组织施工人员做好基层处理，监理组织隐蔽工程验收。

治理措施	1. 当抹灰施工后发生空鼓时，先将空鼓部分凿去（凿除范围为空鼓部位四周扩大200mm）四周凿成方块形或圆形，边缘凿成斜坡形，用钢丝刷刷掉墙面松散灰皮。 2. 处理时，底层表面进行拉毛，拉毛处理完成后，将修补处周围100mm范围内清理干净。 3. 修补前1d，用水冲洗，使其充分湿润。1d内最好浇水湿润两次。 4. 修补时，先在底面及四周刷素水泥浆一遍，然后分两次用和原面层相同材料的水泥砂浆填补并搓平。
照片	 　　缺陷照片　　　　　标准照片　　　　　整治照片

6.1.9　顶棚面板平整度差

通病现象	走廊顶棚面板平整度差。
规范标准及相关规定	《建筑装饰装修工程质量验收标准》（GB 50210—2018）
原因分析	1. 施工管理人员不熟悉规范，交底不清。 2. 管理人员监管不力。
预防措施	**1. 设计措施** ①精细化图纸颗粒度。吊顶结构体系中的吊件、挂件在图纸中应对其规格参数、来源引用规范条款做详细注明，避免引起歧义。 ②控制面板板幅，方便施工。方案阶段装修深入研究材料尺寸，为了防止运输搬运易磕碰的问题发生，同时防止极端工况发生导致顶棚破坏，建议后续面板优先选择镂空率≥35%的面板，如选择密实板块，板幅面积不应大于 4m²。 ③各专业设计加强对各专业施工单位关于专业接口的交底说明。 **2. 施工措施** 吊顶饰面板安装表面应平整、缝隙平直、宽窄一致，不得有翘曲。 **3. 管理措施** ①检查材料的产品合格证书、性能检验报告、进场验收记录和复验报告。 ②金属吊杆和龙骨应经过表面防腐处理。 ③督促施工单位作业前做好技术交底。 ④安装龙骨前，按设计要求对房间净高、洞口标高和吊顶内管道、设备及其支架的标高进行检查。 ⑤用 2m 靠尺和塞尺检查表面平整度；用 5m 线和钢直尺检查接缝、格栅直线度；用钢直尺和塞尺检查接缝高低差。 ⑥严格执行工序验收制度，前道工序喷黑、管线未验收合格前，不得进入下一道工序。 ⑦重型设备和有振动荷载的设备严禁安装在吊顶工程的龙骨上。
治理措施	整体通过红外线检查校正安装好的吊顶面板水平度，确保吊顶面板位置以及水平度合格无误后进行调整。
照片	 缺陷照片　　　　标准照片　　　　整治照片

6.1.10　防火卷帘轴封堵不符合要求

通病现象	车站防火卷帘导轨槽与结构墙柱面存在间隔，防火卷帘轴上方与结构板底存在间隔，且未进行有效封堵。
规范标准及相关规定	《防火卷帘》（GB 14102—2005） 6.4.2 防烟性能 6.4.2.2 防火防烟卷帘帘面两侧压差为 20Pa 时，其在标准状态下（20℃，101325Pa）的漏烟量不应大于 0.2m³/(m² · min)。
原因分析	施工管理人员不熟悉规范，未按照规范内容进行交底。
预防措施	1. 设计措施 ①设计图纸明确详细做法。 ②施工图设计交底再次明确，避免问题。 ③设计现场巡检重点检查。 2. 施工措施 按设计要求，对于导轨槽与结构墙柱面存在间隔，防火卷帘轴上方与结构板底存在间隔的，使用 50mm × 50mm × 5mm 热浸锌角钢作为基础，用 10m × 100mm 的不锈钢膨胀螺栓固定在结构主体墙、柱或梁上，再安装水泥防火板对间隔缝隙进行封堵，对于封堵以后仍存在孔洞及缝隙的，需要用防火油膏对缝隙进行密封封堵，确保有效防火分隔，满足消防规范。 3. 管理措施 ①依据设计节点详图，组织向施工人员开展技术交底。 ②组织核实防火卷帘门洞尺寸，避免导轨槽与结构墙柱面缝隙过大。 ③监理人员应见证缝隙密封填堵过程。
治理措施	按照施工措施进行增加。
照片	 缺陷照片　　　　标准照片　　　　整治照片

6.1.11　顶棚龙骨固定不规范、龙骨安装不符合要求

通病现象	顶棚龙骨固定不规范，龙骨、吊杆及其他管线未按要求全部喷黑，吊顶上方管线凌乱。
规范标准及相关规定	1.《建筑装饰装修工程质量验收标准》（GB 50210—2018）7.1.11 当吊杆长度大于 1.5m 时，应设置反支撑。当吊杆与设备相遇时，应调整并增设吊杆或采用型钢支架。 2.《住宅装饰装修工程施工规范》（GB 50327—2001）8.3.1：主龙骨吊点间距、起拱高度应符合设计要求。当设计无要求时，吊点间距应小于 1.2m，应按房间短向跨度的 1‰～3‰起拱。主龙骨安装后应及时校正其位置标高。
原因分析	1. 管理人员无经验。 2. 不熟悉规范，交底不清。 3. 管理人员监控不力。
预防措施	**1. 设计措施** ①吊顶结构体系中的吊件、挂件在图纸中应对其规格参数、来源引用规范条款做详细注明，避免引起歧义。 ②设计应全面考虑正常工况与极端工况情况。除正常工况下自身吊顶体系自重的荷载强度要求；吊顶体系在维护时产生的有效荷载、地铁运行环境中动荷载的强度要求及足够的安全系数保证，后续线路应把极端工况及其应对措施考虑进来。 ③各专业设计加强对各专业施工单位关于专业接口的交底说明。 ④加强现场巡检力度，做好品控，同时加强对相关专业落实情况的把控力度。 **2. 施工措施** 钢结构转换层角钢、吊杆、龙骨材质、规格、安装间距及连接方式应符合设计要求，钢架转换层采用∟50×50×5 角钢为主要材料，按横向间距 900～1200mm，纵向支撑只起到系统稳定作用，间距为 2400～4000mm，竖向角钢通过角钢角码、膨胀螺栓与结构顶连接。主龙骨应从吊顶中心向两边分，最大间距为 1200mm，并标出吊杆的固定点，吊杆的固定点间距 900～1200mm。顶棚安装面板安装前确保上方管线全部喷黑，并调整就绪。 **3. 管理措施** ①编制技术交底文件，组织施工人员开展技术交底。 ②针对异形顶棚或吊杆长度超 1.5m、吊杆间距超过 1.2m 的顶棚龙骨体系进行深化设计，确保符合规范、设计要求。 ③监理单位组织对顶棚龙骨体系开展验收，确保符合设计要求。
治理措施	1. 全面检查校正安装好的吊顶龙骨骨架，确保主次龙骨的结构位置以及水平度合格无误后，要拧紧所有的吊挂件和连接件。 2. 对喷黑不到位的龙骨、吊杆及其他管线进行补喷。
照片	   缺陷照片　　　　　标准照片　　　　　整治照片

6.1.12　挡烟垂壁不符合要求

通病现象	站台挡烟垂壁、挡烟垂壁玻璃与顶部防火板之间的防火封堵不密实，影响挡烟垂壁的防烟功能。
规范标准及相关规定	《挡烟垂壁》（XF 533—2012）5.1.1.2 挡烟垂壁的挡烟部件表面不应有裂纹、压坑、缺角、孔洞及明显的凹凸、毛刺等缺陷；金属材料的防锈涂层或镀层应均匀，不应有斑剥、流淌现象。
原因分析	施工管理人员不熟悉防火相关规范。
预防措施	1. 设计措施 ①设计图纸明确详细做法。 ②施工图设计交底再次明确，避免问题。 ③设计现场巡检重点检查。 2. 施工措施 吊顶以上 100mm 至结构板底面安装防火板，防火板安装施工需密封严实，挡烟垂壁顶内防火板与防火玻璃施工预留间隙 8～10mm。防火板及防火玻璃安装完成后，须对接口留缝及防火板遇到管线桥架时切口进行排查，再用防火油膏进行一一封堵，保证防火分区严实。挡烟垂壁玻璃调整平顺，底部用 U 形不锈钢包边（高度 10mm）。 3. 管理措施 ①依据设计节点详图，组织向施工人员开展技术交底。 ②应明确挡烟垂壁与顶棚界面节点位置，挡烟垂壁底标高与排烟风口标高应匹配，满足规范要求。 ③监理人员应见证防火板与结构板底面、管线桥架过防火板缝隙密封封堵过程。
治理措施	按照施工措施进行增加。
照片	   　　缺陷照片　　　　　　标准照片　　　　　　整治照片

6.1.13　导向牌版面信息错误

通病现象	吊挂导向牌版面信息错误，版面划花、污损。
原因分析	1. 版面信息错误未及时联系设计更改。 2. 成品保护不到位。
预防措施	**1. 设计措施** ①版面信息图纸设计与运营对接明确，现场试挂调整。 ②施工图设计交底再次明确，避免问题。 ③设计现场巡检重点检查。 **2. 施工措施** 　　加强前期对导向版面信息的审核勘误工作，对版面信息错误的导向及时联系设计，对错误版面信息进行调整；版面划伤、污损情况的，应注重运输的材料保护、施工安装时的版面保护。 **3. 管理措施** ①组织运营单位参与审图，核对导向牌版面信息、位置、数量，避免出现信息错误。 ②组织施工人员进行交底，增加施工人员的成品意识，运输过程中不得先撤除运输包装材料，并应采用牢固的方式。
治理措施	1. 及时联系设计更改导向信息。 2. 对信息错误，版面划花、污损的导向标识进行更换。
照片	 缺陷照片　　　　　标准照片　　　　　整治照片

6.1.14 静电地板不符合要求

通病现象	设备房内静电地板地面未刷绝缘漆,未按规范要求设置导电铜箔;支撑不平,松动,踩踏后翘起;静电地板与机柜基础未接平,影响柜门开启。
规范标准及相关规定	《建筑地面工程施工质量验收规范》(GB 50209—2010) 6.7.2 活动地板所有的支座柱和横梁应构成框架一体,并与基层连接牢固;支架抄平后高度应符合设计要求。 6.7.3 活动地板面层应包括标准地板、异形地板和地板附件(即支架和横梁组件)。采用的活动地板块应平整、坚实,面层承载力不应小于 7.5MPa,A 级板的系统电阻应为 $1.0 \times 10^5 \sim 1.0 \times 10^8 \Omega$,B 级板的系统电阻应为 $1.0 \times 10^5 \sim 1.0 \times 10^{10} \Omega$。
原因分析	1. 施工现场质量监督不到位。 2. 后续专业进场施工完毕后,未及时恢复到位。
预防措施	1. 设计措施 ①材料技术要求明确参数,设计图纸明确做法。 ②施工图设计交底再次明确,避免出现问题。 ③设计现场巡检重点检查。 2. 施工措施 对原有地面进行防尘、绝缘处理,绝缘层应分三遍涂刷,涂层厚度满足相关规范要求,且不得小于 1mm。应按地网布置图铺设导电铜箔网格,静电地板模数间距 ≤1200cm,铜箔厚度需满足 ≥0.1mm,宽度 ≥20mm,铜箔条与地面连接应使用导电胶,铜箔条的铺设应平直,不得卷曲,也不得间断,与接地端子连接的铜箔条应留有足够长度。所有经切割处理的地板必须采用相同的地板封边材料密封切割边,该密封工艺与标准应与原厂密封工艺与标准相同。地板收边处理可采用角钢固定支撑,角钢规格不应小于 30mm × 30mm × 3mm,与空心墙的收边处理必须使用落地支架支撑。 3. 管理措施 ①根据厂家及设计技术要求,编制技术文件,组织向施工人员开展技术交底。 ②组织系统专业与装修专业协调确定标高,满足设计及使用要求。 ③绝缘漆涂刷前,应对基层表面进行处理,保证基面平整、光洁、不起灰。 ④监理单位应对材料进场前进行严格验收,核实静电地板的技术要求。 ⑤铜箔敷设完成后,监理应组织验收,见证导通、电阻测试。
治理措施	1. 因为室内有大量线路,所以拆卸过程需谨慎,要使用吸盘提取废板,避免野蛮施工造成废板破碎,在线路中留下难以清理的碎渣。 2. 按照施工措施重新安装。
照片	 缺陷照片　　　　标准照片　　　　整治照片

6.1.15　离壁沟不符合要求

通病现象	离壁沟未做挡水坎，深度、宽度不符合要求，有其他构件堵塞；离壁沟找坡不正确，导致无法排水。
规范标准及相关规定	《地下防水工程质量验收规范》（GB 50208—2011）7.1.3 设置在粗砂过滤层下部，坡度不宜小于 1%且不得有倒坡现象。
原因分析	1. 施工技术交底和现场质量管理不到位。 2. 后续施工完成后未及时清理。
预防措施	1. 设计措施 ①设计图纸明确做法详图，增加图纸颗粒度。 ②施工图设计交底再次明确，避免问题。 ③设计现场巡检重点检查。 2. 施工措施 按照设计要求设置钢筋混凝土挡水坎，保证离壁沟横截面尺寸，在遇到其他管道阻挡形成瓶颈部位净宽不低于 100mm；按设计要求进行找坡，在装饰封板前需做闭水试验，检验防水层及沟内坡度的流畅性，确保排水畅通。 3. 管理措施 ①根据设计技术要求，编制技术文件，组织向施工人员开展技术交底。 ②组织土建施工单位与装修施工单位进行交接验收，核实离壁沟深度、高度、渗水情况等，如存在质量问题，应通知土建单位完成整改。 ③按照设计要求认真找坡，保证坡向、坡度符合质量要求。 ④地漏、排水管道的安装严格按照设计及施工规范的要求进行施工。 ⑤防水施工应掌握控制技术间歇，保证基层干燥后施工，在防水施工过程中应重视阴阳角、穿过楼板的管道节点防水处理。 ⑥监理单位应组织离壁沟蓄水试验验收，验收合格后，方可施工保护层。
治理措施	1. 将装饰干挂面板拆除。 2. 对排水沟进行清理、找坡。 3. 未做挡水坎的部位按要求进行补做。
照片	缺陷照片　　标准照片　　整治照片

6.1.16 石材色差等问题

通病现象	地面施工完成后二次污染、破损。
规范标准及相关规定	《建筑地面工程施工质量验收规范》（GB 50209—2010）6.3.8 大理石、花岗石面层的表面应洁净、平整、无磨痕，且应图案清晰，色泽一致，接缝均匀，周边顺直，镶嵌正确，板块应无裂纹、掉角、缺棱等缺陷。
原因分析	1. 材料进场未检查石材的六面防护情况。 2. 装修专业未做好成品保护。
预防措施	1. 设计措施 ①材料规格技术要求明确参数，提供样品确认及参与批次检验。 ②施工图设计交底再次明确，避免问题。 ③设计现场巡检重点检查。 2. 施工措施 严把材料进场验收关，检查主控指标：同批石材不得有色差，几何尺寸对角线 ≤1m，石材光洁度 ≥90°，平整度误差 ≤1mm，通过 48h 浸色试验检查石材防护是否合格。铺装完成后分块验收并及时做好成品防护。 3. 管理措施 ①检查型式检验报告、出厂检验报告、出厂合格证确保材料符合设计要求和国家现行有关标准的规定。 ②砖、大理石、花岗石板块进入施工现场时，应有放射性限量合格的检测报告。 ③铺贴前检查块材的外观尺寸，存在缺角、裂缝、污染等不得使用。 ④石材包装运输采用木箱，材料堆放时严禁与铁或易锈金属一起，室外材料石材堆放要做好防水保护，避免金属与石材接触造成金属锈蚀污染。 ⑤面层水泥砂浆结合层的抗压强度达到设计要求后，方可正常使用。 ⑥石材进行防护处理并安装施工后，室内环境污染物氡（简称 Rn-222）、甲醛、氨、苯和总挥发性有机化合物（简称 TVOC）的含量须满足《民用建筑工程室内环境污染控制标准》（GB 50325—2020）的要求。 ⑦石材铺设完成后，应采取木板或保护垫等保护措施。
治理措施	1. 对破损的石材进行更换。 2. 后续施工石材做好成品保护。
照片	   　缺陷照片　　　　　　标准照片　　　　　　整治照片

6.1.17　车站盲道设置不满足规范要求

通病现象	车站盲道设置不满足规范要求，未与市政盲道衔接；盲道整体性差。
规范标准及相关规定	《无障碍设计规范》（GB 50763—2012）3.3.5 预制盲道砖（板）的规格、颜色、强度应符合设计要求。行进盲道触感条和提示盲道触感圆点凸面高度、形状和中心距允许偏差应符合表 3.3.5-1、表 3.3.5-2 的规定。
原因分析	现场质量管控不到位。
预防措施	1. 设计措施 ①设计图明确布置路径和做法详图。 ②施工图设计交底再次明确，避免问题。 ③设计现场巡检重点检查。 2. 施工措施 施工阶段时，必要的地方采用定制长度的非标盲道，保证整体性，注意转角处采用提示盲道规范设置。 3. 管理措施 ①组织各参建单位对设计图纸进行审查，应明确盲道砖尺寸、颜色、形式及铺设的路径等。 ②为保证斜交接处、跨越横截沟盖板处、检查孔处等视觉连续效果，应采用定制长度的非标盲道砖。 ③依据设计技术要求，施工单位组织向施工人员开展技术交底。 ④施工单位、监理单位管理人员应加强对盲道铺贴过程巡视。
治理措施	1. 对整体性差的盲道石材进行拆除。 2. 非标盲道进行定制，重新铺贴。
照片	 缺陷照片　　　　　　标准照片　　　　　　整治照片

6.1.18 横截沟盖板不符合要求

通病现象	横截沟盖板未按要求设置边框，AFC检修口盖板与需求不符，检修人孔盖板未按设计要求结构层进行设置；各类石材盖板托底角钢安装石材边框不贴合，造成盖板松动、不平整，与邻近石材形成错台。
规范标准及相关规定	《建筑地面工程施工质量验收规范》（GB 50209—2010）6.3.8 大理石、花岗石面层的表面应洁净、平整、无磨痕，且应图案清晰、色泽一致，接缝均匀，周边顺直，镶嵌正确，板块应无裂纹、掉角、缺棱等缺陷。
原因分析	1. 现场质量管控不到位。 2. 施工现场未按设计要求进行设置。
预防措施	1. 设计措施 ①设计图明确布置路径和做法详图。 ②施工图设计交底再次明确，避免问题。 ③设计现场巡检重点检查。 2. 施工措施 深化排版时优化检修孔位置，尽量避免检修盖板跨石材铺贴板缝，杜绝跨两种地面材质；按照线路要求统一盖板具体做法，规格尺寸要求，内嵌2mm厚304不锈钢条检修口内框，2mm厚304不锈钢条检修口外框，检修人孔800mm×800mm，AFC检修孔400mm×400mm，截水沟400mm×800mm；严核盖板材料下单，使盖板尺寸与盖板洞口预留尺寸贴合。 3. 管理措施 ①根据设计技术要求，组织向施工人员开展技术交底。 ②地面石材铺垫前，结合检修孔位置深化排版图，避免检修孔占用两块石材。 ③横截沟盖板底座、检修人孔底座应与结构板连接固定，避免后期使用过程中松动。 ④横截沟盖板底座、检修人孔底座标高与石材标高应顺接，不得存在高差。 ⑤横截沟盖板、检修人孔应制作首件，参建单位确认符合要求后方可大面积施作。
治理措施	1. 对未按要求的盖板进行更换。 2. 严格按照施工措施执行。
照片	缺陷照片　　 标准照片　　 整治照片

6.1.19 钢踏板与地面存在高差

通病现象	扶梯不锈钢踏板与地面顺接存在明显高差。
规范标准及相关规定	《建筑地面工程施工质量验收规范》（GB 50209—2010）6.3.8 大理石、花岗石面层的表面应洁净、平整、无磨痕，且应图案清晰，色泽一致，接缝均匀，周边顺直，镶嵌正确，板块应无裂纹、掉角、缺棱等缺陷。
原因分析	装修专业和电扶梯专业未对标高基准控制线进行交接。
预防措施	**1. 施工措施** 装修施工单位前期根据设计要求放好标高控制线（注意坡向），电扶梯单位进场后移交装修标高线，双方严格按确认的标高控制线施工，待电扶梯调整完成后，及时做好复核和问题反馈。 **2. 管理措施** ①施工单位应组织施工人员技术交底。 ②组织装修专业、扶梯专业协调确定站台地面、扶梯下踏板标高线。 ③施工单位、监理单位人员应对标高线进行复核。 ④用 2m 靠尺和楔形塞尺检查表面平整度；用 5m 线和钢直尺检查接缝格平直度；用钢尺和楔形塞尺检查接缝处间隙，保证满足验收要求。
治理措施	1. 装修专业和电扶梯专业确定统一标高控制线。 2. 相关责任专业按照标高控制线进行上下调整。
照片	 缺陷照片　　标准照片　　整治照片

6.1.20 墙砖脱落

通病现象	墙砖脱落。
规范标准及相关规定	《建筑装饰装修工程质量验收标准》（GB 50210—2018）10.3.4 外墙饰面砖粘贴应牢固。检验方法：检查外墙饰面砖粘结强度检验报告和施工记录。 10.3.5 外墙饰面砖工程应无空鼓、裂缝。
原因分析	1. 基层未处理干净。 2. 瓷砖质量本身问题。 3. 施工工艺出现问题。 4. 施工完成后成品保护不到位。
预防措施	1. 设计措施 ①设计图纸明确节点做法，检验样品及批次。 ②施工图设计交底再次明确，避免问题。 ③设计现场巡检重点检查。 2. 施工措施 ①基层必须有足够强度，以确保胶粘剂的正常粘结。对普通水泥砂浆找平层或结构层，抗拉拔强度不得小于 0.4MPa。 ②按配合比计量搅拌砂浆或胶粘剂，粘结层材料需与墙砖相匹配；在防水层上粘贴墙面饰面砖时，粘结材料与防水材料性能应相容；防水层表面宜刷一道界面剂，保证饰面层粘接牢固。 ③施工前应在实体上做样板，先行做抗拉拔试验，符合要求方可大面积施工。 3. 管理措施 ①施工单位应组织施工人员技术交底。 ②瓷砖在使用前必须剔选，对缺棱、掉角、有暗伤以及挠曲变形的都应剔除。 ③瓷砖在使用前，应用清水浸泡到瓷砖不冒泡为止，且不少于 2h，待表面晾干后方可镶贴。镶贴时间短的瓷砖，由于吸水少，会造成砂浆早期脱水而影响瓷砖的强度，粘贴表面湿的瓷砖，容易产生浮动自坠，导致饰面空鼓。 ④对平整偏差较大的基层，应事先用砂浆找平，使镶贴瓷砖的砂浆的厚度控制在 7～10mm。 ⑤瓷砖的镶贴应随贴随纠偏，严禁在砂浆收水后再纠偏。 ⑥瓷砖镶贴后应及时清理墙面。镶缝必须密实，防止漏嵌。
治理措施	1. 若瓷砖已经脱落，先检查周围瓷砖是否有空鼓脱落现象，把这些瓷砖直接敲掉。 2. 将瓷砖背面涂上结构胶，涂抹均匀后直接贴到墙上。 3. 瓷砖都贴好后，再把表面残留的结构胶都擦拭干净，重新勾缝。
照片	 缺陷照片　　　　标准照片　　　　整治照片

6.1.21　墙面起鼓、气泡或开裂

通病现象	墙面乳胶漆饰面起鼓、气泡或开裂。
规范标准及相关规定	《建筑装饰装修工程质量验收标准》（GB 50210—2018）12.2.3 水性涂料涂饰工程应涂饰均匀、粘结牢固，不得漏涂、透底、开裂、起皮和掉粉。
原因分析	1. 墙体基层处理不到位。 2. 墙体含水率较高。
预防措施	**1. 设计措施** ①设计图纸明确节点做法，检验样品及批次。 ②施工图设计交底再次明确，避免问题。 ③设计现场巡检重点检查。 **2. 施工措施** ①施工措施：涂刷底油涂料前，对基层缺陷进行修补平整，刷除表面油灰、浮灰。检查基层是否干燥，要求基层含水率不大于 10%。墙面过干施涂前可稍加湿润，然后涂抗碱底漆或封底漆。当基层表面太光滑时，要适当敲毛，出现小孔、麻点可用腻子找平。刮腻子后 1~2d 打磨，加强照度，边打磨边查看平整度，最后按照正常的工序刷漆。 ②基层腻子应平整、坚实、牢固、无粉化、无起皮和裂缝，乳胶漆表面涂刷均匀，无流淌痕迹等。 **3. 管理措施** ①根据设计技术要求，组织向施工人员开展技术交底。 ②在面层施工时，合理控制基层的含水率，尽量选用防水和透气的材料，使基层和面层背面的水汽均能有效地穿透过，"呼吸"平衡，确保面层不产生气泡、起皮现象。要选用防水腻子粉或者外墙专用腻子粉，避免腻子粉被水汽浸湿，出现粉化、脱落现象。 ③基层充分干燥后，先用腻子粉分 2~3 次间隔分批批平，前后两次批腻子的时间间隔不少于 48h，且需保持良好的通风。完成后，用砂纸把基层磨平，再进行面层底漆施工。 ④涂料面层施工完毕后，若车站通风系统尚未形成，应采取临时措施，保证车站通风效果。如临时采用鼓风机等，可有效地防止面层霉变现象。
治理措施	1. 将开裂位置腻子全部铲除，铲至基层位置。 2. 涂抗碱底漆或封底漆。 3. 重新在基层上进行挂网，重新刮腻子，最后重新涂刷乳胶漆。
照片	 　缺陷照片　　　　　标准照片　　　　　整治照片

6.1.22 检修门无法正常开启

通病现象	地漏检修门与广告灯箱位置出现重叠，广告灯箱锁扣阻挡地漏检修门的开启，地漏检修时，检修门无法正常开启。
原因分析	未对施工图进行排版。
预防措施	1.设计措施 ①设计图纸明确节点做法，加强对各专业接口的交底说明。 ②施工图设计交底再次明确，避免问题。 ③设计现场巡检重点检查。 2.施工措施 对照施工图纸，结合现场实际离壁沟位置，进行墙面陶瓷板干挂及广告灯箱的二次排版。凡是遇到广告灯箱与地漏检修门实际位置冲突的，须及时联系设计，设计须对广告灯箱或地漏位置进行调整，避免冲突。 3.管理措施 ①组织给水排水专业、装修专业结合审图，装修专业出具排版图，给水排水专业确认，确保门体安装不受位置冲突。 ②依据装修排版图组织施工人员技术交底，确保安装位置符合要求。
治理措施	1.拆除冲突位置的干挂面板。 2.根据施工措施进行施工调整。
照片	 缺陷照片　　　　　标准照片　　　　　整治照片

6.1.23　外门窗渗漏

通病现象	外门窗渗漏。
规范标准及相关规定	《建筑装饰装修工程质量验收标准》（GB 50210—2018） 玻璃密封条与玻璃及玻璃槽口的接缝应平整，不得卷边、脱槽。 6.3.9 排水孔应畅通，位置和数量应符合设计要求。
原因分析	1. 窗户本身未设计排水孔，拉槽导水不畅。 2. 窗户的密封胶条处理不规范。 3. 窗户与窗台之间的缝隙密封不严。 4. 窗框四周未填充密实较疏松；窗框与结构缝隙内原填充材料老化疏松，填充不密实。 5. 窗户四周的密封胶质量不够或长期使用后出现开裂、脱落。
预防措施	1. 设计措施 ①设计图纸明确节点做法，检验样品及批次。 ②施工图设计交底再次明确，避免问题。 ③设计现场巡检重点检查。 2. 施工措施 ①外门窗的型材壁厚、尺寸偏差应符合产品标准。 ②门窗洞口预留尺寸不应过大，预留门窗洞与窗框四周批抹成型的间隙每边不宜大于 10mm，窗框四周宜采用聚合物水泥砂浆或防水砂浆嵌填密实。门窗框塞缝完成后，须在洞口外侧四周分多遍涂刷防水涂料，保证其厚度满足设计要求，防水必须压门窗框不小于 5mm。 ③门窗安装所用的螺钉应为铜螺钉或不锈钢螺钉，窗框材料拼缝处及螺钉固定处应嵌填密封材料，封堵密实。 ④门窗上口应做滴水槽或鹰嘴滴水线，外窗台下口应内高外低，内外窗台高低差不小于 20mm。 ⑤混凝土外墙门窗洞口设企口时，企口须与混凝土墙同时浇筑。 ⑥外门窗安装完成后须进行淋水试验，试验用带喷头水管向门、窗所在范围逐一喷水，喷水压力 0.2～0.3MPa，每樘门窗淋水时间不少于 15min。如有渗漏，应查明原因并进行整改，整改完成后须重新进行淋水试验，直至无渗漏。 3. 管理措施 ①依据设计要求，编制技术交底文件，组织施工人员交底。 ②按设计选择符合国家标准的门窗型材及合格的五金产品。 ③严格把控门窗制作质量关，杜绝不合格产品进入施工现场，在安装之前核实现场预留门窗洞口，保证门窗框与预留洞口尺寸吻合。 ④门窗框与墙体应弹性连接，塞填砂浆均匀饱满，不能有缝隙，安装工艺符合规范标准。 ⑤监理单位应采用小锤对门窗框与墙体之间缝隙填塞情况进行检查，如有空鼓应进行检查。

治理措施	1. 一种是在室内进行封堵，一般是剔除窗框周围的密封胶及部分嵌填材料，重新填充后再进行密封处理。 2. 另外一种是在室外进行处理，需要特种工种高空作业。对有外墙保温的首先开槽至结构，再进行剔除封堵密封防水；对无外墙保温的，直接剔除封堵，再密封防水。
照片	缺陷照片　　 标准照片　　 整治照片

6.1.24　楼梯栏杆不牢固

通病现象	楼梯栏杆安装不牢固；面管未按要求采用成品套接，面管安装不成线，焊接加固焊接工艺差。
规范标准及相关规定	《建筑装饰装修工程质量验收标准》（GB 50210—2018）14.5.6 护栏和扶手转角弧度应符合设计要求，接缝应严密，表面应光滑，色泽应一致，不得有裂缝、翘曲及损坏。
原因分析	施工现场质量控制不到位。
预防措施	1. 设计措施 ①设计图纸明确节点做法，检验样品及批次。 ②施工图设计交底再次明确，避免问题。 ③设计现场巡检重点检查。 2. 施工措施 ①根据栏杆的排版图在地面上弹出栏杆立柱的位置线及埋板安装孔位。 ②按照孔位安装后置埋板，膨胀螺栓深入混凝土结构 100mm，将后置埋板安装牢固。 ③安装栏杆立柱，注意调整立柱的垂直度，在两根立柱间上下端拉通线调节立柱安装高度及顺直。 ④安装面管调节扶手顺直并固定，套管直接和弯头必须向厂家定制加工，焊接加固采用氩弧焊工艺，局部点焊加固应控制在不显眼处。 ⑤立柱安装完成后，测量玻璃大小及开孔位置，并提交玻璃加工计划，安装玻璃时注意调整玻璃板面至平整且垂直，并拧紧螺母。 ⑥焊缝打磨砂光，采用绒布砂轮或毛毡进行抛光，直到与相邻母材基本一致，不显焊缝为止。 3. 管理措施 ①编制技术交底文件，组织施工人员开展技术交底。 ②监理单位应对预埋件安装进行检查，预埋件的安装位置必须准确，误差控制应保证不锈钢立柱全部坐落在钢板上，并且四周能可靠焊接。 ③立柱焊接过程中需双人配合焊接，在焊接时不能晃动，虚焊临时固定后，应调整和校正立柱水平度和垂直度。 ④监理单位应对立柱与预埋件的焊接质量、立柱与扶手杆焊接质量进行检查，确保焊接牢固。
照片	   缺陷照片　　　　　标准照片　　　　　整治照片

6.1.25　站厅购票亭阳角转角不符合要求

通病现象	站厅购票亭阳角转角不锈钢拼接不整齐，且焊接未进行打磨处理，焊点突出、接缝明显；票亭售票台底部阴角位置，不锈钢面板变形，不锈钢与立柱收胶毛糙。
规范标准及相关规定	《建筑装饰装修工程质量验收标准》（GB 50210—2018）14.4.3 门窗套表面应平整、洁净、线条顺直、接缝严密、色泽一致，不得有裂缝、翘曲及损坏。
原因分析	施工现场质量控制不到位。
预防措施	1. 设计措施 ①设计图纸明确节点做法，技术要求明确材料参数及要求。 ②施工图设计交底再次明确，避免出现问题。 ③设计现场巡检重点检查。 2. 施工措施 对配送票厅板件先进行预拼，尺寸偏差较大的重新排产；接缝处的焊接避免在见光面，并严控焊接工艺，以及整体打磨抛光，直到与相邻母材基本一致；细部打胶收口需光滑细腻，保证票厅的整体美观。 3. 管理措施 ①施工单位应组织施工人员技术交底。 ②监理单位应对票亭进行检查，对工作台面或阳角转角存在棱角、毛刺等问题应打磨处理。
照片	 缺陷照片　　　　标准照片　　　　整治照片

6.1.26　屏蔽门槛存在明显高差错台

通病现象	屏蔽门前绝缘区地面与非绝缘区地面、绝缘区地面与屏蔽门槛存在明显高差错台，接口处理粗糙。
规范标准及相关规定	《建筑地面工程施工质量验收规范》（GB 50209—2010）6.3.8 大理石、花岗石面层的表面应洁净、平整、无磨痕，且应图案清晰，色泽一致，接缝均匀，周边顺直，镶嵌正确，板块应无裂纹、掉角、缺棱等缺陷。
原因分析	装修专业和屏蔽门专业未对标高基准控制线进行交接，屏蔽门区域石材为非定制尺寸而是现场切割。
预防措施	1. 设计措施 ①设计图纸明确节点做法，注意坡度铺砌，通过垫层进行处理。 ②施工图设计交底再次明确，避免问题。 ③设计现场巡检重点检查。 2. 施工措施 施工过程中，装修专业根据屏蔽门施工情况在可控范围内适当调整，确保装修地面完成面与屏蔽门槛齐平（高差控制在−5～0mm 范围内）；绝缘区石材地面与非绝缘区石材地面、与屏蔽门槛预留伸缩缝均匀，宽度 8～15mm，弧形站台非绝缘区石材定制异形石材，禁止现场随意切割且不按要求防护处理。 3. 管理措施 ①检查型式检验报告、出厂检验报告、出厂合格证确保材料符合设计要求和国家现行有关标准的规定。 ②砖、大理石、花岗石板块进入施工现场时，应检查放射性限量合格的检测报告、色差情况。 ③施工单位应组织施工人员技术交底。 ④组织站台门专业、装修专业、轨道专业协调确定轨顶标高及轨道中线位置。 ⑤确定轨顶标高及轨道中线位置后，站台门应完成门槛的安装，并向装修单位移交数据，站台地面标高与门槛标高形成顺接。 ⑥站台门绝缘层铺设前，应对基层表面处理，保证基面平整、无尖锐物体，并核对站台地面整体铺装高度。 ⑦用 2m 直尺和塞尺检查表面平整度和接缝；用 5m 拉线和塞尺检查平直度。
治理措施	1. 装修专业和屏蔽门专业对标高基准控制线进行交接。 2. 对平整度较差的石材进行翻新。 3. 屏蔽门区域石材采取定制尺寸。
照片	 缺陷照片　　　标准照片　　　整治照片

6.2 建筑电气

6.2.1 管未使用配套螺丝

通病现象	管与管、管与盒（箱）体的连接配件未选用配套部件。
规范标准及相关规定	《建筑电气工程施工质量验收规范》（GB 50303—2015）12.1.1 金属导管应与保护导体可靠连接，并应符合下列规定： 机械连接的金属导管，管与管、管与盒（箱）体的连接配件应选用配套部件，其连接应符合产品技术文件要求，当连接处的接触电阻值符合现行国家标准《电气安装用导管系统 第1部分：通用要求》（GB/T 20041.1）的相关要求时，连接处可不设置保护联结导体，但导管不应作为保护导体的接续导体。
原因分析	1. 施工把控不严，不注重明配线管的观感质量。 2. 分包单位为节约成本，使用廉价简易的配件。 3. 施工管理人员技术交底不到位，现场疏于管理。
预防措施	1. 设计措施 ①管路上防水接线盒防护等级不低于设计要求，防水接线盒接管尺寸要与连接管的截面匹配，确保连接后不降低线路防护等级。 ②防水接线盒内使用可拆卸的端子排接驳电线，并利用端子排使支线与干线导通。防水接线盒内不允许电缆驳接。电线接入接线盒须使用表面镀锡的接线端子头（俗称铜鼻子），使电线可靠接入端子排上。不允许电线在接线盒内直接绕接。 ③钢管采用卡压式连接。其采用径向收缩外力将管件卡紧在管子上，并通过防水垫圈止水，达到密封连接效果。对钢管接驳缝隙处使用优质防水玻璃胶进行防水处理。 ④区间照明支线采用304不锈钢波纹管，不锈钢软管与接线盒、灯具的接口采用带密封圈的承插式套管方式连接。灯具和接线盒接口须具备与波纹管配套的套管接口。 ⑤镀锌钢导管、可弯曲金属导管和金属柔性导管连接处的两端应采用专用接地卡固定保护联结导体，以专用接地卡固定的保护联结导体应为铜芯软导线，截面积不应小于4mm²。 2. 施工措施 ①统一使用标准的管卡进行固定，钢管严禁对口焊接；采用专用接地卡固定跨接线。 ②可弯曲金属导管或柔性导管与刚性导管或电气设备、器具间的连接采用专用接头。 3. 管理措施 ①加强现场管理，严格把控施工环节，注重配管配件的观感质量。 ②施工前做好技术交底，加强检查监督力度，要求工人严格按照规范要求及工艺标准施工。

预防措施	③经常性巡视检查现场，旁站关键工序，发现问题及时指出和整改。 ④严格质量验收，不符合设计及规范要求，未经整改合格，不允许进入下一道施工工序。 ⑤做好材料进场的检查检验。确保现场使用的管材符合要求。 ⑥采用巡视、平行检查、验收等方法，做好施工过程中质量管控。 ⑦按每个检验批的 10%数量，抽查连接头处和跨接地线的安装质量。
治理措施	1. 严格施工把控，注重明配线管的观感质量。 2. 使用合格配套的专用配件。
照片	 缺陷照片　　　　　标准照片　　　　　整治照片

6.2.2 可弯曲金属导管及柔性导管预留过长

通病现象	从接线盒（过路盒）接到灯具或设备的软管长度超过规范要求。
规范标准及相关规定	《建筑电气工程施工质量验收规范》（GB 50303—2015）12.1.1 金属导管应与保护导体可靠连接。 《建筑电气工程施工质量验收规范》（GB 50303—2015）12.2.8 规定：刚性导管经柔性导管与电气设备、器具连接时，柔性导管的长度在动力工程中不宜大于 0.8m，在照明工程中不宜大于 1.2m。
原因分析	1. 施工把控不严，不注重明配线管的观感质量。 2. 分包单位为图省事，直接使用软管代替镀锌钢管。 3. 施工管理人员技术交底不到位，现场疏于管理。
预防措施	1. 设计措施 ①按规范要求控制金属软管长度，有困难时增加硬管或封闭式金属线槽敷设。 ②照明干线敷设位置尽量靠近灯具位置。 ③可弯曲金属导管或柔性导管与刚性导管或电气设备、器具间的连接应采用专用接头。 ④明配的金属、非金属柔性导管固定点间距应均匀，不应大于 1m，管卡与设备、器具、弯头中点、管端等边缘的距离应小于 0.3m。 2. 施工措施 刚性导管经柔性导管与电气设备、器具连接时，柔性导管的长度在动力工程中不大于 0.8m，在照明工程中不大于 1.2m。可弯曲金属导管或柔性导管与刚性导管或电气设备、器具间的连接采用专用接头。 3. 管理措施 ①加强现场管理，严格把控施工环节，注重可弯曲金属导管及柔性导管预留长度。 ②施工前做好技术交底，加强检查监督力度，要求工人严格按照规范要求及工艺标准施工。 ③经常性巡视检查现场，旁站关键工序，发现问题及时指出和整改。 ④严格质量验收，不符合设计及规范要求，未经整改合格，不允许进入下一道施工工序。 ⑤做好材料进场的检查检验。确保现场使用的材料符合要求。 ⑥采用巡视、平行检查、验收等方法，做好施工过程中质量管控。 ⑦按每个检验批的 10% 数量，抽查导管连接点和软管的安装质量。
治理措施	1. 加强现场管理，严格把控施工环节，注意可弯曲金属导管及柔性导管预留长度。 2. 施工前做好技术交底，加强检查监督力度，要求工人严格按照规范要求及工艺标准施工，严禁使用软管代替线管。

续表

| 照片 | 
缺陷照片 | 
标准照片 | 
整治照片 |

6.2.3 线槽桥架进箱柜开口部位无保护

通病现象	配电柜（箱）柜体开孔无护套，未封堵，不能满足要求。
规范标准及相关规定	《建筑电气工程施工质量验收规范》（GB 50303—2015）13.2.2 规定：1. 电缆出入电缆沟，电气竖井，建筑物，配电（控制）柜、台、箱处以及管子管口处等部位应采取防火或密封措施。 2. 电缆出入电缆梯架、托盘、槽盒及配电（控制）柜、台、箱、盘处应做固定。
原因分析	电缆在线槽桥架进箱柜开口部位无护套保护容易被线槽桥架与箱柜开口部位割破电缆护套损伤电缆，在线槽桥架进箱柜开口部位加装护套可以保护电缆在线槽桥架进箱柜开口部位不被损伤。
预防措施	**1. 设计措施** ①配电箱接线完成后线路防护等级不应低于箱体防护等级。 ②防火封堵材料耐火性能应与封堵的结构板、防火墙同耐火等级。 **2. 施工措施** 电缆出入电缆梯架、托盘、槽盒及配电（控制）柜、台、箱、盘处应做固定及加装护套，保护电缆在线槽桥架进箱柜开口部位不被损伤。 **3. 管理措施** ①加强施工人员成品保护意识，做好线缆防护工作。 ②施工前做好技术交底，加强检查监督力度，要求工人严格按照规范要求及工艺标准施工。 ③经常性巡视检查现场，旁站关键工序，发现问题及时指出和整改。 ④严格质量验收，不符合设计及规范要求，未经整改合格，不允许进入下一道施工工序。 ⑤做好材料进场的检查检验。确保现场使用的材料符合要求。 ⑥采用巡视、平行检查、验收等方法，做好施工过程中质量管控。 ⑦按每个检验批的 10% 数量，抽查线槽桥架接口处的安装质量。
治理措施	1. 施工前做好施工技术交底。 2. 加强施工人员成品保护意识。 3. 加强现场管控监督工作，增强施工作业人员质量意识。
照片	 缺陷照片　　　　标准照片　　　　整治照片

6.2.4　穿越结构变形缝无补偿装置

通病现象	桥架、线槽穿越结构变形缝未设置补偿装置。
规范标准及相关规定	《建筑电气工程施工质量验收规范》（GB 50303—2015）11.2.1 规定：当直线段钢制或塑料梯架、托盘和槽盒长度超过 30m，铝合金或玻璃钢制梯架、托盘和槽盒长度超过 15m 时，应设置伸缩节；当梯架、托盘和槽盒跨越建筑物变形缝处时，应设置补偿装置。
原因分析	1. 管理人员对作业人员交底不到位，现场管控不足，质量意识淡薄。 2. 未按图纸要求以及相关规范施工。
预防措施	1. 设计措施 施工图注明变形缝位置及安装大样，便于核对。 2. 施工措施 直线段钢制或塑料梯架、托盘和槽盒长度超过 30m，铝合金或玻璃钢制梯架、托盘和槽盒长度超过 15m 时，设置伸缩节；当梯架、托盘和槽盒跨越建筑物变形缝处时，设置补偿装置。补偿装置处，桥架之间应留 40～50mm 的间隙，也可用桥架制造厂定型的伸缩连接头（或板）连接。 3. 管理措施 ①注重当梯架、托盘和槽盒跨越建筑物变形缝处时，设置补偿装置。 ②施工前做好技术交底，加强检查监督力度，要求工人严格按照规范要求及工艺标准施工。 ③经常性巡视检查现场，旁站关键工序，发现问题及时指出和整改。 ④严格质量验收，不符合设计及规范要求，未经整改合格，不允许进入下一道施工工序。 ⑤做好材料进场的检查检验。确保现场使用的材料符合要求。 ⑥采用巡视、平行检查、验收等方法，做好施工过程中质量管控。 ⑦按每个检验批的 10%数量，抽查伸缩缝处的梯架、线槽补偿装置的安装质量。
治理措施	1. 加强现场管理，严格把控施工环节，注意可弯曲金属导管及柔性导管预留长度。 2. 施工前做好技术交底，加强检查监督力度，要求工人严格按照规范要求及工艺标准施工，严禁使用软管代替线管。
照片	缺陷照片　　 标准照片　　 整治照片

6.2.5　接地扁铁焊接不规范

通病现象	接地扁铁焊接搭接倍数不够，未三面焊接。
规范标准及相关规定	《建筑电气工程施工质量验收规范》（GB 50303—2015）22.2.2 接地焊接搭接长度应符合下列规定： 1. 扁钢与扁钢搭接不应小于扁钢宽度的2倍，且应至少三面施焊； 2. 圆钢与圆钢搭接不应小于圆钢直径的6倍，且应双面施焊； 3. 圆钢与扁钢搭接不应小于圆钢直径的6倍，且应双面施焊； 4. 扁钢与钢管，扁钢与角钢焊接，应紧贴角钢外侧两面，或紧贴3/4钢管表面，上下两侧施焊。
原因分析	1. 施工技术交底不具体或未进行技术交底。 2. 施工人员安全标准化作业意识不强。 3. 作业人员责任心不强，不按标准施工。
预防措施	1. 设计措施 　等电位联结安装完毕后，应用专用的测试仪表进行导通性测试，测试用电源可采用空载电压为4～24V的直流或交流电源，测试电流不应小于0.2A。当测得等电位联结端子板与等电位联结范围内的金属管道等金属体末端之间的电阻不超过3Ω时，可认为等电位联结是有效的。 2. 施工措施 　严格遵守《建筑电气工程施工质量验收规范》（GB 50303—2015）22.2.2规定： （1）扁钢与扁钢搭接不应小于扁钢宽度的2倍，且应至少三面施焊； （2）圆钢与圆钢搭接不应小于圆钢直径的6倍，且应双面施焊； （3）圆钢与扁钢搭接不应小于圆钢直径的6倍，且应双面施焊； （4）扁钢与钢管，扁钢与角钢焊接，应紧贴角钢外侧两面，或紧贴3/4钢管表面，上下两侧施焊。 3. 管理措施 ①注重接地扁钢焊接质量，加强现场质量控制标准。 ②施工前做好技术交底，加强检查监督力度，要求工人严格按照规范要求及工艺标准施工。 ③经常性巡视检查现场，旁站关键工序，发现问题及时指出和整改。 ④严格质量验收，不符合设计及规范要求，未经整改合格，不允许进入下一道施工工序。 ⑤做好材料和焊接工具进场的检查检验。确保现场使用的材料符合要求，检查焊工的特种作业证。 ⑥旁站焊接的过程，检查工艺是否符合要求。 ⑦采用巡视、隐蔽验收等方法，做好施工过程中质量管控。 ⑧按不同搭接方式的10%数量，抽查接地扁钢的焊接质量。
治理措施	1. 施工前做好施工技术交底。 2. 加强检查监督力度，控制施工标准。 3. 强烈要求作业人员按规范、标准施工。

照片			
	缺陷照片	标准照片	整治照片

6.2.6　桥架与支吊架之间未固定

通病现象	桥架与支吊架之间未固定，桥架松动。
规范标准及相关规定	《建筑电气工程施工质量验收规范》（GB 50303—2015）11.2.2 规定：梯架、托盘和槽盒与支架间及与连接板的固定螺栓应紧固无遗漏，螺母应位于梯架、托盘和槽盒外侧；当铝合金梯架、托盘和槽盒与钢支架固定时，应有相互间绝缘的防电化腐蚀措施。
原因分析	1. 管理人员对作业人员交底不到位，现场管控不足。 2. 施工分包队伍质量意识淡薄，容易忽略支架与桥架的固定。
预防措施	1. 设计措施 施工图体现桥架与支吊架连接大样图及防松措施。 2. 施工措施 梯架、托盘和槽盒与支架间及与连接板的固定螺栓一定要紧固无遗漏，螺母应位于梯架、托盘和槽盒外侧；当铝合金梯架、托盘和槽盒与钢支架固定时，要做相互间绝缘的防电化腐蚀措施。 3. 管理措施 ①注重桥架与支吊架之间固定，加强现场质量控制标准。 ②施工前做好技术交底，加强检查监督力度，要求工人严格按照规范要求及工艺标准施工。 ③经常性地巡视检查现场，旁站关键工序，发现问题及时指出和整改。 ④严格质量验收，不符合设计及规范要求，未经整改合格，不允许进入下一道施工工序。 ⑤做好材料进场的检查检验。确保现场使用的材料符合要求。 ⑥采用巡视、平行检查、验收等方法，做好施工过程中的质量管控。 ⑦按每个检验批的 10% 数量，抽查桥架和支架的安装质量。
治理措施	1. 施工前管理人员对作业人员做好技术，现场加强管控，增强质量意识。 2. 加强支架与桥架的螺栓固定检查，特别是铝合金桥架与支架，一定要做好绝缘和防电化腐蚀措施。
照片	 缺陷照片　　　　　标准照片

6.2.7　区间检修箱未安装防水专用锁头

通病现象	区间检修箱未安装防水专用锁头。
规范标准及相关规定	《建筑电气工程施工质量验收规范》（GB 50303—2015）5.2.6 柜、台、箱、盘内检查试验应符合下列规定： 1. 控制开关及保护装置的规格、型号应符合设计要求； 2. 闭锁装置动作应准确、可靠。
原因分析	1. 管理人员对作业人员交底不到位，现场管控不足，质量意识淡薄。 2. 未按图纸要求以及相关规范施工。
预防措施	**1. 设计措施** 防水专用锁头在设计联络时，明确箱体出厂前安装好。 **2. 施工措施** ①控制开关及保护装置的规格、型号应符合设计要求。 ②闭锁装置动作应准确、可靠。 **3. 管理措施** ①注重图纸说明要求，加强安全质量控制标准。 ②施工前做好技术交底，加强检查监督力度，要求工人严格按照规范要求及工艺标准施工。 ③经常性巡视检查现场，旁站关键工序，发现问题及时指出和整改。 ④严格质量验收，不符合设计及规范要求，未经整改合格，不允许进入下一道施工工序。 ⑤做好材料进场的检查检验。确保现场使用的材料符合要求。 ⑥采用巡视、平行检查、验收等方法，做好施工过程中质量管控。 ⑦按每个检验批的 10%数量，抽查区间维修箱门锁的防水质量。
治理措施	1. 施工前管理人员对作业人员做好技术，现场加强管控，增强质量意识。 2. 严格按图纸要求及相关规范施工。
照片	 缺陷照片　　　　　整治照片

6.2.8　箱（柜）低压电缆未加固定

通病现象	电缆出入箱（柜）处未做固定。
规范标准及相关规定	《建筑电气工程施工质量验收规范》（GB 50303—2015）13.2.2 规定：电缆出入电缆梯架、托盘、槽盒及配电（控制）柜、台、箱、盘处应做固定。
原因分析	电缆出入配电箱（柜）要做固定，旨在减少电缆局部受力和电缆端子连接部位的受力，可以保护电缆在线槽桥架进箱柜开口部位不被损伤。
预防措施	1. 设计措施 　　电缆固定应符合下列规定： 　　1）下列部位的电缆应固定牢固：①垂直敷设或超过 30°倾斜敷设的电缆在每个支架上应固定牢固；②水平敷设的电缆，在电缆首末两端及转弯、电缆接头的两端处应固定牢固；当对电缆间距有要求时，每隔 5～10m 处应固定牢固。 　　2）单芯电缆的固定应符合设计要求。 　　3）交流系统的单芯电缆或三芯电缆分相后，固定夹具不得构成闭合磁路，宜采用非铁磁性材料。 　　2. 施工措施 　　电缆出入电缆梯架、托盘、槽盒及配电（控制）柜、台、箱、盘处应做固定。 　　3. 管理措施 　　①注重规范要求，加强成品质量保护要求。 　　②施工前做好技术交底，加强检查监督力度，要求工人严格按照规范要求及工艺标准施工。 　　③经常性地巡视检查现场，旁站关键工序，发现问题及时指出和整改。 　　④严格质量验收，不符合设计及规范要求，未经整改合格，不允许进入下一道施工工序。 　　⑤做好材料进场的检查检验。确保现场使用的材料符合要求。 　　⑥采用巡视、平行检查、验收等方法，做好施工过程中质量管控。 　　⑦按每个检验批的 10%数量，抽查柜体的进出线电缆的施工质量。
治理措施	1. 施工前管理人员对作业人员做好技术，现场加强管控，增强质量意识。 　　2. 严格按图纸要求以及相关规范施工。
照片	 缺陷照片　　　　　　标准照片　　　　　　整治照片

6.2.9　配电回路不挂标志牌

通病现象	配电回路不挂标志牌。
规范标准及相关规定	《建筑电气工程施工质量验收规范》（GB 50303—2015）13.2.4 规定：电缆的首端、末端和分支处应设标志牌，直埋电缆应设标示桩。
原因分析	1. 施工技术交底不具体或未进行技术交底。 2. 施工人员安全标准化作业意识不强。 3. 作业人员责任心不强、粗心，忽略标志牌的悬挂。
预防措施	**1. 设计措施** 电缆的首端、末端、拐弯处和分支处应设标志牌。直线段站内每隔 100m 设标志牌。区间维修箱每段电缆首端设标志牌。标志牌上应注明线路编号、电缆型号、规格、起终点；单芯电缆应有相序或极性标识；标志牌的字迹应清晰、不易脱落。标志牌应防腐，挂装应牢固。 **2. 施工措施** 严格遵守《建筑电气工程施工质量验收规范》（GB 50303—2015）第 13.2.4 条规定：电缆的首端、末端和分支处应设标志牌，直埋电缆应设标示桩。防止后期检修分不清电缆回路。 **3. 管理措施** ①加强作业人员责任心，切勿忽略标志牌的悬挂。 ②施工前做好技术交底，加强检查监督力度，要求工人严格按照规范要求及工艺标准施工。 ③经常性地巡视检查现场，旁站关键工序，发现问题及时指出和整改。 ④严格质量验收，不符合设计及规范要求，未经整改合格，不允许进入下一道施工工序。 ⑤做好材料进场的检查检验。确保现场使用的材料符合要求。 ⑥采用巡视、平行检查、验收等方法，做好施工过程中质量管控。 ⑦按每个检验批的 20% 数量，抽查电缆的施工质量。
治理措施	1. 施工前做好技术交底，加强检查监督力度。 2. 加强现场管理，严格把控施工环节，注重标志牌的悬挂。
照片	 缺陷照片　　　　标准照片　　　　整治照片

6.2.10 风口正对集束母线

通病现象	风管风口下方正对着集束母线。
规范标准及相关规定	《建筑电气工程施工质量验收规范》（GB 50303—2015）10.2.5 母线槽与各类管道平行或交叉的净距应符合其附录 F 的规定。
原因分析	1. 管理人员对作业人员交底不到位，现场管控不足，质量意识淡薄。 2. 未按图纸要求以及相关规范施工。 3. 各专业之间沟通情况不足，未考虑到后期风管风口下方正对着集束母线的影响。
预防措施	**1. 设计措施** ①母线槽不应安装在出风口正下方，不宜安装在回风口正下方。若无条件安装在回风口下方，须设置接水盘。 ②母线厂家结合现场管线情况进行深化设计，尽量避开风口。 **2. 施工措施** 严格遵守《建筑电气工程施工质量验收规范》（GB 50303—2015）10.2.5 母线槽与各类管道平行或交叉的净距应符合其附录 F 的规定，风口与集束母线平行净距 400mm，交叉净距 300mm。 **3. 管理措施** ①各专业之间加强沟通，要考虑到后期风管风口下方正对着集束母线的影响。 ②施工前做好技术交底，加强检查监督力度，要求工人严格按照规范要求及工艺标准施工。 ③经常性地巡视检查现场，旁站关键工序，发现问题及时指出和整改。 ④严格质量验收，不符合设计及规范要求，未经整改合格，不允许进入下一道施工工序。 ⑤做好材料进场的检查检验。确保现场使用的材料符合要求。 ⑥采用巡视、平行检查、验收等方法，做好施工过程中质量管控。 ⑦按每个检验批的 20%数量，抽查母线槽的安装质量。
治理措施	1. 管理人员对作业人员做好交底，现场加强管控。 2. 严格按图纸要求以及相关规范施工。 3. 各专业之间加强沟通，要考虑到后期风管风口下方正对着集束母线的影响。
照片	 缺陷照片　　　　　　标准照片　　　　　　整治照片

6.3 给水排水

6.3.1 支架锈蚀

通病现象	某线路开通运营后，支吊架切割处或焊接处出现锈蚀的情况。
规范标准及相关规定	《建筑给水排水及采暖工程施工质量验收规范》（GB 50242—2002）8.2.16 管道、金属支架和设备的防腐和涂漆应附着良好，无脱皮、起泡、流淌和漏涂缺陷。
原因分析	支吊架制作完成后，未进行打磨及防腐处理
预防措施	**1. 设计措施** 按照《建筑给水排水及采暖工程施工质量验收规范》（GB 50242—2002）8.2.16 执行。 **2. 施工措施** ①制作焊接完毕后，焊缝切割断面应进行外观打磨处理，清除焊接时产生的焊瘤、焊渣等物，并对支架进行边角毛刺打磨至光滑。 ②支吊架焊接完成后应对镀锌层破坏部分进行防腐处理，一遍防锈底漆，一遍环氧富锌漆。 **3. 管理措施** ①加强劳务人员技术培训、技术交底。 ②加强现场监督，发现问题及时要求整改。 ③加强材料进场审核把关。 ④加强支架的防锈处理管控，确保除锈彻底后再刷防锈漆，再刷面漆。
治理措施	1. 使用除锈剂对体修进行打磨。 2. 涂刷一遍防锈底漆、一遍环氧富锌漆，对锈蚀处进行防腐处理。
照片	缺陷照片　　 标准照片　　 整治照片

6.3.2 管道局部腰塌

通病现象	管道出现局部腰塌的情况。
规范标准及相关规定	《建筑给水排水及采暖工程施工质量验收规范》（GB 50242—2002）3.3.8 钢管水平安装的支、吊架间距不应大于表3.3.8的规定。

钢管水平安装支、吊架间距　　　　　表3.3.8

公称直径（mm）		15	20	25	32	40	50	70	80	100	125	150	200	250	300
支架最大间距（m）	保温管	2	2.5	2.5	2.5	3	3	4	4	4.5	6	7	7	8	8.5
	不保温管	2.5	3	3.5	4	4.5	5	6	6	6.5	7	8	9.5	11	12

原因分析	管道支吊架间距不符合规范要求，管道转弯处、连接处易出现腰塌，导致漏水。
预防措施	1. 设计措施 按照《建筑给水排水及采暖工程施工质量验收规范》（GB 50242—2002）3.8.8执行。 2. 施工措施 支吊架设置间距应严格按照规范要求执行，管道转弯处应增设支吊架，支吊架制作安装时应严格使用测量仪器校核，使同排支吊架横担与管道坡度保持一致，管道与支吊架能够严密接触。 3. 管理措施 ①加强劳务人员技术培训、技术交底。 ②加强现场监督，发现问题及时要求整改。 ③加强管材进场审核把关，关注管材的材质要求、壁厚等指标。 ④加强检查，确保管道相邻支架的间距满足规范要求，对于焊缝、卡箍或阀门位置应加密支架。
治理措施	按照规范间距要求增设支吊架。
照片	缺陷照片　　 标准照片　　 整治照片

6.3.3　管道漏水

通病现象	管道漏水。
规范标准及相关规定	《建筑给水排水及采暖工程施工质量验收规范》（GB 50242—2002）3.3.15 规定： 　　1. 螺栓连接管道安装后的管螺纹根部应有 2～3 扣的外露螺纹，多余的麻丝应清理干净并做防腐处理。 　　2. 采用橡胶圈接口的管道，允许沿曲线敷设，每个接口的最大偏转角不得超过 2°。
原因分析	1. 螺纹连接的管道，丝口未做防腐处理，长期锈蚀导致管道连接处漏水。 2. 管道切口毛刺、飞刺未打磨干净，划破密封圈导致漏水。 3. 橡胶圈接口的管道沿曲线敷设时，每个接口的最大偏转角过大。
预防措施	1. 设计措施 　　按照《建筑给水排水及采暖工程施工质量验收规范》（GB 50242—2002）3.3.15 执行。 　　2. 施工措施 　　①管道切割时，切口应打磨光滑，不得有毛刺或飞刺，否则，毛刺或飞刺可能会划破连接件的密封胶圈，导致漏水。 　　②螺纹连接的管道，管螺纹根部应有 2～3 扣的外露螺纹，丝扣多余的麻丝应清理干净，并用防腐漆做防腐处理，长时间外露会锈蚀导致漏水。 　　③沟槽连接的管道，允许沿曲线敷设，但每个接口的最大偏转角不得超过 2°，偏转角过大使卡箍与管道之间密封不严，导致漏水。 　　3. 管理措施 　　①加强劳务人员技术培训、技术交底。 　　②加强现场监督，发现问题及时要求整改。 　　③加强管道连接口的工艺处理，加强焊缝的探伤检查、卡箍与胶圈的匹配完好性检查。 　　④加强管道试压的管控，包括强度试压与稳压试验。
治理措施	1. 管口打磨平整、光滑。 2. 外露螺纹应涂刷防腐漆处理。 3. 调整管道接口的偏转角，对于弯曲度较大的地方，应增设弯头。
照片	 缺陷照片　　　　　标准照片　　　　　整治照片

6.3.4 管道堵塞

通病现象	管道堵塞。
规范标准及相关规定	《建筑给水排水及采暖工程施工质量验收规范》（GB 50242—2002）8.6.2 规定：系统试压合格后，应对系统进行冲洗并清扫过滤器及除污器。
原因分析	管道未进行冲洗，导致管道内的杂质在小管径管道的弯头、变径或者水龙头处形成堵塞。
预防措施	1.设计措施 按照《建筑给水排水及采暖工程施工质量验收规范》（GB 50242—2002）8.6.2 执行。 2.施工措施 管道安装完成后应进行压力试验，不渗不漏；然后进行冲洗消毒，直至排出水不含泥沙、铁屑杂质，且水色不浑浊为合格。 3.管理措施 ①加强劳务人员技术培训、技术交底。 ②加强现场监督，发现问题及时要求整改。 ③加强试验记录等关键工序的卡控。 ④加强管道连接前的吹扫试验管控，包括焊渣、其他废弃物等。 ⑤管道压力试验、稳压试压、冲洗后要第一时间进行端口严密封堵。
治理措施	对弯头、变径、水龙头易堵塞的地方进行拆卸清理，重新对管道进行压力试验，合格后再冲洗消毒。
照片	 缺陷照片　　　　　　　标准照片

6.3.5　管道偏移或松动

通病现象	管道偏移或松动。
规范标准及相关规定	《建筑给水排水及采暖工程施工质量验收规范》（GB 50242—2002）3.3.7 固定支架与管道接触应紧密，固定应牢靠。 1. 在穿越结构沉降缝处，应按设计要求设置软接。 2. 按照规范要求超过一定长度的水平管道应设置波纹补偿器。
原因分析	1. 管道与支吊架未严密接触，固定管卡松动。 2. 在穿越伸缩缝、沉降缝时未设置软连接。 3. 超过一定长度的直线管段未设置补偿器。
预防措施	1. 设计措施 按照《建筑给水排水及采暖工程施工质量验收规范》（GB 50242—2002）执行。 2. 施工措施 ①固定管道的管卡应与支架连接紧密，避免出现螺母松动的情况。 ②在穿越结构沉降缝处，应按设计要求设置软接。 ③按照规范要求超过一定长度的水平管道应设置波纹补偿器。 3. 管理措施 ①加强劳务人员技术培训、技术交底。 ②加强现场监督，发现问题及时要求整改。 ③加强管道安装时的支架稳固性检查，管道敷设要严格控制坡度。 ④要督促施工人员严格按照图纸、规范要求设置金属软管、补偿管等。
治理措施	1. 重新调整支架标高，使其与管道能够严密接触，拧紧管卡。 2. 在穿越结构沉降缝处，应按规范要求设置软接。 3. 超过一定长度的水平管道应设置波纹补偿器。
照片	 缺陷照片　　　　　　标准照片　　　　　　整治照片

6.3.6 卫生间洁具水压或水量不足

通病现象	卫生间洁具水压或水量不足。
规范标准及相关规定	《建筑给水排水及采暖工程施工质量验收规范》（GB 50242—2002）8.6.2 系统试压合格后，应对系统进行冲洗并清扫过滤器及除污器。
原因分析	1. 洁具的配水支管通常埋墙敷设且管径很小，隐蔽时管道发生变形。 2. 管道安装完成后未进行冲洗，导致异物在管道弯头、变径处等形成堵塞。
预防措施	1. 设计措施 　按照《建筑给水排水及采暖工程施工质量验收规范》（GB 50242—2002）8.6.2 执行。 2. 施工措施 　管道安装完成后应进行压力试验，不渗不漏；然后，进行冲洗消毒，直至排出水不含泥沙、铁屑杂质，且水色不浑浊为合格。 3. 管理措施 ①加强劳务人员技术培训、技术交底。 ②加强现场监督，发现问题及时要求整改。 ③加强试验及隐蔽验收等关键工序的卡控。 ④督促卫生间给水、排水管道的尺寸应严格按照图纸选用。 ⑤加强卫生间管道压力试验的管理，也需关注排水试验、闭水试验等。
治理措施	对弯头、变径、水龙头易堵塞的地方进行拆卸清理，重新对管道进行压力试验，合格后再冲洗消毒。
照片	 缺陷照片　　　　　　　标准照片

6.3.7 管道、阀件、设备表面锈蚀

通病现象	管道、阀件、设备表面锈蚀。
规范标准及相关规定	《建筑给水排水及采暖工程施工质量验收规范》（GB 50242—2002）3.2.2 所有材料进场时应对品种、规格、外观等进行验收。包装应完好，表面无划痕及外力冲击破损。 3.2.3 主要器具和设备必须有完整的安装使用说明书。在运输、保管和施工过程中，应采取有效措施防止损坏或腐蚀。
原因分析	1. 运输过程中存在磕碰，导致外表防腐漆脱落。 2. 存放地点潮湿，未做好成品保护。
预防措施	**1. 施工措施** ①把控运输及进场存放环境，做好成品保护工作，对损伤严重的设备进行适时更换。 ②加强对施工人员交底培训，加强机电设备安装过程中管控，避免施工过程中造成管道保护层损坏。 ③针对损坏的部位，在安装前（后）须进行环氧喷涂等其他防锈防腐处理。 **2. 管理措施** ①加强劳务人员技术培训、技术交底。 ②加强现场监督，发现问题及时要求整改。 ③加强材料进场前的质量卡控。 ④加强卫生间排水管道的尺寸与弯头、防杂物篓子的选取、卫生间地坪层的找坡控制。 ⑤要重点关注卫生间排水试验、闭水试验等。
治理措施	1. 对表面磨损轻微的材料进行补漆、环氧喷涂等防腐处理。 2. 对严重磨损、变形的材料设备进行更换。 3. 材料设备存放于干燥处，采用篷布覆盖，做好成品保护。
照片	 缺陷照片　　　　　　　　标准照片

6.3.8 阀门与管道连接处漏水

通病现象	阀门与管道连接处漏水。
规范标准及相关规定	《建筑给水排水及采暖工程施工质量验收规范》（GB 50242—2002）3.3.15 规定：法兰连接时衬垫不得凸入管内，其外边缘接近螺栓孔为宜。不得安放双垫或偏垫。
原因分析	1. 法兰连接处的螺栓未拧紧。 2. 法兰衬垫未完全与法兰贴合，凸入管内。
预防措施	1. 设计措施 按照《建筑给水排水及采暖工程施工质量验收规范》（GB 50242—2002）3.3.15 执行。 2. 施工措施 ①法兰连接处螺栓应拧紧，不得松动、脱落。 ②法兰与阀门之间的密封垫应紧密贴合，密封垫不得凸入管内，其外边缘接近螺栓孔为宜，不得安放双垫或偏垫。 3. 管理措施 ①加强劳务人员技术培训、技术交底。 ②加强现场监督，发现问题及时要求整改。 ③加强管材、设备进场的审核把关。 ④加强管材、设备安装阶段的监督，督促相关方加强成品保护，及时修复受损处。
治理措施	1. 检查法兰盘的连接螺栓，对松动的重新拧紧。 2. 对法兰衬垫偏垫、双垫的情况，拆卸后重新安装。
照片	 缺陷照片　　　　　　　　标准照片

6.3.9　卫生间洁具排水不畅

通病现象	卫生间洁具排水不畅。
规范标准及相关规定	《建筑给水排水及采暖工程施工质量验收规范》（GB 50242—2002）7.4.4 连接卫生器具的排水管管径和最小坡度，如设计无要求时，应符合表 7.4.4 规定。

连接卫生器具的排水管道管径和最小坡度　　表 7.4.4

项次	卫生器具名称		排水管管径（mm）	管道的最小坡度（‰）
1	污水盆（池）		50	25
2	单、双格洗涤盆（池）		50	25
3	洗手盆、洗脸盆		32～50	20
4	浴盆		50	20
5	淋浴器		50	20
6	大便器	高、低水箱	100	12
		自闭式冲洗阀	100	12
		拉管式冲洗阀	100	12
7	小便器	手动、自闭式冲洗阀	40～50	20
		自动冲洗水箱	40～50	20
8	化验盆（无塞）		40～50	25
9	净身器		40～50	20
10	饮水器		20～50	10～20
11	家用洗衣机		50（软管为 30）	

原因分析	卫生间排水管道管径及坡度过小，不符合规范要求。

预防措施

1. 设计措施

按照《建筑给水排水及采暖工程施工质量验收规范》（GB 50242—2002）7.4.4 执行。

2. 施工措施

①卫生间排水管管径大小及坡度严格按照设计及规范施工。

②蹲便器排水管及排水主管的弯头应选用 45°弯头，不宜采用 90°弯头，三通选用 45°三通或顺水三通，不宜采用直角三通或弯头，保证排水通畅。

3. 管理措施

①加强劳务人员技术培训、技术交底。

②加强现场监督，发现问题及时要求整改。

③支架安装、支架与管道固定等要稳固，加强管材焊缝的探伤检查、卡箍与管道的匹配性检查。

④管道压力试压、稳压试验要严格按规范落实。

治理措施	对管径、坡度与设计及规范要求不符的地方进行整改。 与蹲便器连接的排水管及排水主管上的弯头采用 45°弯头，三通采用顺水三通。

照片	

缺陷照片　　　　　　　标准照片

6.3.10 阀门关闭不严

通病现象	阀门关闭不严。
规范标准及相关规定	《建筑给水排水及采暖工程施工质量验收规范》（GB 50242—2002）3.2.4 阀门安装前，应作强度和严密性试验。试验应在每批（同牌号、同型号、同规格）数量中抽查10%，且不少于一个。
原因分析	1. 阀门、阀杆有弯曲或阀瓣与阀杆连接不严密。 2. 阀腔内存在杂物，使阀板不能完全闭合。
预防措施	1. 设计措施 按照《建筑给水排水及采暖工程施工质量验收规范》（GB 50242—2002）3.2.4 执行。 2. 施工措施 ①阀门安装前应做强度试验，发现密封面或密封圈根部泄漏时，修复后使用。 ②阀门安装前要检查各部分是否完好，阀杆有弯曲或阀瓣与阀杆连接不严密不得安装。 ③安装前应清除阀内杂物，安装后管网要冲洗。若输送介质中有可能将杂物带入阀门，使阀板不能完全闭合。 3. 管理措施 ①加强劳务人员技术培训、技术交底。 ②加强现场监督，发现问题及时要求整改。 ③加强材料进场前的质量卡控。 ④加强阀门的进场检查与审核。 ⑤阀门的进场压力试验、密封性试验要严格落实。
治理措施	1. 对关闭不严的阀门进行拆卸，如发现阀杆有弯曲或阀瓣与阀杆连接不严密，则进行更换。 2. 对阀腔存在异物的阀门进行清洗，完成后重新进行严密性和强度试验，合格后再安装。
标准图	 标准图

6.3.11 水泵摇晃（振动）剧烈

通病现象	水泵摇晃（振动）剧烈。
规范标准及相关规定	泵底座与基础间安装减振器或减振垫，固定螺栓应紧密，螺母加平垫和弹垫，不得出现松动的情况。
原因分析	1. 固定螺栓松动。 2. 未设置减振措施。
预防措施	1. 施工措施 ①固定螺栓应紧密，螺母加平垫和弹垫。 ②水泵与基础之间设置减振垫，不得使用弹簧减振。 2. 管理措施 ①加强劳务人员技术培训、技术交底。 ②加强现场监督，发现问题及时要求整改。 ③水泵进出水管的弯头与变径位置要严格按图纸落实，避免水锤效应。 ④加强水泵安装基础的水平度检查、水泵进出水管道的橡胶软接安装要正确，水泵的减振装置安装要正确（如需）。
治理措施	1. 检查固定螺栓，对松动的重新拧紧。 2. 水泵与基础之间使用减振垫减振。
照片	 标准照片

6.3.12 水泵进出水管位移或变形

通病现象	水泵进出水管位移或变形。
规范标准及相关规定	水泵进出水口应设置橡胶软接，减少水泵振动给管道带来的影响。
原因分析	水泵进出水管未设置软接。
预防措施	1. 施工措施 水泵进出水口应设置橡胶软接，减少水泵振动给管道带来的影响。 2. 管理措施 ①加强劳务人员技术培训、技术交底。 ②加强现场监督，发现问题及时要求整改。 ③进出水管的固定支架要稳固，水管管材的连接要牢固。 ④加强水泵安装基础的水平度检查，水泵进出水管道的橡胶软接安装要正确。
治理措施	水泵进出水口设置橡胶软接。
照片	 标准照片

6.4 通风与空调

6.4.1 薄钢板矩形弯头不准确

通病现象	弯头的表面不平,对角线不相等,咬口不严,不符合要求。
规范标准及相关规定	《通风与空调工程施工质量验收规范》(GB 50243—2016)金属风管的制作应符合下列规定:风管不应有明显的扭曲或翘角,咬口应紧密,对角线相等。
原因分析	1. 弯头的侧壁、弯头背和弯头里的片料尺寸不精确。 2. 两大片料未严格角方。 3. 弯头背和弯头里弧度不准确。 4. 如采用手工进行联合角咬口,咬口部位的宽度不相等。
预防措施	1. 设计措施 ①风管及配件制作应符合《通风与空调工程施工质量验收规范》(GB 50243—2016)4.3 要求;《地下铁道工程施工质量验收标准》(GB/T 50299—2018)17.2 要求。 ②通风空调系统中的弯管所用材料规格,板材厚度及连接方式与风管制作相同。在空间允许的情况下,图中内弧线弯头的曲率半径 $R = 0.8B$(B指弯曲向边长),同时为改善气流分布的均匀性,弯头内应设导流片。对弧形弯头,法兰不得套在圆弧上。 2. 施工措施 ①矩形弯头的展开,它的侧壁展开用 R_1 和 R_2 画线,其展开宽度应加折咬口的留量,防止法兰套在圆弧上,其展开长度应另外留出法兰角钢的宽度和翻边量。弯头背和弯头里的展开长度分别为 $1.57R_2$ 和 $1.57R_1$。其展开后的长度和宽度的留量与侧壁相同。 ②两个大片展开下料后,应对片料的两端严格角方。 ③弯头的背和里展开下料后,片料在卷板机上卷弧时,必须控制弧度的准确性。 3. 管理措施 ①经常性巡视检查现场,旁站关键工序,发现问题及时指出和整改。 ②严格质量验收,不符合设计及规范要求,未经整改合格,不允许进入下一道施工工序。 ③矩形风管的弯头可采用直角、弧形或内斜线形,宜采用内外同心弧形,曲率半径宜为一个平面边长。 ④加强劳务人员技术培训、技术交底。 ⑤检查方法:尺量、观察检查。
治理措施	手工进行联合角咬口时,必须安装预留的余量进行操作,严格掌握咬口的宽度,并延长保持宽度相等,以保持弯头的外形尺寸。

照片	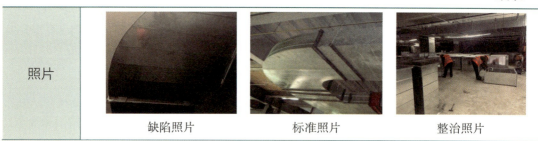
	缺陷照片　　　　　　　　标准照片　　　　　　　　整治照片

6.4.2　风管翻边宽度不一致

通病现象	风管制作过程中，风管翻边宽度不一致。
规范标准及相关规定	《通风与空调工程施工质量验收规范》（GB 50243—2016）4.3.1 金属风管的制作应符合下列规定：翻边应平整、紧贴法兰，宽度应一致。
原因分析	1. 风管下料时没有严格角方。 2. 风管与法兰的尺寸偏差过大。 3. 风管与法兰没有角方。
预防措施	**1. 设计措施** 风管及配件制作应符合《通风与空调工程施工质量验收规范》（GB 50243—2016）4.3 要求；《地下铁道工程施工质量验收标准》（GB/T 50299—2018）17.2 要求。 **2. 施工措施** ①为了保证管件的质量，防止管件制成后出现扭曲、翘角和管段不平整现象，在展开下料过程中应对矩形风管严格进行角方。 ②法兰的内边尺寸正偏差过大，同时风管的外边尺寸负偏差也过大，应更换法兰，在特殊情况下可采取加衬套管的方法补救。 ③风管在套入法兰前，应按规定的翻边尺寸严格角方无误后，才可进行铆接翻边。 **3. 管理措施** ①经常性巡视检查现场，旁站关键工序，发现问题及时指出和整改。 ②严格质量验收，不符合设计及规范要求，未经整改合格，不允许进入下一道施工工序。 ③加强劳务人员技术培训、技术交底。 ④现场检查金属风管制作，板材端应预留 6～9mm 翻边量，翻边放线。 ⑤手工画线、剪切或机械化制作前，应对使用的材料（板材、卷材）进行线位校核。 ⑥应根据施工图及风管大样图的形状和规格，分别进行画线。 ⑦采用角钢法兰铆接连接的风管管端应预留 6～9mm 的翻边量，采用薄钢板法兰连接或 C 形、S 形插条连接的风管管端应留出机械加工成型量。
治理措施	风管与法兰采用铆接连接时，铆接应牢固、不应有脱铆和漏铆现象；翻边应平整、紧贴法兰，其宽度应一致，且不应小于 6mm；咬缝与四角处不应有开裂与孔洞。
照片	 缺陷照片　　　　　标准照片　　　　　整治照片

6.4.3　短管选取不当

通病现象	柔性短管当作异径管使用，柔性短管当作异径管，加大了风的阻力，使能量损失。
规范标准及相关规定	《通风与空调工程施工质量验收规范》（GB 50243—2016）5.3.7 柔性短管的制作应符合下列规定：柔性短管不应为异径连接管。
原因分析	1. 施工单位对新的验收规范不熟悉，仍按照旧规范施工。 2. 施工单位为节约成本，采用价格较便宜的易燃或难燃材料。
预防措施	1. 设计措施 柔性短管制作应符合《通风与空调工程施工质量验收规范》（GB 50243—2016）5.3.7 要求。 2. 施工措施 ①防排烟系统风管法兰垫片必须采用 A 级不燃材料。 ②防排烟系统柔性短管必须采用不燃材料制作，如硅胶玻纤复合布等，最好采用带有法兰的成品防火软接。 ③上述法兰垫片和柔性短管在使用前，供货商应提供其材质达到 A 级不燃材料的合格检验报告。安装前做点燃试验，合格后方可使用。 3. 管理措施 ①经常性巡视检查现场，旁站关键工序，发现问题及时指出和整改。 ②加强对工人的技术交底，发现问题及时整改。 ③柔性短管、矩形短管外径或外边长应与风管尺寸相匹配。 ④柔性短管的长度宜为 150～250mm，接缝的缝制或粘接应牢固、可靠，不应有开裂；成型短管应平整，无扭曲等现象。 ⑤柔性短管不应为异径连接管，矩形柔性短管与风管连接不得采用抱箍固定的形式。 ⑥柔性短管与法兰组装宜采用压板铆接连接，铆钉间距宜为 60～80mm。 ⑦柔性短管的安装应松紧适度，目测平顺，不应有强制性的扭曲。
治理措施	1. 严格查处因偷工减料而造成的材料选用不当。 2. 按照规范要求对工人进行交底。
照片	 缺陷照片　　　　标准照片　　　　整治照片

6.4.4　防火阀安装不当

通病现象	防火阀安装不规范，未按要求设立独立支吊架。
规范标准及相关规定	《通风与空调工程施工质量验收规范》（GB 50243—2016）6.3.8 风阀的安装应符合下列规定：直径或长边尺寸大于或等于 630mm 的防火阀，应设独立支、吊架。
原因分析	1. 施工单位对新的验收规范不熟悉，仍按照旧规范施工。 2. 偷工减料，责任心不强。
预防措施	**1. 设计措施** ①防火阀安装应符合《通风与空调工程施工质量验收规范》（GB 50243—2016）6.3 要求、《地下铁道工程施工质量验收标准》（GB/T 50299—2018）17.3 要求。 ②防火阀应按图示位置放置，离墙距离不得大于 200mm，防火阀应设独立支吊架，以防止在火灾发生时因风管变形而影响阀门性能。同时为方便检修，不应安装在高压电器设备的上方，应严格按照设计的防火阀安装图进行安装。 ③安装防火阀时，严格按防火有关规程及厂家的产品安装指南进行，其气流方向必须与阀体上标志箭头方向一致，执行器应有检修空间，不得被其他管线及墙体阻挡。 ④镀锌钢板风管穿防火墙（或楼板）与防火阀连接的风管段采用 2mm 厚钢板制作。 **2. 施工措施** 防火阀直径或长边尺寸大于或等于 630mm 时，应单独设置支吊架，支吊架的安装不能影响阀件的转动构件的操作及连接件的安装。 **3. 管理措施** ①经常性地巡视检查现场，旁站关键工序，发现问题及时指出和整改。 ②加强对工人的技术交底，发现问题及时整改。 ③直径或长边尺寸大于或等于 630mm 的防火阀，应设独立支吊架。 ④防火阀、排烟阀（口）的安装位置、方向应正确。位于防火分区隔墙两侧的防火阀，距墙表面不应大于 200mm。 ⑤施工进行综合管线 BIM 模型深化，预留安装、检修空间。
照片	 缺陷照片　　　　标准照片　　　　整治照片

6.4.5 法兰垫片使用不当

通病现象	防排烟系统的法兰垫片选择不规范。
规范标准及相关规定	《通风与空调工程施工质量验收规范》（GB 50243—2016）风管法兰应符合下列规定：防排烟系统的法兰垫片应为不燃材料。
原因分析	1. 施工单位对新的验收规范不熟悉，仍按照旧规范施工。 2. 偷工减料，责任心不强。
预防措施	**1. 设计措施** 风管与风管法兰间的垫片不应含有石棉及其他有害成分，且应耐油、耐潮、耐酸碱腐蚀，普通风管法兰垫片的工作温度不小于70℃；对于排烟风管法兰垫片的工作温度要求地下车站不小于280℃。 **2. 施工措施** 法兰垫片和柔性短管在使用前，供货商应提供其材质达到A级不燃材料的合格检验报告。安装前做点燃试验，合格后方可使用。 **3. 管理措施** ①经常性巡视检查现场，旁站关键工序，发现问题及时指出和整改。 ②加强对工人的技术交底，发现问题及时整改。 ③风管接口的连接应严密牢固。风管法兰的垫片材质应符合系统功能的要求，厚度不应小于3mm。垫片不应凸入管内，且不宜突出法兰外；垫片接口交叉长度不应小于30mm。 ④非金属风管采用法兰连接时，垫片宜采用3～5mm软聚氯乙烯板或耐酸橡胶板。
照片	 缺陷照片　　　　　标准照片

6.4.6　风管支架缺失

通病现象	风管支架安装不规范，未按照要求设置防晃支架。
规范标准及相关规定	《通风与空调工程施工质量验收规范》（GB 50243—2016）6.3.1 风管支、吊架的安装应符合下列规定：悬吊的水平主、干风管直线长度大于 20m 时，应设防晃支架或防止摆动的固定点。
原因分析	1. 施工单位对新的验收规范不熟悉，仍按照旧规范施工。 2. 偷工减料，责任心不强。
预防措施	1. 设计措施 　①风管所有管线吊架系统均采用综合支吊架，设备及风管在综合支吊装前，其支吊杆及支吊杆架采用螺栓固定在构筑物上。 　②金属风管吊架间距按成品综合支吊架要求执行，不得超过 2000mm。复合风管吊架最大允许间距不得超过 1800mm。当复合风管垂直安装时，其支吊架最大间距为 1200mm。同时，防火排烟风管吊架最大允许间距应满足国家相关规范[《通风管道技术规程》（JGJ/T 141—2017）表 4.2.21 以及其他现行规范等]要求。当风管垂直安装时每根立管的固定件不少于 2 个。悬吊的风管宜在不大于30m 处的适当位置设置防止摆动的固定点，风管的支吊架不得设置在风口、风阀、测定孔和检测门等部位处，应错开一定距离，吊架不得直接吊在法兰上。矩形保温风管的支吊架应设在保温层外部；托架的横担不得直接与风管钢板底部接触，横担不应破坏保温材料及贴面；吊杆不得与侧面接触，其间距离与保温层厚度相同。 　③风管吊架其构造形式由安装单位在确保安全、可靠的原则下，根据现场情况，参考现行《金属、非金属风管支吊架（含抗震支吊架）》（19K112）选定。 　④对于防烟、排烟系统的风管支吊架应刷防火涂料，耐火极限同风管。 　2. 施工措施 　悬吊的水平主、干风管直线长度大于 20m 时，应设置防晃支架或防止摆动的固定点。 　3. 管理措施 　①经常性巡视检查现场，旁站关键工序，发现问题及时指出和整改。 　②加强对工人的技术交底，发现问题及时整改。 　③BIM 模型制作包含支吊架模型。 　④金属风管水平安装，当直径或边长小于或等于 400mm 时，支吊架间距不应大于 4m；当大于 400mm 时，间距不应大于 3m。薄钢板法兰风管的支吊架间距不应大于 3m。垂直安装时，应设置至少 2 个固定点，支架间距不应大于 4m。 　⑤支吊架的设置不应影响阀门、自控机构的正常动作，且不应设置在风口、检查门处，离风口和分支管的距离不宜小于 200mm。 　⑥边长（直径）大于 1250mm 的弯头、三通等部位应设置单独的支吊架。

照片	 缺陷照片	 标准照片	 整治照片

6.4.7　冷冻水管、冷凝水管结露滴水

通病现象	冷冻水管、冷凝管结露滴水。
规范标准及相关规定	《通风与空调工程施工质量验收规范》（GB 50243—2016）管道的安装应符合下列规定：为防止结露滴水，保温木托不应损坏。
原因分析	1. 施工单位对新的验收规范不熟悉，仍按照旧规范施工。 2. 偷工减料，责任心不强。
预防措施	**1. 设计措施** ①保温层外贴高强度防潮防火带肋铝箔，作为隔气防潮保护层。 ②冷冻水管的绝热处理应在系统试压及防腐处理后进行，管件保温采用与管道相同材料的板材。 ③各种空调水管及支吊架在除锈后，按如下要求进行防腐油漆处理：支架及非保温水管分别底涂三遍铁红酚醛底漆，面涂两遍酚醛防火漆；保温水管涂三遍铁红酚醛底漆（镀锌钢管除外）。 ④管道支吊架必须设置于保温层的外部，在穿过支吊架处应加垫相当于保温要求厚度的防结露保温垫。 ⑤冷冻水管支吊托架必须设在水管保温层外部，且保温水管不可直接搁在支吊托架上，在管道与支吊托架间须设不燃绝热垫块，垫块高度与保温层厚度一致，且应固定在支架上。 **2. 施工措施** 保温材料应达到设计要求，接口处必须涂专用胶水，接口应留长 2～3mm，接口并齐后在接缝处应贴专用胶带，支吊架木托处缝隙应填充保温材料，并在木托处涂专用胶水，贴专用胶带时保温层紧贴木托接口。 **3. 管理措施** ①经常性巡视检查现场，旁站关键工序，发现问题及时指出和整改。 ②加强对工人的技术交底，发现问题及时整改。 ③加强管道焊接或卡箍工艺控制。 ④加强管道的坡度控制与保温施工工艺控制。
照片	缺陷照片　　 标准照片　　 整治照片

6.4.8 风管保温钉数量缺失

通病现象	风管保温钉数量不足，或保温钉与风管粘接不牢固，导致保温棉脱落。
规范标准及相关规定	《通风与空调工程施工质量验收规范》（GB 50243—2016）10.3.5 风管绝热材料采用保温钉固定时，应符合下列规定：保温钉与风管、部件及设备表面的连接，应采用黏结或焊接，结合应牢固，不应脱落；不得采用抽芯铆钉或自攻螺丝等破坏风管严密性的固定方法。
原因分析	不掌握规划，对工人交底不清。过程检查不严。
预防措施	1. 设计措施 ①对保温的风管应在保温前内外表面各涂防锈底漆两遍。 ②保温层应满铺，表面应平整，不应有裂缝、空隙等缺陷。 ③风管保温接口采用铝箔胶带粘封，在粘封前应将接口处的油污或灰尘除净，以免脱落失效。 ④矩形风管及设备表面的保温钉应均布；保温钉与风管、部件及设备表面的连接，应采用粘结或焊接。结合应牢固，不应脱落。 ⑤对于穿越特殊位置如电气用房、站台门外的保温风管应进行机械捆扎处理，捆扎间距不大于 350mm，每节保温棉至少捆扎两道，捆扎采用不锈钢带，不锈钢带宽度不小于 2cm，厚度不小于 0.38mm。 2. 施工措施 严格按照规范要求进行检查，下表面不少于 16 个钉/m²，侧面不少于 10 个钉/m²，顶面不少于 8 个钉/m²。 3. 管理措施 ①经常性巡视检查现场，旁站关键工序，发现问题及时指出和整改。 ②加强对工人的技术交底，发现问题及时整改。 ③加强劳务人员技术培训、技术交底。 ④保温钉与风管、部件及设备表面的连接，应采用粘结或焊接，结合应牢固，不应脱落；不得采用抽芯铆钉或自攻螺钉等破坏风管严密性的固定方法。 ⑤矩形风管及设备表面的保温钉应均布，风管保温钉数量应符合验收规范的规定。首行保温钉距绝热材料边沿的距离应小于 120mm，保温钉的固定压片应松紧适度、均匀压紧。
照片	 缺陷照片　　　　标准照片　　　　整治照片

6.4.9 风管缺少挡水措施

通病现象	屋面风管进竖井内缺失挡水措施，易造成雨水顺着风管进入竖井。
规范标准及 相关规定	《通风与空调工程施工质量验收规范》（GB 50243—2016）6.3.2 风管系统的安装应符合下列规定：风管穿出屋面处应设置防雨装置，且不得渗漏。
原因分析	1. 不掌握规划，对工人交底不清。过程检查不严。 2. 责任心不强，疏忽遗漏。
预防措施	1. 设计措施 屋面风管设置弯头或防水遮挡等措施，防止雨水进入管道。 2. 施工措施 在风管进管井处上口加设镀锌钢板挡水檐。 3. 管理措施 ①经常性巡视检查现场，旁站关键工序，发现问题及时指出和整改。 ②加强对工人的技术交底，发现问题及时整改。 ③严格按图纸施工。 ④适当加设挡水板措施。
照片	 缺陷照片　　　　　标准照片　　　　　整治照片

6.4.10　通风机未采用减振装置

通病现象	通风机（专用防排烟设备除外）底座未采用减振装置。
规范标准及相关规定	《通风与空调工程施工质量验收规范》（GB 50243—2016）7.2.1 风机及风机箱的安装应符合下列规定：落地安装时，应按设计要求设置减振装置。
原因分析	1. 不掌握规范，偷工减料。 2. 责任心不强，疏忽遗漏。
预防措施	**1. 设计措施** ①通风空调所有设备均设减振基础（专用防排烟设备除外），其中大型设备的减振器及减振台架均由设备厂家配套供货。 ②通风机（专用防排烟设备除外）减振器的安装位置应正确，各组或各个减振器承受荷载的压缩量应均匀一致，偏差应小于 2mm。 ③通风与防排烟系统共用风机的减振应为 A 级不燃材料，且可在高温 280℃下持续安全运行 1h 及以上。 **2. 施工措施** 通风机（专用防排烟设备除外）底座须采用减振装置时，其基础顶面宜附设底座水平方向的限位装置，但不得妨碍底座垂直方向的运动。专用防、排烟风机应设在混凝土或钢架基础上，且不应设置减振装置；若排烟系统与通风空调系统共用且需要设置减振装置时，不应使用橡胶减振装置。 **3. 管理措施** ①经常性地巡视检查现场，旁站关键工序，发现问题及时指出和整改。 ②加强对工人的技术交底，发现问题及时整改。 ③加强材料品牌的进场管控。 ④严格按照设备安装大样图进行减振器的安装。
照片	缺陷照片　　 标准照片　　 整治照片

6.5　门禁系统、火灾自动报警系统、环境与设备监控系统

6.5.1　门禁系统

通病现象	电磁锁固定不牢靠，后期多次出现电磁锁松脱、锁体与衔铁缝隙过大吸合不牢等现象，影响运营管理。
规范标准及相关规定	《地下铁道工程施工质量验收标准》（GB/T 50299—2018）27.3.4 电子锁的受力应符合设计文件要求，并应安装牢固、启闭灵活。
原因分析	施工安装电磁锁没有固定牢靠或安装位置出现错误导致锁体与衔铁缝隙过大吸合不牢等现象。
预防措施	**1. 施工措施** ①设计院做好交底，确保施工单位对安装工艺理解到位，严格按照图纸及工艺要求进行施工。 ②门禁专业与机电专业加强沟通，提出明确的电磁锁安装要求，包括但不限于：门厂在生产加工门体时，应在安装位置预留足够强度的龙骨或衬板。 **2. 管理措施** ①设备进场前，进行进场检查，通过简易测试平台抽检门磁质量是否合格。 ②组织施工单位对该设备进行样板安装，并重点检查衔铁间隙、固定位置、稳固情况。 ③设备安装过程中，根据设备安装大样图、施工蓝图检查设备安装是否符合要求。
治理措施	1. 严格按照图纸及工艺要求进行施工。 2. 项目部管理人员加强施工质量检查，发现问题及时整改解决。
照片	 缺陷照片　　　　标准照片　　　　整治照片

6.5.2　火灾自动报警系统

通病现象	线缆进出接线口，预留孔洞，桥架等未封堵。
规范标准及相关规定	《火灾自动报警系统施工及验收标准》（GB 50166—2019）3.3.2 控制与显示类设备的引入线缆应符合下列规定：线缆穿管、槽盒后，应将管口、槽口封堵。
原因分析	施工人员未按施工规范要求进行封堵。
预防措施	1. 施工措施 严格按照施工规范要求对接线口、预留洞口桥架等进行封堵。 2. 管理措施 ①加强现场监管，对未达到施工规范要求的情况，及时要求整改。 ②防火封堵材料进场前对材料的厂家资质、质量证明文件进行检查。 ③施工过程中检查施工单位的防火封堵是否按照设计图纸要求落实到位。 ④对于施工过程中非预留的且图纸中未做封堵要求的孔洞，应及时反馈设计确认是否进行封堵，如需则敦促施工单位完成封堵。
治理措施	1. 建立封堵施工样板标准，按标准进行封堵。 2. 项目部管理人员加强施工质量检查，施工过程中未完成封堵或封堵不规范时，及时要求纠偏整改。
照片	 缺陷照片　　　　　标准照片　　　　　整治照片

第 7 章

弱电及综合监控工程

7.1 供电系统

7.1.1 变电所预埋件不符合要求

通病现象	预埋件未可靠接地，防腐处理不到位。
规范标准及相关规定	《地下铁道工程施工质量验收标准》（GB/T 50299—2018） 19.2.1 设备基础预埋件的安装应符合下列规定： 1. 设备基础预埋件的材质、型号、规格、尺寸、制作应符合设计文件要求，基础预埋件表面防腐处理应符合设计文件要求。 2. 预埋件应可靠接地，接地方式和数量应符合设计文件要求。 19.2.2 设备基础预埋件安装允许偏差应符合表 19.2.2 的规定。

设备基础预埋件安装允许偏差　　　　　表 19.2.2

项目			允许偏差（mm）
基础型钢	顶部平直度	每米	1
		全长	5
	侧面平直度	每米	1
		全长	5

原因分析	1. 预埋件安装时，固定的角钢与预埋件焊接位置防腐不到位，未按照要求刷防腐漆及镀锌漆。 2. 未按照图纸进行可靠接地，接地点不满足要求。
预防措施	1. 设计措施 结合变电所设备布置要求，确定各设备预埋件的规格尺寸及接地位置。 2. 施工措施 ①基础件焊接要求：焊缝高度为 6mm，焊缝的抗拉、屈服等机械性能不应低于本体材料的机械性能，焊缝表面均匀，不得有漏焊、裂纹、夹渣、烧穿、弧坑等缺陷。 ②凡是需要现场开孔、焊接的零件，在开孔、焊接后应先刷一层防锈漆，后刷两遍富锌漆。 ③盘、柜基础型钢应有明显且不少于两点的可靠接地。 ④基础槽钢全部焊接后，敲掉焊缝焊渣并打磨，清除锈蚀；先刷一遍防锈漆，后刷两遍富锌漆，做好防腐处理。 3. 管理措施 ①加强预埋件进场后的验收工作。 ②加强焊接过程中的检查工作，及时发现漏焊、缺焊以及防腐处理等问题。 ③严格质量验收，不符合设计及规范要求，未经整改合格，不允许进入下一道施工工序。 ④加强到货检查，做好材料进场验收记录。

预防措施	⑤做好现场检查，做好隐蔽工程检查记录，基础的混凝土强度等级须满足图纸要求。 ⑥基础在吊装和安装过程中，防止防腐镀锌层的损坏，安装后，基础面贴膜进行成品保护。
治理措施	预埋件与接地扁钢焊接时接地扁钢应三面满焊，不得有虚焊、假焊现象。预埋件制作安装完成后，及时与监理完成隐检工作。扁钢焊接搭接长度不小于其宽度的 2 倍。
照片	 缺陷照片　　　标准照片　　　整治照片

| 7.1.2 | 变电所电缆敷设不符合要求 |

| 通病现象 | 电缆敷设半径不满足要求，电缆固定不牢靠。 |

| 规范标准及相关规定 | 1.《地下铁道工程施工质量验收标准》（GB/T 50299—2018）

19.5.1 电缆敷设时的环境温度及电缆弯曲半径应符合现行国家标准《电气装置安装工程 电缆线路施工及验收规范》（GB 50168）的规定。

2.《电气装置安装工程 电缆线路施工及验收标准》（GB 50168—2018）

6.1.1 电缆敷设前应按下列规定进行检查：①电缆沟、电缆隧道、电缆导管、电缆井、交叉跨越管道及直埋电缆沟深度、宽度、弯曲半径等应符合设计要求，电缆通道应畅通，排水应良好，金属部分的防腐层应完整，隧道内照明、通风应符合设计要求；②电缆外观应无损伤，当对电缆的外观和密封状态有怀疑时，应进行受潮判断；埋地电缆与水下电缆应试验并合格，外护套有导电层的电缆，应进行外护套绝缘电阻试验并合格；③充油电缆的油压不宜低于 0.15MPa；供油阀门应在开启位置，动作应灵活；压力表指示应无异常；所有管接头应无渗漏油；油样应试验合格；④电缆放线架应放置平稳，钢轴的强度和长度应与电缆盘重量和宽度相适应，敷设电缆的机具应检查并调试正常，电缆盘应有可靠的制动措施；⑤敷设前应按设计和实际路径计算每根电缆的长度，合理安排每盘电缆，减少电缆接头；中间接头位置应避免设置在倾斜处、转弯处、交叉路口、建筑物门口、与其他管线交叉处或通道狭窄处；⑥在带电区域内敷设电缆，应有可靠的安全措施；⑦采用机械敷设电缆时，牵引机和导向机构应调试完好，并应有防止机械力损伤电缆的措施。

3. 电缆在支架上的敷设应符合下列要求：
①控制电缆在普通支架上，不宜超过 1 层；桥架上不宜超过 3 层；
②交流三芯电力电缆，在普通支吊架上不宜超过 1 层；桥架上不宜超过 2 层；
③交流单芯电力电缆，应布置在同侧支架上，并加以固定。当按紧贴正三角形排列时，应每隔一定的距离用绑带扎牢，以免其松散。

4. 电缆的排列，应符合下列要求：
①电力电缆和控制电缆不宜配置在同一层支架上；
②高低压电力电缆，强电、弱电控制电缆应按顺序分层配置，一般情况宜由上而下配置；但在含有 35kV 以上高压电缆引入柜盘时，为满足弯曲半径要求，可由下而上配置。

5. 电缆各支点间的距离应符合设计规定。当设计无规定时，不应大于表 6.1.6 所列数值。

电缆各支点间的距离　　　　　　　　表 6.1.6

表格见下 |

电缆各支点间的距离　　　　　　　　　　　　　　　　　　表 6.1.6

电缆种类		敷设方式	
		水平（mm）	垂直（mm）
电力电缆	全塑型	400	1000
	除全塑型外的中低压电缆	800	1500
	35kV 及以上高压电缆	1500	3000
控制电缆		800	1000

注：全塑型电力电缆水平敷设沿支架能把电缆固定时，支点间的距离允许为800mm。

原因分析	电缆敷设路径未提前规划，导致敷设半径及电缆固定不符合要求。
预防措施	1. 设计措施 ①图纸中明确各线缆的敷设路径，以及多层电缆支架时，明确电缆的具体敷设层数。 ②图纸中明确电缆支架规格型号及间距。 2. 施工措施 ①电缆敷设前应按要求进行检查：电缆沟、电缆隧道、排管、交叉跨越管道及直埋电缆沟深度、宽度、弯曲半径等负荷设计和规程要求。电缆通道畅通，排水良好。金属部分的防腐层完整。 ②电缆敷设符合设计要求，分层布置、转弯预留弧度一致、平直整齐。 ③电缆在支架及非标支架上绑扎固定要牢固，扎带颜色应统一。 ④根据二次施工图纸中电缆的接线位置要求将电缆分层，逐根穿入开关柜。在考虑电缆的穿入顺序、位置的时候，电缆在支架（层架）的引入部位、设备的引入口尽量避免交叉和麻花状现象的发生，同时应避免电缆芯线左右交叉的现象发生（对于多列端子的设备）。 3. 管理措施 ①加强电缆敷设路径的复核。 ②严格质量验收，不符合设计及规范要求，未经整改合格，不允许进入下一道施工工序。
治理措施	1. 电缆支架安装严格按照图纸实施，如遇特殊区段，减少支架间距，同时在转弯位置满足电缆半径敷设要求。 2. 电缆绑扎时，按照设计要求，一次电缆进行交叉绑，并每隔 10m 增加非磁性固定卡。
照片	 缺陷照片　　　　　标准照片　　　　　整治照片

7.1.3　环网专业支架高度不符合要求

通病现象	电缆支架安装高度距轨平面数据不符合设计要求。
规范标准及相关规定	《地下铁道工程施工质量验收标准》（GB/T 50299—2018）19.5.7 电缆支架、桥架、电缆预埋管的敷设、安装及接地应符合设计文件要求。
原因分析	环网支架安装前未进行定位测量。
预防措施	1. 设计措施 图纸中明确电缆支架距离轨平面的距离。 2. 施工措施 ①电缆支架的同一层托臂在同一平面上，间距均匀，排列整齐；支架安装后应横平竖直，工艺美观。 ②过轨吊顶支架的安装应符合电缆弯曲半径的需求，保证电缆平滑过渡。 ③施工区域为盾构隧道时，支架锚栓预埋点应与隧道盾构片连接缝保持一定的距离。 3. 管理措施 ①电缆支架打孔前，应进行测量，并记录测量数据。 ②对测量过程进行质量验收，不符合设计及规范要求，不允许进入下一道施工工序。 ③测量工序时，做好测量记录及复测。 ④支架安装前，对测量工序进行工序验收。 ⑤外挂槽道验收合格后，才能安装电缆支架。
治理措施	电缆支架安装严格按照图纸实施，并以支架底部为基准，进行定位弹线。
照片	 缺陷照片　　　　标准照片　　　　整治照片

7.1.4　化学锚栓间距不符合要求

通病现象	锚栓安装间距不统一，安装不垂直。
规范标准及相关规定	《地下铁道工程施工质量验收标准》（GB/T 50299—2018）19.8.1 锚栓的类型、规格、埋设位置、埋设深度应符合设计文件要求。
原因分析	打孔时未套模具钻孔或遇到钢筋避让导致钻孔孔位移位。
预防措施	1. 设计措施 图纸中明确锚栓的安装间距要求。 2. 施工措施 ①钻孔时套模钻孔。 ②遇到钢筋时采用水钻钻孔，不移位，或整体调整孔位重新钻孔。 3. 管理措施 ①钻孔完成后应测量孔深、孔距符合设计要求。 ②对测量过程进行质量验收，不符合设计及规范要求，不允许进入下一道施工工序。 ③锚栓安装前一定要做好技术交底工作，对锚栓安装流程、药剂凝固时间等参数对施工人员进行明确。 ④锚栓安装前需对钻孔深度、孔距进行复核，无误后方可进行安装作业。 ⑤做好现场检查，做好施工安装验收记录。 ⑥施工单位要自检锚栓的抗拉拔强度试验，还须请有资质的第三方来检测并出具报告。
治理措施	在灌注锚栓前确认孔深、孔距符合要求，灌注后立即校正微调锚栓垂直、间距符合安装要求。
照片	 缺陷照片　　　标准照片　　　整治照片

7.1.5　杂散电流参比电极定位、传感器不正确

通病现象	参比电极定位位置不正确，钻孔埋深不符合设计要求。
规范标准及相关规定	《地下铁道工程施工质量验收标准》（GB/T 50299—2018），并符合下列规定：参比电极端子、测试端子、传感器及转接器连接的通信电缆规格型号、端子制作要符合设计文件要求，在参比电极安装位置处，要设置明显的标识。
原因分析	施工过程管控不到位。
预防措施	1.设计措施 ①按安装里程测出准确的安装位置，并做好相应标记。每个测量端子及参比电极对应一个传感器，传感器与参比电极距离须不大于 5m，传感器安装于地下区间外侧壁上。 ②传感器安装不得跨盾构板安装，膨胀锚栓打孔时，孔边沿距板块边沿保证5cm 距离。 2.施工措施 ①根据设计图纸，参照已标出的里程标和测量端子引出位置，准确测出参比电极的安装位置，用记号笔做好标记。 ②在每个车站的有效站台两端以及距车站两端 250m 左右区间道床上设置测量端子，并在地下段车站两端及距车站两端 250m 的明挖隧道结构钢筋上设置测量端子，上下行均设。在距离测量端子 1m 范围内安装参比电极，参比电极埋设在被测结构物的结构钢筋附近，距结构钢筋的距离小于 15mm（打眼范围内能看见结构钢筋）。道床测量端子可利用邻近的连接端子代替。 ③根据参比电极规格，用金刚钻钻出相应孔径（大于 55mm）和深度（大于160mm）的孔洞（现场采用φ66 的金刚钻头，深度大于 170mm），清除其中灰尘、杂物。将回填料调成均匀泥巴状，倒于孔洞中。将浸泡好的电极埋于调好的回填料中央，并压实回填料。向坑中浇适量的淡水，以便电极与周围良好电连接。用水泥抹平表面。将参比电极引线穿入 PVC 管，并用管卡固定。 ④参比电极打孔选择位置最好为两个轨枕之间，打孔边沿距道床边沿至少保证 5cm 距离。 3.管理措施 ①参比电极安装位置正确，电极周围无渗水。 ②参比电极固定牢固。 ③参比电极与被测土壤充分接触。 ④传感器安装水平端正、工艺美观，相邻传感器间保持水平高度一致。 ⑤经常性巡视检查现场，旁站关键工序，发现问题及时指出和整改。 ⑥严格质量验收，不符合设计及规范要求，未经整改合格，不允许进入下一道施工工序。 ⑦作业前应做好技术交底。 ⑧作业前提前测量安装距离，安装位置应避开结构板缝和盾构管片缝。

治理措施	1. 电极引出线要妥善处理，不可以用力拉扯，以免电极引线断裂失效。 2. 测量前要保持电极端面与安装面的相对平整和湿润。 3. 电极埋设前应放置在阴凉干燥处，避免阳光下暴晒或雨淋。 4. 传感器安装后应满足限界要求。
照片	  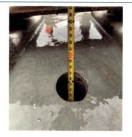 　缺陷照片　　　　　标准照片　　　　　整治照片

7.2 疏散平台专业

7.2.1 疏散平台踏板间隙等问题

通病现象	疏散平台交界处搭接处的缝隙大于 5mm。
规范标准及相关规定	《城市轨道交通疏散平台技术规范》（BJJT/0042—2019）
原因分析	施工过程管控不到位。
预防措施	**1. 设计措施** ①检查平台支架是否安装牢固、调整到位。如不满足安装要求，需对支架重新进行调整。 ②确定支架调平后，对号将踏板安放到支架上，保证平台步板压在横梁的长度不小于 35mm，踏板宽度方向必须完全支承在平台支架上，不允许悬空，且踏板内侧与隧道结构空隙不大于 53mm。 **2. 施工措施** ①疏散平台搭接处的缝隙不得大于 5mm。 ②疏散平台踏板与隧道壁间隙不应大于 50mm。 ③加强过程中质量把控，确保施工质量。 ④确定好踏板满足限界要求后，对踏板进行固定，用 T 形卡子将疏散平台踏板和支架固定在一起，安装好的相邻疏散平台踏板及 T 形卡子应在同一条直线上。 **3. 管理措施** ①安装完成后，对踏板进行检查，确保与支架固定完好，无间隙，无超限界现象。 ②安装完成后，对每段疏散平台限界进行测量，并做好记录。 ③经常性巡视检查现场，旁站关键工序，发现问题及时指出和整改。 ④严格质量验收，不符合设计及规范要求，未经整改合格，不允许进入下一道施工工序。 ⑤施工现场临时电源、临时照明满足作业需求。 ⑥施工前对施工人员进行安全技术交底。 ⑦支架预制完成，验收合格。 ⑧安装完成后组织专人对支架水平度检查。
治理措施	疏散平台安装严格按照图纸实施，安装完成后是否安装牢固、调整到位，确保间隙满足要求，无超限现象。
照片	 缺陷照片　　　　　标准照片　　　　　整治照片

7.3　综合监控系统

7.3.1　平台信号与现场信号不一致

通病现象	平台信号与现场信号不一致。
规范标准及相关规定	《地下铁道工程施工质量验收标准》（GB/T 50299—2018）24.5.2 功能验收前应完成相关调试，并应出具完整的点对点、端到端及功能调试报告。
原因分析	设备端接口不稳定或线路出现损坏。
预防措施	1. 施工措施 ①保证接线位置准确，且设备接口保证信号的稳定性。 ②保证线路完好，能够满足接线后设备的正常运转。 2. 管理措施 ①加强现场施工管理，出现问题及时整改解决。 ②将设备厂家提供的施工资料（如：接线表、接线图等）向作业班组施工人员进行详细交底。 ③接口调试阶段进行接口功能测试。若发现问题，立即整改并复测。
治理措施	1. 保证设备接口稳固且完好无损，能够稳定运行。 2. 保证线缆完好无损，满足设备运行需求。 3. 项目部管理人员加强施工质量检查，出现调试问题及时整改解决。
照片	 缺陷照片　　　　　整治照片

第 8 章

弱电系统工程

8.1 通信系统、信号系统

8.1.1 区间设备安装不稳固

通病现象	区间设备安装不稳固。
规范标准及相关规定	《城市轨道交通信号工程施工质量验收标准》（GB/T 50578—2018） 《城市轨道交通通信工程质量验收规范》（GB 50382—2016）
原因分析	1. 施工图纸未明确安装紧固件规格。 2. 未按照施工图纸和安装手册标准安装。
预防措施	**1. 设计措施** 设计院做好交底，确保施工单位对设备安装工艺理解到位，严格按照图纸及工艺要求进行施工。 **2. 施工措施** ①根据施工图纸制定设备支架，选用合适型号的锚栓，采用防锈、防腐蚀材料固定。 ②依据标准规范及施工图纸，制定区间设备安装定标文件，开展首件定标，明确安装步骤，严格按照定标文件开展施工。 ③进行区间锚栓拉拔试验。 **3. 管理措施** ①组织首件定标会，由参建各方确认统一各项指标。 ②督促施工单位加强操作人员技能培训及技术交底。 ③加强区间设备安装过程施工质量检查、记录和质量验收。
治理措施	1. 对安装不稳固的设备进行加固固定。 2. 对松脱的螺钉进行紧固。 3. 对松脱的箱门进行安装固定或使用扎带十字交叉绑扎固定，或更换整个箱盒。
照片	 缺陷照片　　　　　标准照片　　　　　整治照片

8.1.2 设备锈蚀、受潮和损坏

通病现象	设备锈蚀、受潮和损坏。
规范标准及相关规定	《城市轨道交通信号工程施工质量验收标准》（GB/T 50578—2018） 《城市轨道交通通信工程质量验收规范》（GB 50382—2016）
原因分析	1. 施工图纸未明确设备防腐材质、措施要求。 2. 未按照施工图纸和安装手册标准安装。 3. 未做好成品保护。
预防措施	1. 施工措施 ①依据标准、规范及施工图纸，制定箱盒、材料质量检验方案，提供检验报告。 ②加强施工成品的保护措施，避免长期处在潮湿的环境中，临时盘留或待接续的线缆设备，做好接头防潮处理，并应尽快按最终状态进行敷设。 ③施工阶段对计轴磁头、应答器等贴反光标识、加盖防护盖等保护措施。 2. 管理措施 ①督促施工单位加强操作人员技能培训及技术交底。 ②对照标准规范、施工图纸和定标文件，经常性巡视检查现场，发现问题及时指出、限时整改。 ③督促施工单位在设备箱盒内放置干燥剂。 ④严格质量验收，对不符合设计及规范要求的，不予验收。
治理措施	对发霉、锈蚀的配件、端子进行更换处理。
照片	 缺陷照片　　　　　　　标准照片　　　　　　　整治照片

8.1.3　安装位置检修空间不足

通病现象	安装位置检修空间不足。
规范标准及相关规定	《城市轨道交通信号工程施工质量验收标准》（GB/T 50578—2018） 《城市轨道交通通信工程质量验收规范》（GB 50382—2016）
原因分析	1. 未做好现场调研，设计时未考虑检修便利性。 2. 未按照施工图纸安装。
预防措施	1. 设计措施 设计院做好交底，确保施工单位对设备安装工艺理解到位，严格按照图纸及工艺要求进行施工。 2. 施工措施 依据标准、规范及施工图纸，制定设备安装定标文件，开展首件定标，按照定标文件施工。 3. 管理措施 ①组织首件定标会，由参建各方确认统一各项指标。 ②督促施工单位加强操作人员技能培训及技术交底。 ③对照标准规范、施工图纸和定标文件，经常性地巡视检查现场，发现问题及时指出、限时整改。 ④严格质量验收，对不符合设计及规范要求的，不予验收。
治理措施	调查现场安装设备周边环境及空间情况，具备条件的进行移动位处理，以满足检修空间的需求。
照片	 缺陷照片　　　　　　　　标准照片

8.1.4 线缆绝缘层不达标

通病现象	线缆绝缘层不达标。
规范标准及相关规定	《城市轨道交通信号工程施工质量验收标准》（GB/T 50578—2018） 《城市轨道交通通信工程质量验收规范》（GB 50382—2016）
原因分析	未做好质量检测和验收。
预防措施	**1. 设计措施** 设计院施工图及施工招标文件中，根据实际需求明确线缆绝缘层技术参数。 **2. 施工措施** ①线缆抵达施工仓库后落实自检及第三方送检，合格后方可应用在施工现场，施工完成后检查成品保护。 ②在运输线缆过程中应整盘运输至施工现场，采用适用工器具（滑轮、平板车、分线器等）敷设线缆，严禁整条拖曳，敷设完成后检查线缆是否有磨损及破皮现象，对电缆头应做好绝缘和防水处理。 **3. 管理措施** ①规范材料进场报审流程，认真核对材料相关资料的有效性、符合性。 ②对比光缆、电缆合同技术参数，把好出厂检验关。 ③督促施工单位加强操作人员技能培训及技术交底。 ④经常性巡视检查现场，对线缆敷设过程施工质量检查、记录，发现问题及时指出、限时整改。 ⑤严格质量验收，不符合设计及规范要求，未经整改合格，不允许进入下一道施工工序。
治理措施	对线缆进行更换处理。
照片	 缺陷照片　　　　　　标准照片　　　　　　整治照片

8.1.5 桥架及线槽镀锌层不足

通病现象	桥架及线槽镀锌层不足。
规范标准及相关规定	《城市轨道交通信号工程施工质量验收标准》（GB/T 50578—2018） 《城市轨道交通通信工程质量验收规范》（GB 50382—2016）
原因分析	未做好质量检测和验收。
预防措施	1. 设计措施 设计院做好交底，确保施工单位对设备安装工艺理解到位，严格按照图纸及工艺要求进行施工。 2. 施工措施 ①对比行业技术标准和规格参数，做好材料出厂的检验检测。 ②完成材料自检后，经监理审查后再实施。 3. 管理措施 ①规范材料进场报审流程，认真核对材料相关资料的有效性、符合性。 ②经常性巡视检查现场，发现现场操作有磨损镀锌保护层的行为，立即制止，并要求修补整改。 ③要建立材料管理制度，对进场钢管、桥架、线槽、支架等镀锌层厚度抽查，做好记录。
治理措施	对锈蚀线槽进行除锈、涂漆或更换处理。
照片	 缺陷照片 标准照片

8.2　自动售检票系统、乘客信息系统

8.2.1　站台终端遮挡或冲突

通病现象	站台终端遮挡或冲突。
规范标准及相关规定	《城市轨道交通通信工程质量验收规范》（GB 50382—2016）
原因分析	站台公共区空间较小，各专业设备终端多，且集中设置在站台两侧位置，导致各专业间设备终端位置冲突。
预防措施	**1. 设计措施** ①设计院加强系统专业与装修专业的配合，系统专业出施工图前应做好对装修专业的资料互提。 ②各专业在装修施工图中做好确认及会签工作。 **2. 施工措施** ①在站台等较狭窄的空间中进行终端现场定位时，应优先考虑相互保持一定的距离。 ②施工阶段进行 BIM 模型对接，避免安装位置冲突。 ③结合各专业现场施工进度、整改难度、布局合理性及规范等进行统筹协调处理。 **3. 管理措施** ①对可能存在互相遮挡的区域，组织现场协调会，签认各设备安装布局。 ②把好分项工程验收关。对存在遮挡的，未经整改合格不予验收。
治理措施	1. 对被遮挡的显示器、摄像机设备进行移位处理。 2. 显示器、摄像机设备无法移位的，协调导向等其他相关专业进行设备移位。
照片	 缺陷照片　　　　标准照片　　　　整治照片

8.2.2 AFC 线槽进水或腐蚀

通病现象	AFC 线槽进水或腐蚀。
规范标准及相关规定	《城市轨道交通自动售检票系统工程质量验收标准》（GB/T 50381—2018） 4.1.2 预埋在地面下的线缆管槽、接线盒、分向盒和终端盒宜密封防水，在安装后宜进行密封性测试，其整体防护等级不宜低于 IPX7。
原因分析	1. 线槽需按照规范进行安装及验收，否则可能出现线槽不具备气密性的情况。 2. 现场施工条件复杂，线槽安装完成后，可能会有外专业施工引致线槽破坏。 3. 车站土建存在结构性渗水，水从设备出线口等位置进入槽体内。 4. 选用材质不满足合同内不锈钢要求。
预防措施	1. 设计措施 ①设计院做好交底，确保施工单位对设备安装工艺理解到位，严格按照图纸及工艺要求进行施工。 ②施工单位安装闸机时应提前对现场进行测量划线，安装模板的固定严格按照施工蓝图设备的位置进行固定，安装后现场测量，发现误差立刻进行整改。 2. 施工措施 AFC 线槽检修口橡皮垫圈的安装完好，检修孔上方不能安装设备。 3. 管理措施 ①规范材料进场报审流程，认真核对材料相关资料的有效性、符合性。 ②对比 AFC 线槽合同技术参数，把好出厂检验关。 ③督促施工单位加强操作人员技能培训及技术交底。 ④AFC 线槽施工过程中监理旁站，发现问题及时指出和整改。 ⑤严格质量验收，施工单位自检合格后，再由监理单位进行隐蔽工程验收。存在不符合设计及规范要求的，未经整改合格，不允许进入下一道施工工序。 ⑥督促施工单位持续做好成品保护措施。 ⑦加强与外专业的沟通协调，提醒外单位做好对 AFC 线槽的成品保护，防止运输材料的机械设备撞、压坏线槽，破坏接头密封性。闭水试验完成后公共区装修专用及时进行垫层浇筑施工，减少线槽的暴露时间。
治理措施	1. 排查现场，分析可能存在的进水原因。若为地面水流入线槽，则将线槽内水抽干观察。若为接头处漏水，则需将地砖破除重做接头。 2. AFC 线槽为不锈钢材质，如存在锈蚀情况，须更换处理。
照片	 缺陷照片　　　　标准照片　　　　整治照片

第 9 章

车辆基地工程

9.1 地面路基工程

9.1.1 软土地基处理质量缺陷

通病现象	软土地基处理质量缺陷。
规范标准及相关规定	《城镇道路工程施工与质量验收规范》（CJJ 1—2008）
原因分析	1. 地质不良。 2. 填料不符合要求。 3. 地质勘测资料不全；施工填筑过快，地基承载力不足，对质量把关不严等。
预防措施	**1. 设计措施** ①根据软土地质情况、场地功能分区情况选择合理的地基处理方式。 ②施工图设计前现场需进行试桩，确定设计参数、工艺要求等内容。 ③设计过程中，需理论结合经验选择合理的设计参数。设计图给出明确的设计参数，便于施工单位实施。 ④提出明确的检测要求，针对设计关键部位进行严格检测。 **2. 施工措施** ①结合不同地质，采用合理的软基处理方法，优先采用地基承载桩型加固方法。 ②软基处理前，要对地表土或者绿植土等提前清理。 ③对软基处理设置试验段，对软基处理效果进行检测并由设计明确相关参数。 ④软基处理完成后，重点部位应布置沉降监测以及土地相关监测。 ⑤软基处理检测选取有代表性、重点区域检测软基处理成品质量。 **3. 管理措施** ①施工方案应编制合理，对于密集房屋、江河附近重点段加固应组织专题会审查。 ②软基处理应由专业队伍实施，主要作业人员应具备专业从业资格，施工设备应满足要求。 ③施工软基工序前应按试桩参数做好技术交底，管理人员应按频率抽查施工过程各项参数。 ④软基处理桩基布点应复核尺寸和位置是否满足设计要求，严禁漏打、少打。 ⑤施工完成的软基处理要做好成品保护，避免后续工序开挖或者其他重型器械设备破坏。 ⑥及时组织软基处理分部验收，对不符合要求的软基处理及时整改，减少后续返工成本。 ⑦软基处理的桩基础出现断桩或者承载力达不到要求，应组织专题会研讨处理措施。

续表

预防措施	⑧路基段如采用搅拌桩、旋喷桩和碎石桩进行地基处理，正式开工前应认真做好试桩工作，确定合理的施工技术参数和浆液配比，根据工艺试桩确定的各种技术参数制定施工操作要点，应明确设计桩长和施打压力双向指标，并在每台桩机上设醒目的标牌明示，施工过程应做好施工原始记录。 ⑨应要求施工单位每台桩机配备智能浆粉喷灌记录仪，对喷浆进行及时记录，及时分析掌握桩体喷浆成桩情况。
治理措施	1. 组织专题会研讨处理措施。 2. 审核施工单位报送经设计认可的软土地基处理质量缺陷整改方案。 3. 如软基处理方式为桩加固的，可对局部位置进行补桩；如软基处理方式为堆载预压的，可采取重新加载，并记录沉降速率，判断软基处理效果。 4. 现场检查质量缺陷处理过程，验收缺陷处理结果。 5. 收集整理质量缺陷整改记录，整理归档。
照片	 　缺陷照片　　　　　　　　　标准照片

9.1.2 路基沉降

通病现象	路基沉降。
规范标准及相关规定	《城镇道路工程施工与质量验收规范》（CJJ 1—2008）
原因分析	1. 填土速度过快是造成路基下沉最主要的原因。在施工过程中如果对路基填土的临界高度控制不严，很容易因填土速度过快导致软土路基的强度不达标，从而造成软土处于临界状态，很容易造成路基下沉。 2. 施工前没有进行沉降试验观测或观测精度不够也会造成路基下沉；施工过程中，对实际的沉降速度、沉降曲线以及沉降后的大小都有严格的数据标准，如果施工单位不按照标准进行精确的施工，将造成施工结束后仍然存在很大的沉降速度和沉降量。 3. 施工前收集的地质资料不全面也容易造成路基下沉，尤其是对一些暗沟或暗塘的施工，如果提供的地质资料不全面，施工人员对地质结构的了解就会缺乏准确性，因此，在施工过程中容易出现沉陷问题，从而造成路基下沉。
预防措施	1. 设计措施 ①根据软土地质情况、场地功能分区情况选择合理的地基处理方式。 ②施工图设计前现场需进行试桩，确定设计参数、工艺要求等内容。 ③设计过程中，需理论结合经验选择合理的设计参数。设计图给出明确的设计参数，便于施工单位实施。 ④提出明确的检测要求，针对设计关键部位进行严格检测。 ⑤选择合理填料。 ⑥对回填压实要求提出明确指标，对压实检测提出明确要求。 2. 施工措施 ①路基基床以下及路基基床在填筑前均应选择试验段做摊铺压实试验，确定主要工艺参数，作为指导施工的依据；当填料性质发生变化时，应重新试验。 ②路基摊铺压实应按四区段八流程作业方式作业。碾压时，各区段交接处应重叠压实，纵向搭接长度不得小于 2m；纵向行与行之间的轨迹重叠压实不小于0.3m；横向同层接头处重叠压实不小于1m；上下两层填筑接头应错开不小于3m。 ③严格控制填土厚度。根据试验段得出的最佳填土厚度，按照运输车辆的吨位，计算卸土间距，并设专人指挥，防止卸土量过大或卸车不均，造成填土层过厚。 ④压实机械的性能应根据填料的性质和试验段的试验结果选用，禁止用拖拉机或推土机作为压实机械。 ⑤由于路基施工是在自然环境下实施的，填料的含水量在不断变化，因此，要根据环境的变化定时测定填料的含水量，当其结果与最佳含水量比较超出−3%～+2%范围时，应洒水或晾晒，达到标准后再进行碾压。洒水或晾晒要经常翻动填料层。

预防措施	⑥对取土场应根据取土范围及取土深度确定试验坑的布置，按土层分层取样试验。施工过程中，发现土层性质与试验结果不同时，应重新试验。试验结果未出来以前，不得取土填筑施工。 3.管理措施 ①对于路基施工根据不同的地质情况和设计的不同工法，应要求施工单位根据不同的施工工法编制实施性施工方案。 ②对桥头、出入段、进库段等软硬接合部应要求施工单位在软基处理时，根据桩体布置进行加密处理。 ③库内路基桩基施工应要求施工进行设计桩长和承载力双向控制，以承载力为主控，不满足设计桩长应召集勘察设计现场会议确定。 ④路基施工注意填料种类、级配和质量符合设计和规范要求；监理对填筑材料进行验收，按规范要求进行见证抽检。 ⑤桩体施工前应做好试桩，正式施工时要根据试桩结果确定施工工艺参数，应满足设计及规范要求，复合地基承载力应满足设计要求。 ⑥路基填筑做好压实工艺试验，K30荷载板试验压实质量满足规范要求。
治理措施	1. 组织专题会研讨处理措施。 2. 审核施工单位报送经设计认可的路基沉降质量缺陷整改方案。 3. 可采取对换填料种类和集配进行优化。 4. 可对局部路基换填料挖出翻晒，分层回填碾压密实。 5. 现场检查质量缺陷处理过程，验收缺陷处理结果。 6. 收集整理质量缺陷整改记录，整理归档。
照片	   缺陷照片　　　　　标准照片　　　　　整治照片

9.1.3 路基表面开裂

通病现象	路基表面开裂。
规范标准及相关规定	《城镇道路工程施工与质量验收规范》（CJJ 1—2008）
原因分析	1. 清表不彻底，路基基底存在软弱层或坐落于古河道处。 2. 沟、塘清淤不彻底，回填不均匀或压实度不足。 3. 路基压实不均。 4. 旧路利用路段，新旧路基接合部未挖台阶或台阶宽度不足。 5. 半填半挖路段未按规范要求设置台阶并压实。 6. 使用渗水性、水稳性差异较大的土石混合料时，错误地采用了纵向分幅填筑。 7. 高速公路因边坡过陡、行车渠化、交通频繁振动而产生滑坡，最终导致纵向开裂。
预防措施	**1. 设计措施** ①结合气候条件选择合理的路基填料。 ②要求路基回填前确定路基填料的最优含水量，并要求现场严格控制。 ③对于路基沉降造成的路基开裂详见路基沉降设计措施。 **2. 施工措施** ①应认真清表及时发现路基底暗沟、暗塘。 ②沟、塘淤泥应清理干净，并采用水稳定性好的材料严格分层回填，并达到设计要求压实度。 ③提高路基压实度。 **3. 管理措施** ①图纸会审时应充分考虑当地地质、天气影响，对设计方案提出合理优化。 ②认真审查施工方案，明确施工工艺流程。 ③严格检查进场路基填筑材料级配。 ④结合设计方案进行改善和优化，增加土工织物夹层。 ⑤严格按方案执行，加强路基面层的养护。
治理措施	1. 组织专题会研讨处理措施。 2. 审核施工单位报送经设计认可的路基表面开裂质量缺陷整改方案。 3. 可采取对换填料种类和集配进行优化，分层回填碾压增加土工织物，表层填料控制含水率做好养护。 4. 现场检查质量缺陷处理过程，验收缺陷处理结果。 5. 收集整理质量缺陷整改记录，整理归档。
照片	 缺陷照片　　　　标准照片　　　　整治照片

9.1.4　地基承载力不足

通病现象	地基承载力不足。
规范标准及相关规定	《城镇道路工程施工与质量验收规范》（CJJ 1—2008）
原因分析	1. 桩基未达到设计持力层。 2. 桩身成桩质量差。 3. 土质原因导致成桩质量不理想。 4. 桩间土质较差，开挖施工对土体扰动较大，强度降低，未能发挥桩土共同作用的效果。
预防措施	1. 设计措施 ①根据软土地质情况、场地功能分区情况选择合理的地基处理方式。 ②施工图设计前现场需进行试桩，确定设计参数、工艺要求等内容。 ③设计过程中，需理论结合经验选择合理的设计参数。设计图给出明确的设计参数，便于施工单位实施。 ④提出明确的检测要求，针对设计关键部位进行严格检测。 ⑤选择合理填料。 ⑥对回填压实要求提出明确指标，对压实检测提出明确要求。 2. 施工措施 ①做好施工前的准备，包括施工机械、原材料的检验、施工工艺参数试验，确保施工能顺利进行。 ②严格按照设计图施工。 3. 管理措施 （1）地基灌注桩桩基施工 ①对引测的水准点标高进行核查，对桩位轴线组织复测。 ②检查桩机就位平整度、垂直度。 ③检查孔径、孔深及第一次清孔的沉淤厚度和泥浆密度、含砂率。 ④对钢筋笼制作、焊接和下笼质量进行检查验收。 ⑤注意第二次清孔后的沉淤厚度和泥浆密度。 ⑥混凝土灌注质量。检查混凝土随车配合比符合设计要求，检查混凝土坍落度满足规范要求。 ⑦监理过程中发现带有共性的问题或较严重的问题，监理工程师应及时口头通知承包商注意改正，要求承包商必须书面答复整改措施的，发监理工程师通知单。问题很严重时，在征得建设单位同意后签发停工令，问题解决后方准予重新开工。 ⑧按设计和规范要求做好桩体检测、承载力检测等检测报告；不满足设计和规范要求需进行补强或重新施打并检测。

预防措施	（2）混凝土预制桩施工 ①对引测的水准点标高进行核查，对桩位轴线组织复测。 ②做好静压桩机进场验收和管桩、焊接材料进场验收。 ③要求施工单位按设计要求做好试桩，确定好施工工艺参数和施压压力值。 ④要求施工单位按施工方案和试桩结果进行施工，做好施工配桩，施压过程监理进行旁站并及时进行记录，不满足设计和规范要求，重新进行施打。
治理措施	1. 组织专题会研讨处理措施。 2. 审核施工单位报送经设计认可的地基承载力不足的质量缺陷整改方案。 3. 地基灌注桩可采取补桩或加大上部承台措施，混凝土预制桩可采取补桩或接桩等措施。 4. 现场检查质量缺陷处理过程，验收缺陷处理结果。 5. 收集整理质量缺陷整改记录，整理归档。
照片	 缺陷照片　　　　　　标准照片　　　　　　整治照片

9.1.5　路基排水不畅

通病现象	路基排水不畅。
规范标准及相关规定	《城镇道路工程施工与质量验收规范》（CJJ 1—2008）
原因分析	1. 排水系统设计缺乏合理性。 2. 地形及地质原因容易积淤泥。 3. 建筑材料不当，抗冲刷能力较弱。 4. 排水沟破坏等原因。
预防措施	**1. 设计措施** ①详细调查场地情况，选择合理的排水路径。 ②合理设置路基横坡，避免造成排水路径过长。 **2. 施工措施** ①施工前应根据道路沿线周围环境气象资料及现有道路排水系统等因素，编制好雨期施工方案，落实防雨措施及排水措施（如设置排水边沟或其他排水设施等）。 ②开挖时，应对原有管线做好保护工作，避免扰动或破坏现有管线，以致现有管线漏水浸泡新挖路床。 ③采用机械开挖时，应严格按相关操作规程执行。 ④当路基因雨造成翻浆时，应采用换土处理。 **3. 管理措施** ①硬化区域应按作业面延伸区综合考虑，减少场地内裸土面积，避免积水。 ②场地临时道路应结合场地排水路由共同布局，利用道路周边排水沟优化排水。 ③利用围蔽边排水沟和道路排水系统共同排水，等距设置沉沙池减少积水风险。 ④排水口应设置在地势较低处，具备条件在排水口设置大体量五级以上沉淀池。 ⑤排水沟定期巡视检查，对破损部位及时修复，对排水不畅的地方及时修正。 ⑥安排清洁人员定期清理排水沟内杂物，沉淀池不得积泥、积沙超一半。
治理措施	1. 组织专题会研讨处理措施。 2. 审核施工单位报送经设计认可的路基排水不畅的质量缺陷整改方案。 3. 可采取优化周边排水沟，增加排水沟深度坡度接入综合管网。增加大体量的沉淀池，过滤排水。 4. 现场检查质量缺陷处理过程，验收缺陷处理结果。 5. 收集整理质量缺陷整改记录，整理归档。
照片	 缺陷照片　　　　标准照片　　　　整治照片

9.1.6 边坡不稳

通病现象	边坡不稳。
规范标准及相关规定	《城镇道路工程施工与质量验收规范》（CJJ 1—2008）
原因分析	1. 开挖地下水位以下的土方时，特别在易发生流砂条件区域施工时，不采取降低水位的施工方法。 2. 边坡顶部附近堆放大量土方、材料、设备，或坡顶附近有振动设备作用。 3. 选用不适当的开挖顺序和方法。 4. 基槽（坑）土坡长期暴露，在日晒、雨淋或外力作用下造成坍塌。 5. 边坡支护不满足要求。
预防措施	1. 设计措施 ①设计前需调查边坡的稳定性情况，是否存在滑坡情况。 ②严格核查勘察报告，选择合理的设计参数。 ③选择合理的边坡支护设计方案。 ④组织好边坡坡面排水，防止坡率冲刷产生局部坍塌。 ⑤做好坡面防护。 2. 施工措施 ①加强地面排水系统，避免边坡积水，防止地面水流入边坡导致边坡失稳。 ②对不满足斜线放坡的坡面，可以采用阶梯式分台阶放坡，阶梯面要夯实。 ③深基坑边坡，坡面应锚杆加固或者挂网喷锚等，坡脚应加固处理。 ④危险性较大边坡顶部应设置沉降、土体测斜等监测点，实时监测数据。 3. 管理措施 ①边坡施工应结合现场编织合理施工方案，超规模的基坑支护方案应组织专家会审。 ②严格按照已经批复的施工方案组织施工，开挖后需要加固的边坡应及时加固。 ③边坡顶部要有截流排水措施，水沟要保持畅通，避免水冲刷边坡导致失稳。 ④坡顶周边不得堆载土方或者大型设备机械行走，如必须行走，应对边坡加固方案重新优化。 ⑤坡内管沟施工前，管理人员要落实工人安全交底，施工过程现场须加强巡视监护。 ⑥雨期天气，避免坡内作业。沟内禁止大面积积水，要及时对积水抽排，严禁带水作业。 ⑦若边坡出现裂缝或者沉降值变化较大时，应立即组织人员撤离，并重新研讨开挖方案。

治理措施	1. 组织专题会研讨处理措施。 2. 审核施工单位报送经设计认可的边坡不稳的质量缺陷整改方案。 3. 可采取基底做好沙袋反压，有条件的情况下可以削坡及时加固护坡。 4. 现场检查质量缺陷处理过程，验收缺陷处理结果。 5. 收集整理质量缺陷整改记录，整理归档。		
照片	缺陷照片	标准照片	整治照片

9.1.7 涵洞有阻水现象

通病现象	涵洞有阻水现象。
预防措施	1. 设计措施 ①合理设置箱涵纵坡。 ②合理设置箱涵平面线型，防止形成涡流，导致渠道阻塞。 2. 管理措施 ①施工图纸会审时注意涵洞内底部标高及坡度以及与两侧排水沟之间的标高关系。 ②严格测量放线的检查验收。 ③施工中注意涵洞内标高控制与检查验收。
治理措施	1. 组织专题会研讨处理措施。 2. 审核施工单位报送经设计认可的涵洞阻水质量缺陷整改方案。 3. 可根据具体情况采用直接向下开挖提高净空增加有效排水深度的措施或者上部结构拆除加高台身以提高净空增加有效排水。 4. 拆除重建。 5. 现场检查质量缺陷处理过程，验收缺陷处理结果。 6. 收集整理质量缺陷整改记录，整理归档。

9.2 基地工程

9.2.1 电缆沟沟道中心线位移超标

通病现象	电缆沟沟道中心线位移超标。
原因分析	测量放线工作不严谨、放线错误。
预防措施	1. 设计措施 图纸中明确电缆沟中心线拐点、检查井等具体坐标。 2. 施工措施 ①编制施工测量方案、熟悉图纸。 ②做好测量交底工作。 ③严格控制测量放线的允许偏差值，放线完后需再次复核校对。 3. 管理措施 ①审核施工单位测量方案、测量仪器仪表进场，检查测量仪器检定状态。 ②检查施工单位测量人员测量资质。 ③严格测量放线的检查验收。 ④施工中注意电缆沟中心线的测量复核验收。
治理措施	1. 组织专题会研讨处理措施。 2. 审核施工单位报送经设计认可的缺陷整改方案。 3. 在安全使用范围内的可考虑调整电缆在支架上摆放位置，超过安全使用范围的需要对超限位置凿除或重建。 4. 现场检查质量缺陷处理过程，验收缺陷处理结果。 5. 收集整理质量缺陷整改记录，整理归档。

9.2.2 钢结构网架变形

通病现象	钢结构网架变形。
预防措施	1. 设计措施 ①钢结构安装前，应根据定位轴线和高程基准点，复核和验收土建施工单位设置的支座预埋件和预埋螺栓的平面定位和标高。支承面的实际施工偏差应满足《钢结构工程施工质量验收标准》（GB 50205—2020）的要求。 ②钢结构安装前，应根据工程的特点对安装的测量和校正编制相应的工艺，对钢板焊接、高强度螺栓安装、栓钉焊等主要工艺应进行工艺试验，编制相应的施工工艺。 ③钢结构安装前，宜进行局部或者整体试拼装，当确有把握时方可进行正式安装。拼装的容许偏差及精度应满足相关规范要求。 ④当混凝土支承结构的构件强度达到设计强度的80%以上时（悬臂、悬挑杆件要求100%），方可进行钢结构吊装。非经设计同意不得利用悬挑构件、转换构件作为钢结构安装的临时支撑点。 ⑤施工前必须编制施工组织设计。钢结构的安装方案，应由施工单位根据结构的受力性能和构造特点，在满足质量、安全、进度和经济效果的要求下，结合当地的施工技术条件综合确定。经相关部门批准后且经试拼装确认方案后方可实施。 ⑥钢结构安装方案，不得改变结构原有的受力形式，必须保证结构稳定性，且不导致永久变形，吊装方案必须经建设单位、监理、设计等单位审核通过。 ⑦安装方法选定后，应分别对钢结构和主体结构施工阶段的吊点反力、水平位移、竖向位移、杆件内力、提升或顶升时支承柱的稳定性、风荷载下主体结构的水平推力等项进行模拟计算分析，必要时应采取临时加固措施，并应在确保结构体系安全的前提下分阶段拆除。 ⑧钢结构吊装的吊点，应由施工单位计算确定，保证吊装过程中整体结构和所有构件的强度、刚度和稳定性。施工单位应采取有效措施，确保现场施工全过程的每一天均形成安全稳定的空间结构体系。吊绳、缆风绳等施工措施必须具有足够的安全储备。 ⑨连接中的普通螺栓与构件固定后，应采用双螺母或其他防止螺母松动的有效措施。 ⑩结构安装完成后，应对所有的连接螺栓应逐一检查，以防漏拧或松动。 2. 施工措施 ①钢结构材料应做到夹板固定，下垫方木，禁止直接堆放土堆或者不平地面上，钢梁之间应设置橡胶垫，避免碰撞变形。 ②测量校正时应对轴线、垂直度、标高、焊缝间隙等因素进行综合考虑，全面兼顾，每个分项的偏差值都要达到设计及规范要求。 ③钢结构主次梁等关节部位应设置沉降、横向位移等监测点，实时监测数据。 ④主网架施工完成后，做好成品保护，禁止在上部设置临时吊点或者其他材料堆载。 ⑤气温较高时，应对钢结构降温冷却，避免焊接安装后温度应力较大，导致网架局部变形。

预防措施	3. 管理措施 （1）现场拼装 ①安装前检查网架支座定位轴线，支座锚栓的规格、位置，支承面顶板的位置、标高、水平度应符合规范要求。平整度标高不符合要求时，必须用钢板垫平。 ②安装时，支承结构必须符合设计及施工验收规范要求。 ③网架安装定位时，根据网架形状在连接板上划线，划线同轴线重合，连接板定位时须用水平尺调平连接板。 ④安装前，对杆件要检查，杆件不应有初弯曲。安装中，不得强迫就位和校正，压杆部位不得有杆件弯曲现象。 ⑤基准线上的网架带必须先安装，安装后进行测量检验，调整偏差。调整后方可正常的网架安装。 ⑥网架开始正常安装，先拼下弦网架，再装腹杆锥体及上弦杆。高强螺栓不能一次拧紧，待装上弦杆后，再将一个锥体单元中所有螺栓全部拧紧。网架拼装过程中要注意下弦杆不能一下子装得太多，一般下弦超前上弦 2 个网格，下弦节点要填实，待网架形成一个稳定刚体后，才能取消垫块。周边支承网架一般离作业区 6~8 个网格，才能取消垫块。对于点支承网架，在支承范围内不得取消垫块。 ⑦网架节点，安装时一定要使高强度螺栓全部到位，待螺栓基本到位后，将螺钉旋入螺栓深槽，再拧紧螺栓。 ⑧安装过程中应随时注意组装尺寸及轴线控制，及时发现问题及时调整。 ⑨连接板与埋件焊接要符合设计要求，支座螺母要按规定拧紧。 ⑩安装结束后应进行自检，做好记录，交付验收，实测项目及要求符合设计要求和施工验收标准的规定。 ⑪杆件对接焊缝质量检验除应首先对全部焊缝进行外观检查外，对无损检测的抽样数应至少取焊口总数的 20%（每一焊口指钢管与球节点连接处一圈焊缝）。 ⑫网架安装方法（高空散装法、分条或分块安装法、高空滑移法、整体吊装法、整体提升法及整体顶升法等）应根据网架受力和构造特点，在满足质量、安全、进度和经济效果等情况，结合现场实际条件综合决定。 ⑬网架安装后，未经设计许可，严禁作为其他构件安装的起吊点。安装过程中操作用脚手架要求整体稳定、牢固，符合安全要求。 ⑭钢网架结构总拼完成后及屋面工程完成后应分别测量其挠度值，且所测的挠度值不应超过相应设计值的 1.15 倍。 （2）整体吊装 ①钢结构起重吊装方案要严格按照 37 号令要求组织编制，并组织专家会审。 ②材料吊装过程中，管理人员应现场监管，材料吊装完成后四周设置警示标志。 ③钢结构材料加工前，应对现场孔位、轴线等提前测量复核，避免后期孔位不准。 ④主网架施工完成后，做好成品保护，禁止在上部设置临时吊点或者其他材料堆载。

预防措施	⑤钢结构主梁应避免集中堆载，材料应分散均匀堆放，暂不使用材料禁止直接上放。 ⑥钢结构开孔和螺栓对接，应在误差范围内，严禁私自气割开孔强上螺栓。 ⑦建立质量管控体系，落实每一道工序必须验收合格后才能进行下一道工序，工序之间可以采用确认打钩签字制度，加强质量考核制度，职责明确，利用奖惩制度开展质量管控。 ⑧大风雷雨天气禁止钢结构施工，避免天气等不良因素导致钢结构网架变形。 ⑨钢结构发生变形后，应及时组织专题会讨论钢结构质量可靠性和整改措施。
治理措施	1. 组织专题会研讨处理措施。 2. 审核施工单位报送经设计认可的缺陷整改方案。 3. 现场检查质量缺陷处理过程，验收缺陷处理结果。 4. 收集整理质量缺陷整改记录，整理归档。

9.2.3 玻璃幕墙脱落

通病现象	玻璃幕墙脱落。
原因分析	1. 固定件锈蚀 用于固定幕墙的钢制构件因氧化腐蚀，导致幕墙固定不稳脱落。 2. 框架变形 房屋下沉、温差变化、本身质量和使用年限等均可能造成框架变形，进而导致玻璃破裂，甚至脱落。 3. 硅胶老化 粘合幕墙的硅胶会随着时间的推移老化、疲劳，甚至失效。 4. 内部气泡 如果玻璃幕墙内有气泡夹杂（这类气泡往往肉眼难辨），受阳光照射后，热效应不均，容易爆裂。 5. 硅酮结构胶是隐框幕墙的关键材料，如果不按规范要求进行选材（不按规范要求选择型材、密封胶）、选用无幕墙施工资质的企业施工、选择劣质硅酮结构胶等均会造成玻璃板块脱落。
预防措施	1. 设计措施 ①应委托有幕墙设计资质的单位进行专项设计。 ②明确玻璃幕墙在节能、抗风压、气密性、水密性、防水、防火、防护、隔声的设计要求，饰面材质、涂层等方面的技术要求，并明确建筑设计与专项设计的工作及责任界面。 ③幕墙设计应以安全可靠为首要考虑因素，充分考虑风荷载、地震、温度应力等对幕墙结构的影响，对重要连接部位的可靠性进行验算，形成完善的计算书。 2. 管理措施 ①要求玻璃幕墙生产厂家制定内部质量控制标准。 ②安装单位要有玻璃幕墙安装相应资质，并编制玻璃幕墙专项施工方案报监理审批通过后才能进行施工。 ③严格材料和预制构件的进场验收，提交相应产品质量证明文件和性能测试报告，预制构件、结构密封胶必须满足规范要求，并在有效期内使用，需对结构胶进行见证复检。 ④玻璃幕墙安装施工要对以下项目进行隐蔽工程验收： 构件与主体结构的连接节点安装； 幕墙四周、幕墙内表面与主体结构之间间隙节点的安装； 幕墙伸缩缝、沉降缝、防震缝剂墙面转角节点的安装； 幕墙防雷接地点的安装。 ⑤玻璃幕墙安装验收应满足规范要求。
治理措施	1. 组织专题会研讨处理措施。 2. 审核施工单位报送经设计认可的缺陷整改方案。 3. 可考虑增加幕墙与主体结构的连接点数量来增加幕墙锚固性能，或者在幕墙伸缩缝等连接位置加注密封胶保证稳固。 4. 现场检查质量缺陷处理过程，验收缺陷处理结果。 5. 收集整理质量缺陷整改记录，整理归档。

9.2.4 金属板屋面板材变形

通病现象	金属板屋面板材变形。
原因分析	1. 屋面板板端或屋架变形，找平层开裂。 2. 基层温度收缩变形。 3. 成品保护不到位。
预防措施	1. 设计措施 ①应委托有相关设计资质的单位进行专项设计。 ②明确金属屋面在保温隔热、抗风、防火、承载等方面设计要求，屋面承重结构应进行受力复核，并明确建筑设计与专项设计的工作及责任界面。 ③金属屋面设计应以安全可靠为首要考虑因素，在台风地区应谨慎使用，如需采用，必须采取适当的防风措施，如减少大节点、增加固定点，在屋脊、檐口、山墙转角、门窗、勒脚等围护系统外侧正设通长固定压条等。 ④对风荷载较大的地区，其屋面受有较大负风压，应采取加强连接的构造措施。 2. 施工措施 ①依据屋面面板板型、制作卡模。采用垂直运输设备逐块吊装。 ②铺设压型钢板屋面时，相邻两块板应顺年最大频率风向搭接，可避免刮风时冷空气贯入室内。 ③屋面板端部通过板上与檩条预钻孔相配就位和排列。 ④所有的板材在建筑长度上的位置和排列需保持 300mm 的模数。 ⑤压型板应采用带防水垫圈的镀锌自钻螺钉固定，固定点应设在波峰上。所有外露的自钻螺钉，均应涂抹密封材料保护。 ⑥金属板材屋面与立面墙体及突出屋面结构等交接处，均应做泛水处理。两板间应放置通长密封条；螺栓拧紧后，两板的搭接口处应用密封材料封严。 3. 管理措施 ①金属板安装应在钢结构检验验收合格后进行。 ②金属板（包括泛水板、包角板）搭接固定必须牢靠。 a. 屋面板长度方向采用搭接时，搭接端必须位于支承件上（如檩条），并用连接件固定。 b. 组合楼板支承长度应不小于50mm,锚固件连接可靠,位置符合设计要求。 ③金属板围护结构外观质量应符合质量验收规范的要求。 ④安装完成后对屋面进行检查，发现屋面变形的，则进行更换。
治理措施	1. 组织专题会研讨处理措施。 2. 审核施工单位报送经设计认可的缺陷整改方案。 3. 可综合考虑使用性和安全性，增加锚固件连接或者直接拆除更换。 4. 现场检查质量缺陷处理过程，验收缺陷处理结果。 5. 收集整理质量缺陷整改记录，整理归档。

9.2.5　作业区域未铺防滑瓷砖

通病现象	作业区域未铺防滑瓷砖。
预防措施	1. 设计措施 ①室外地面、室内潮湿楼地面、坡道、踏步均应有防滑设计。室内干态地面静摩擦系数应满足现行《建筑地面工程防滑技术规程》（JGJ/T 331）的要求；其他应满足现行《建筑地面工程防滑技术规程》（JGJ/T 331）、《建筑地面设计规范》（GB 50037）的要求。 ②防滑地砖采用的材料产品性能应符合设计要求和国家现行有关产品标准的规定。材料进场时应提供产品合格证，包括防滑性能检测报告。 2. 施工措施 ①严格按照图纸施工，确保作业区域铺设防滑瓷砖。 ②严格执行三检制度，作业完成后做好检查工作。 3. 管理措施 ①图纸会审阶段应认真审核作业区域是否遗漏防滑的功能要求。 ②严格材料的进场验收；提交相应产品质量证明文件和防滑性能测试报告。 ③施工中加强巡检，防止错用材料。 ④加强工序验收。
治理措施	1. 组织专题会研讨处理措施。 2. 审核施工单位报送经设计认可的缺陷整改方案。 3. 将用错的瓷砖铲除重铺。 4. 现场检查质量缺陷处理过程，验收缺陷处理结果。 5. 收集整理质量缺陷整改记录整理归档。

9.2.6 廊道或道路没有路缘石

通病现象	廊道或道路没有路缘石。
原因分析	图纸不熟悉，审图不严。
预防措施	1. 设计措施 ①设计图纸明确道路两侧均设置路缘石。 ②路缘石标高结合硬化场地、材料堆场、管沟等采用不同的标高，整体与周边环境协调。 2. 施工措施 ①路缘石施工严格按照图纸实施。 ②严格执行三检制度，作业完成后做好检查工作。 3. 管理措施 ①图纸会审阶段应认真审核廊道或道路是否遗漏路缘石。 ②严格材料的进场验收。 ③加强工序验收。
治理措施	1. 组织专题会研讨处理措施。 2. 审核施工单位报送经设计认可的缺陷整改方案。 3. 核实图纸确认后增加路缘石。 4. 现场检查质量缺陷处理过程，验收缺陷处理结果。

第 10 章

人防工程

10.1 人防墙体钢筋绑扎

10.1.1 墙体拉结筋设置不满足要求

通病现象	人防门门框墙、临空墙未设置拉结筋。
规范标准及相关规定	《轨道交通工程人民防空设计规范》（RFJ 02—2009）5.10.11 规定：承受动荷载作用的钢筋混凝土板、墙及壳，应设置梅花形排列的拉结筋。
原因分析	1. 土建施工单位未按图纸施工。 2. 施工简化施工步骤，未设置拉结筋。
预防措施	1. 设计措施 施工图中明确拉结筋形式、规格，并附相关大样图。 2. 施工措施 施工单位钢筋绑扎过程中严格按设计进行施工。 3. 管理措施 ①加强钢筋绑扎过程中施工质量检查、记录；质量验收不符合设计及规范要求时，未经整改合格，不允许进入下一道施工工序。 ②合模之前、混凝土浇筑之前都应进行隐蔽验收。
治理措施	1. 在交底中应着重强调构造要求。 2. 应在土建钢筋绑扎完成且尚未浇筑混凝土前，对现场施工质量进行检查，并做好隐检记录。
照片	 缺陷照片　　　　　　　　标准图

拉筋梅花形布置示例

10.1.2 门洞四角斜向加强筋设置不满足要求

通病现象	人防门门洞四角未设置斜向加强筋。
规范标准及相关规定	《轨道交通工程人民防空设计规范》（RFJ 02—2009）5.9.7 规定：门洞四角的内外层，均应配置 HRB335 的斜向加强钢筋，斜向加强钢筋直径不应小于 16mm，长度不应小于钢筋直径的 60 倍。
原因分析	1. 土建施工单位未按图纸施工。 2. 施工简化施工步骤，门洞四角未设置加强筋。
预防措施	1. 设计措施 施工图中明确门洞四角斜向加强筋形式、规格，并附相关大样图。 2. 施工措施 施工单位钢筋绑扎过程中严格按设计进行施工。 3. 管理措施 ①加强钢筋绑扎过程中施工质量检查、记录；质量验收不符合设计及规范要求时，未经整改合格，不允许进入下一道施工工序。 ②合模之前、混凝土浇筑之前都应进行隐蔽验收。
治理措施	1. 在交底中应着重强调构造要求。 2. 应在土建钢筋绑扎完成且尚未浇筑混凝土前，对现场施工质量进行检查，并做好隐检记录。
照片	 缺陷照片 　　 标准照片

10.1.3　受力筋锚固长度不满足要求

通病现象	人防门门框墙受力钢筋平直段锚固长度不满足。
规范标准及相关规定	《轨道交通工程人民防空设计规范》（RFJ 02—2009）5.9.8 规定：门框墙直接承受冲击波作用一侧的受力钢筋，其伸入通道结构内弯折后的平直段长度不应小于钢筋直径的 15 倍。
原因分析	土建施工单位未按图纸施工。
预防措施	1. 设计措施 施工图中明确门框墙受力钢筋锚固长度，并附相关大样图。 2. 施工措施 施工单位钢筋绑扎过程中严格按设计进行施工。 3. 管理措施 ①加强钢筋绑扎过程中施工质量检查、记录；质量验收不符合设计及规范要求时，未经整改合格，不允许进入下一道施工工序。 ②合模之前、混凝土浇筑之前都应进行隐蔽验收。
治理措施	1. 在交底中应着重强调构造要求。 2. 应在土建钢筋绑扎完成且尚未浇筑混凝土前，对现场施工质量进行检查，并做好隐检记录。
照片	 缺陷照片 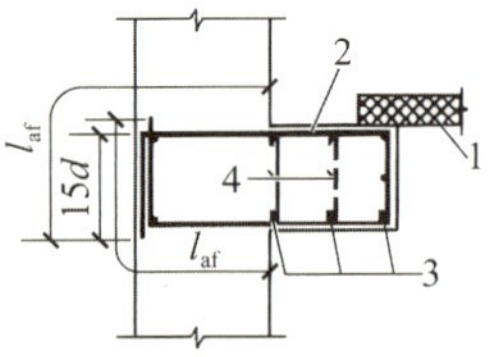　　　　　　　标准图 1—防护设备；　2—水平受力钢筋； 3—竖向受力钢筋；　4—拉结筋

10.2 人防墙体混凝土浇筑施工

10.2.1 结构主体后浇带贯穿人防门门框墙

通病现象	结构主体后浇带贯穿人防门门框墙。
规范标准及相关规定	《人民防空工程施工及验收规范》（GB 50134—2004）6.4.11 规定：工程口部、防护密闭段、采光井、水库、水封井、防毒井、防爆井等有防护密闭要求的部位，应一次整体浇筑混凝土。
原因分析	1. 土建施工单位未按图纸施工。 2. 结构主体后浇带设置位置与人防门框墙冲突。
预防措施	**1. 设计措施** ①施工图设计说明中明确结构主体后浇带、施工缝不得贯穿人防门门框墙。 ②结构主体后浇带设置位置应符合人防相关要求。 **2. 施工措施** ①施工单位施工过程中严格按设计预留后浇带。 ②施工单位调整结构主体后浇带位置时，应避免后浇带贯穿人防门门框墙。 **3. 管理措施** 加强施工过程中施工质量检查、记录；不符合设计及规范要求时，未经整改合格，不允许进入下一道施工工序。
治理措施	1. 在交底中应着重强调结构主体后浇带不得贯穿人防门门框墙。 2. 应在土建钢筋绑扎完成且尚未浇筑混凝土前，对现场施工质量进行检查，并做好隐检记录。
照片	 缺陷照片　　　　　标准照片

10.2.2　人防门门框墙与通道未整体浇筑

通病现象	人防门门框墙与通道未整体浇筑。
规范标准及相关规定	《轨道交通工程人民防空设计规范》（RFJ 02—2009）5.9.8 门框墙应与通道结构整体浇筑。
原因分析	土建施工单位未按图纸要求施工。
预防措施	1. 设计措施 施工图设计说明中明确人防门框墙应与通道结构整体浇筑。 2. 施工措施 施工单位施工过程中严格按设计进行施工。 3. 管理措施 加强施工过程中施工质量检查、记录；不符合设计及规范要求时，未经整改合格，不允许进入下一道施工工序。
治理措施	1. 在交底中应着重强调人防门框墙与通道结构整体浇筑的要求。 2. 应在土建钢筋绑扎完成且尚未浇筑混凝土前，对现场施工质量进行检查，并做好隐检记录。
照片	 缺陷照片　　　　　　　　标准照片

10.2.3　钢筋保护层过厚

通病现象	钢筋保护层过厚。
规范标准及相关规定	《轨道交通工程人民防空设计规范》（RFJ 02—2009）5.10.4 规定：钢筋混凝土受力钢筋以及非受力钢筋的最小保护层厚度（钢筋外边缘至混凝土表面的距离）应符合现行国家标准《地铁设计规范》（GB 50157）的规定。 　　《人民防空工程施工及验收规范》（GB 50134—2004）6.3.9 规定：受力钢筋的混凝土保护层厚度应符合设计要求；当设计无具体要求时，在正常环境下，不宜小于 25mm；在高湿度环境下，不宜小于 45mm。
原因分析	1. 人防门门槛引用标高错误或原始标高放线错误。 2. 未按施工图相关要求加工钢筋尺寸。
预防措施	1. 设计措施 施工图中明确门槛标高与保护层厚度。 2. 施工措施 ①施工单位施工过程中严格按设计进行施工。 ②施工单位应仔细核对施工图中的人防门门槛标高与混凝土构件尺寸。 3. 管理措施 ①加强钢筋绑扎过程中施工质量检查、记录；质量验收不符合设计及规范要求时，未经整改合格，不允许进入下一道施工工序。 ②合模前、混凝土浇筑前，都应进行隐蔽验收。
治理措施	1. 在测量放线前，应对测量工具进行校准，避免过大的累积误差。 2. 应在土建钢筋绑扎完成且尚未浇筑混凝土前，对现场施工质量进行检查，并做好隐检记录。
照片	 　　 　　　缺陷照片 　　　　　　　标准照片

10.2.4　墙体混凝土浇筑不到位

通病现象	人防门门槛混凝土未浇筑密实。
规范标准及相关规定	《人民防空工程质量验收与评价标准》（RFJ 01—2015）6.6.8 现浇结构的外观质量不应有严重缺陷。
原因分析	1. 混凝土浇筑量少，高出结构板顶面部分的门槛未单独支模。 2. 钢筋混凝土浇筑过程中振捣不到位。 3. 混凝土坍落度偏小，不符合相关设计要求。
预防措施	1. 设计措施 施工图中明确门槛标高。 2. 施工措施 ①施工单位应对高出结构板顶面部分的门槛单独支模，且浇筑混凝土并振捣到位。 ②施工单位应采用符合设计相关要求的混凝土。 3. 管理措施 支模与浇筑施工时应加强质量检查，一旦发现问题应立即整改，未经整改合格，不允许进入下一道施工工序。
治理措施	1. 在交底文件中着重强调。 2. 应在支模完成且尚未浇筑混凝土前，对现场施工质量进行检查。
照片	 缺陷照片 　　　　　　　　　　标准照片

10.2.5 人防墙支模

通病现象	人防门门框墙、临空墙固定模板的对拉螺杆采用套管。
规范标准及相关规定	《人民防空工程施工及验收规范》（GB 50134—2004）6.2.1 规定：临空墙、门框墙的模板安装，其固定模板的对拉螺栓上严禁采用套管、混凝土预制件等。
原因分析	1. 施工单位没有意识到对拉螺杆对保证人防防护体系完整的重要性，而采用普通混凝土隔墙模板固定方式。 2. 固定模板未按相关要求使用一次性止水螺杆。
预防措施	1. 设计措施 明确临空墙、门框墙模板固定方式采用一次性止水螺杆。 2. 施工措施 施工单位施工过程中严格按设计进行施工。 3. 管理措施 ①加强支模过程中施工质量检查、记录；质量验收不符合设计及规范要求时，未经整改合格，不允许进入下一道施工工序。 ②合模之前、混凝土浇筑之前都应进行隐蔽验收。
治理措施	1. 在交底时应着重强调临空墙、门框墙固定模板采用一次性止水螺杆。 2. 施工过程中应明确施工墙体是否为临空墙或门框墙。
照片	 缺陷照片　　　　　　标准照片

10.3 人防墙穿墙套管

10.3.1 穿墙套管无密闭翼环

通病现象	人防门框墙、临空墙穿墙套管无密闭翼环。
规范标准及相关规定	《轨道交通工程人民防空设计规范》（RFJ 02—2009）9.0.7 规定：所有穿过防护密闭墙的电气管线均应预埋防护密闭穿墙套管，并应有防护密闭措施。 《人民防空工程质量验收与评价标准》（RFJ 01—2015）7.6.1 规定：当管道穿过工程外墙（板）、临空墙、防护密闭隔墙、密闭隔墙时，应预埋带有密闭翼环的密闭穿墙管（短管或套管）。
原因分析	1. 施工单位预埋的穿墙套管未按施工图中相关要求及规范加工制作。 2. 施工单位漏埋穿墙套管，钢筋绑扎完成之后补充相关套管。
预防措施	1. 设计措施 施工图中明确穿墙套管的防护密闭处理措施与参考图集。 2. 施工措施 施工单位严格按施工图穿墙套管相关要求或参考图集进行加工或采买。 3. 管理措施 ①加强钢筋绑扎过程中施工质量检查、记录；质量验收不符合设计及规范要求时，未经整改合格，不允许进入下一道施工工序。 ②合模前、混凝土浇筑前，都应进行隐蔽验收。
治理措施	1. 在交底中应着重强调穿墙套管的相关要求。 2. 应在土建钢筋绑扎完成且尚未浇筑混凝土前，对现场施工质量进行检查，并做好隐检记录。
照片	 缺陷照片 　　　　　　标准照片

10.3.2　穿墙套管管径 ≥ 150mm 孔洞未设置加强筋

通病现象	人防门门框墙、临空墙穿墙套管管径 ≥ 150mm 孔洞未设置加强筋。
规范标准及相关规定	《轨道交通工程人民防空设计规范》（RFJ 02—2009）5.9.10 规定：门框墙预埋穿墙套管外径大于 150mm 时，除对孔洞采取防护密闭措施外，还应对孔洞周采取加强措施。
原因分析	1. 施工单位忽视孔洞周采取加强措施的重要性。 2. 施工单位未按照图纸要求施工，简化施工步骤，未设置加强钢筋。
预防措施	1. 设计措施 施工图中明确穿墙套管孔洞加强措施，并附相关大样图。 2. 施工措施 施工单位施工过程中严格按设计进行施工。 3. 管理措施 ①加强钢筋绑扎过程中施工质量检查、记录；质量验收不符合设计及规范要求时，未经整改合格，不允许进入下一道施工工序。 ②合模前、混凝土浇筑前都应进行隐蔽验收。
治理措施	1. 在设计交底中应着重强调对孔洞周采取加强措施。 2. 应在土建钢筋绑扎完成且尚未浇筑混凝土前，对现场施工质量进行检查，并做好隐检记录。
照片	 缺陷照片 　　　　　　　标准照片

10.3.3　穿墙套管与墙面齐平，未伸出墙面

通病现象	人防门门框墙、临空墙穿墙套管与墙面齐平，未伸出墙面。
规范标准及相关规定	《人民防空工程施工及验收规范》（GB 50134—2004）10.1.6 规定：密闭穿墙短管两端伸出墙面的长度，应符合下列规定： 1. 电缆、电线穿墙短管宜为 30～50mm； 2. 给水排水穿墙短管应大于 40mm； 3. 通风穿墙短管应大于 100mm。
原因分析	土建施工单位未按照施工图要求预埋。
预防措施	1. 设计措施 穿墙套管的防护密闭处理措施中明确套管两端伸出墙面的长度。 2. 施工措施 施工单位施工过程中严格按设计进行施工。 3. 管理措施 ①加强钢筋绑扎过程中施工质量检查、记录；质量验收不符合设计及规范要求时，未经整改合格，不允许进入下一道施工工序。 ②合模前、混凝土浇筑前，都应进行隐蔽验收。
治理措施	1. 在交底中应着重强调穿墙套管的相关要求。 2. 应在土建钢筋绑扎完成且尚未浇筑混凝土前，对现场施工质量进行检查，并做好隐检记录。
照片	 缺陷照片　　　　　　　标准照片

10.3.4　预留数量不足，擅自开洞

通病现象	人防门门框墙、临空墙预留套管数量不足，擅自开洞。
规范标准及相关规定	《中华人民共和国人民防空法》第二十七条任何组织或者个人不得进行影响人民防空工程使用或者降低人民防空工程防护能力的作业。
原因分析	施工单位未按施工图中穿墙套管数量预埋或漏埋套管。
预防措施	1.设计措施 施工图中明确人防墙穿墙套管的孔径、数量及位置，严禁擅自开孔。 2.施工措施 施工单位施工过程中严格按设计进行施工。 3.管理措施 ①加强钢筋绑扎过程中施工质量检查、记录；质量验收不符合设计及规范要求时，未经整改合格，不允许进入下一道施工工序。 ②合模前、混凝土浇筑前都应进行隐蔽验收。
治理措施	涉及穿墙套管数量不足，应先与设计沟通解决方案。
照片	 缺陷照片 　　　　　标准照片

10.3.5 水管穿人防墙后未设置防爆闸阀

通病现象	防爆闸阀未设置、未按图纸安装，安装位置错误，影响防护体系的完整性。
规范标准及相关规定	《轨道交通工程人民防空设计规范》（RFJ 02—2009） 8.0.2 规定：平时和战时进、出工程的消防水管、空调冷却水管、排水出户管等给水排水管道应按下列规定设置公称压力不小于 1.0MPa 的防护阀门。 广州市民防办公室办关于印发《广州市城市地下轨道交通兼顾人防施工图审查指引》的通知：第五条人防给水排水专业 5.4 规定：对管径 ≥ DN300 的水管，加法兰短管，战时切断水管，在端头加盲法兰封堵，DN300 以下管道采用防护闸阀。
原因分析	1. 设备安装单位忽视防爆闸阀的重要性。 2. 设备安单位未按照图纸要求，自行调整闸阀与弯头等构件的安装顺序。 3. 简化施工步骤，未预留法兰封堵接口。
预防措施	1. 设计措施 施工图中明确闸阀位置、型号、规格，并注明人防防爆闸阀，或明确水管战时封堵方式，并在交底中应着重强调。 2. 施工措施 施工单位施工过程中严格按设计进行施工。 3. 管理措施 加强钢施工过程中施工质量检查、记录；质量验收不符合设计及规范要求时，未经整改合格，不允许进入下一道施工工序。
治理措施	未安装防爆闸阀的水管，按照施工图要求重新安装。
照片	 　　缺陷照片　　　　　　　　　标准照片

10.3.6 防爆地漏预埋不满足要求

通病现象	防爆地漏材质不符、未按图纸安装，安装位置及标高错误，影响后期门扇启闭。
规范标准及相关规定	《人民防空工程质量验收与评价标准》（RFJ 01—2015） 10.6.3 规定：地漏的安装应平正、牢固，低于排水表面，周边无渗漏。地漏水封高度不得小于 50mm。 10.8.5 第 1 款规定：防爆地漏安装高度应低于周围地面 5～10mm，并有 1%的坡度坡向地漏。 10.8.5 第 3 款规定：防爆地漏应为不锈钢或铜材质。
原因分析	防爆地漏未按照图纸要求采购、安装。
预防措施	1. 设计措施 图纸中明确防爆地漏的材质、型号、规格，并附有安装大样图。 2. 施工措施 施工单位施工过程中严格按设计进行施工。 3. 管理措施 ①防爆地漏应从正规渠道采购，并且应具有产品合格证。 ②防爆地漏安装时应加强质量检查，确定安装位置及安装标高，一旦发现问题应立即整改，未整改合格，不允许进入下一道施工工序。
治理措施	防爆地漏安装前，应认真核对图纸，确定安装位置，仔细确定安装标高。安装完成后，应再次进行复核。
照片	 缺陷照片　　　　标准图

10.3.7　人防门吊钩未按照图纸加工、预埋

通病现象	吊钩未按照图纸要求加工、预埋，安装前未除锈，吊钩制作随意，留出长度不符合图纸要求，未钩住顶板上层钢筋。
规范标准及相关规定	《混凝土结构设计规范》（GB 50010—2010）（2015 年版）9.7.6 第 1 款，吊环锚入混凝土中的深度不应小于 30d，并应焊接或绑扎在钢筋骨架上，d 为吊环钢筋或圆钢的直径。
原因分析	1. 土建施工单位忽视吊钩的重要性。 2. 未按照图纸要求进行吊钩原材料的采购及制作。 3. 未按图纸要求进行吊钩的安装。
预防措施	1. 设计措施 图纸中明确吊钩的材质、型号、规格，并附有安装大样图。 2. 施工措施 施工单位施工过程中严格按设计进行施工。 3. 管理措施 ①吊钩施工时应加强质量检查，一旦发现问题应立即整改，未整改合格，不允许进入下一道施工工序。 ②混凝土浇筑之前应进行隐蔽验收。
治理措施	1. 在设计交底时应着重强调吊钩安全的重要性，根据设计图纸用光面圆钢制作，钩住顶板上层钢筋，做好除锈刷漆工作。严禁使用冷加工钢筋制作吊钩。 2. 人防设备厂家在吊装门扇前应对吊钩进行检查。吊装时应先进行试吊，确保吊钩安全的情况下再进行正式吊装。
照片	 缺陷照片　　　　　　标准照片

10.4 人防门设备

10.4.1 防护设备锈蚀

通病现象	防护设备锈蚀。
规范标准及相关规定	《人民防空工程防护设备安装技术规程》（DB23/T 2934—2021）4.3.5 人防门外观质量应符合下列要求：1. 门框无损坏、变形、锈蚀，门框临时支撑齐全，锚固钩焊接牢靠、间距均匀、数量符合设计要求；2. 门扇的闭锁、铰页、零部件、附件等必须齐全，并不得有锈蚀和损坏。
原因分析	1. 人防设备厂家忽视原材料的质量。 2. 未按照图纸要求进行防锈处理。 3. 施工现场积水或者湿度较大。
预防措施	1. 设计措施 图纸中明确如何进行防锈处理。 2. 施工措施 人防设备厂家应熟读图纸，熟悉图纸中对防锈处理的要求。 3. 管理措施 加强过程施工质量检查，经常性巡视检查现场，及时发现问题并整改到位，未经整改合格，不允许进入下一道施工工序。
治理措施	1. 应在工厂内除净底锈、刷两遍防锈漆，运输、安装过程中如有破坏应及时补漆。 2. 整体调试完成后，所有外露非配合金属表面应涂面漆两道。 3. 应及时与场地管理单位沟通，做好人防段积水排除工作。
照片	 缺陷照片　　　　　　　　　　　标准照片

10.4.2　门框支撑体系不牢固

通病现象	设备安装过程中支撑体系未做稳固，或混凝土模板支撑体系与门框的支撑体系不是独立的，混凝土浇筑后模板变形，进而导致门框整体或局部变形。
原因分析	1. 忽略门框支撑体系。 2. 赶工期。
预防措施	1. 设计措施 图纸中明确如何进行门框安装时支撑体系的设置。 2. 施工措施 严格按照施工组织设计进行施工。 3. 管理措施 门框支撑体系搭设完成后，应进行专项检查，及时发现问题并整改到位，未整改合格，不允许进入下一道施工工序。
治理措施	1. 门框一般应在其两侧用斜管支撑，其位置应该以斜管支撑件与底板地面夹角为45°为宜。斜向支撑件的数量应根据门框的宽度确定。 2. 模板支撑体系与人防门框钢支撑体系应相互独立。严禁土建模板支撑件安在人防门框的支撑体系的任何杆件上，避免土建支撑受力变形影响门框支撑变形，并要求土建支撑杆件系统与人防支撑杆之间留有20～30mm的间距。
照片	 缺陷照片　　　　　　　　　标准照片

10.4.3 区间人防设备安全装置不到位

通病现象	区间人防设备安全装置不到位，对运营安全造成极大威胁。例如：安全挡板螺栓未拧紧或未设置弹簧垫圈；安全拉杆上的插销未装开口销；千斤顶插销未完全插入轴套底部；行程开关安装不到位等。
规范标准及相关规定	交通运输部办公厅关于印发《城市轨道交通初期运营前安全评估技术规范 第 1 部分：地铁和轻轨》（交办运〔2019〕17 号）第二十八条规定：对轨行区电缆、管线、射流风机等吊挂构件，声屏障、防火门、人防门、防淹门等构筑物具有安装牢固、定位锁定和防护措施是否到位的检查记录。
原因分析	1. 施工过程监督不到位。 2. 工期紧张。
预防措施	1. 设计措施 图纸中明确安全装置做法。 2. 施工措施 人防设备厂家应熟读图纸，熟悉图纸中对安全装置的要求。 3. 管理措施 加强过程施工质量检查，并且施工完成后应对安全装置进行专项检查，并做好记录。
治理措施	1. 人防设备厂家在区间人防设备安装完毕后，应分别对每套安全措施进行测试，确保安全保障措施相互独立有效。 2. 整体调试完成后，还应对照设备图纸对所有安全装置零部件紧固程度进行全面复查。
照片	 缺陷照片　　　　　　标准照片

10.4.4 门框安装标高错误

通病现象	门框安装时由于基准标高错误或者测量放线误差过大，导致门框安装标高错误。门框过高，后期装修无法弥补，门框过低，门扇无法关闭，返工费时、费力。
规范标准及相关规定	《人民防空工程防护设备安装技术规程》（DB23/T 2934—2021）6.0.3 地铁和隧道正线人防门安装时施工单位应完成以下工作：1. 人防段门框墙混凝土如若二次浇筑，接口处须按照人防设计图纸配筋要求，在主体结构相应部位预留钢筋接驳器；2. 人防段测量定位应以下门框中线与线路中线交点为控制基点。预埋钢板及下门框的安装必须经第三方复测，预埋钢板的标高、中线偏差为±5mm，里程偏差为±20mm，下门框的标高、中线偏差均为±2mm。
原因分析	1. 人防设备厂家安装门框时引用标高错误。 2. 原始标高放线错误。
预防措施	1. 设计措施 图纸中明确安装标高。 2. 施工措施 人防设备厂家应仔细确定图纸中的标高。 3. 管理措施 人防设备安装前，人防设备厂家应与土建施工单位加强配合，确保基准标高数据准确。
治理措施	1. 人防设备厂家在测量放线前，应对测量工具进行校准，避免过大的累积误差。 2. 门框安装完成后，人防设备厂家和土建施工单位或第三方测量单位应复测安装数据，对人防门孔中线、门口边线及门框标高进行复核，并形成安装测量复核记录。
照片	 缺陷照片 标准照片

10.4.5　人防设备缺少零件或零件紧固不到位

通病现象	人防设备安装时，工人图省事或无意中漏装部分螺栓，以及螺栓未拧紧，导致人防设备受力出现问题。
规范标准及相关规定	《人民防空工程防护设备安装技术规程》（DB23/T 2934—2021）4.3.5 人防门外观质量应符合下列要求：1. 门框无损坏、变形、锈蚀，门框临时支撑齐全，锚固钩焊接牢靠、间距均匀、数量符合设计要求；2. 门扇的闭锁、铰页、零部件、附件等必须齐全，并不得有锈蚀和损坏。
原因分析	1. 人防设备厂家的安装工人图省事。 2. 人防设备螺栓较多，工人无意中漏装。
预防措施	1. 设计措施 图纸中，明确螺栓、螺母、垫片等的数量。 2. 施工措施 人防设备厂家应熟读图纸，严格按照图纸要求安装零部件。 3. 管理措施 人防设备厂家应加强对安装工人的技术交底，形成安装技术要求，且安装完成后应进行三检制度，确保不漏装零件且零件紧固到位。
治理措施	整体调试完成后，应对照设备设计图纸，对零部件的数量、规格、型号等进行复查。
照片	缺陷照片　　　 标准照片

10.4.6　门框锚固钩被割掉

通病现象	门框安装完成后，土建开始绑扎门框墙钢筋。部分土建施工单位为了施工方便，野蛮施工，将门框锚固钩割掉。锚固钩主要起门框和门框墙的锚固作用，锚固钩被割后，后期安装门扇时，由于门扇自重较大，会把门框拉出，该处无逃生空间，从而会发生人员伤亡事故。
规范标准及相关规定	《人民防空工程防护设备安装技术规程》（DB23/T 2934—2021）5.4.6 人防门安装与调试质量应符合下列要求：施工安装过程中，人防门的各种零部件不得损伤，密封胶条、胶板和活门的胶垫、缓冲胶垫不得出现干裂和剥离现象。
原因分析	1. 土建施工单位无人防设备的基础知识。 　　2. 赶工期、野蛮施工。
预防措施	1. 设计措施 　　图纸中明确锚固钩数量以及焊接方式。 2. 施工措施 　　人防设备厂家应熟读图纸，熟悉图纸中对锚固钩的要求。 3. 管理措施 　　门框安装完成后，人防设备厂家应经常性巡视检查现场，一旦发现门框锚固钩被割掉，应立即制止，并且向建设单位、监理等汇报。
治理措施	人防设备厂家在完成门框安装后，应及时告知土建施工单位锚固钩的重要性，并在土建钢筋绑扎完成且尚未浇筑混凝土前，到施工现场进行检查，确保锚固钩安全到位。
照片	 缺陷照片　　　　　　标准照片

10.4.7 人防设备焊接质量不达标

通病现象	人防设备生产时，焊接不到位、焊缝质量不达标。
规范标准及相关规定	《人民防空工程防护设备安装技术规程》（DB23/T 2934—2021）4.3.5 人防门外观质量应符合下列要求：1. 门框无损坏、变形、锈蚀，门框临时支撑齐全，锚固钩焊接牢靠、间距均匀、数量符合设计要求；2. 门扇的闭锁、铰页、零部件、附件等必须齐全，并不得有锈蚀和损坏。
原因分析	1. 焊接质量管理不完善。 2. 焊接工人操作水平有限、焊接设备不到位。
预防措施	**1. 设计措施** 图纸中明确焊缝要求。 **2. 施工措施** ①人防设备厂家应熟读图纸，熟悉图纸中对焊接的要求。 ②人防设备生产前，人防设备厂家应编制焊接工艺卡，明确焊接方法、焊材型号、工艺参数等。 **3. 管理措施** 加强焊接质量检查，一旦发现焊接质量问题，坚决整改到位。
治理措施	人防设备在出厂前应进行焊接质量检验，详细对照防护设备设计图纸中要求的焊缝等级。达不到等级标准的，不得出厂。
照片	 缺陷照片　　　　　　　　　　标准照片

10.4.8　人防设备配件损坏

通病现象	设备配件在运输或安装时损坏。
规范标准及相关规定	《人民防空工程防护设备安装技术规程》（DB23/T 2934—2021）4.3.5 人防门外观质量应符合下列要求：1. 门框无损坏、变形、锈蚀，门框临时支撑齐全，锚固钩焊接牢靠、间距均匀、数量符合设计要求；2. 门扇的闭锁、铰页、零部件、附件等必须齐全，并不得有锈蚀和损坏。
原因分析	1. 人防设备厂家运输时保护措施不到位。 2. 安装工人用力过大，野蛮安装。
预防措施	1. 设计措施 图纸中明确零部件要求。 2. 施工措施 人防设备厂家应熟读图纸，熟悉图纸中对零部件的要求。 3. 管理措施 ①人防设备厂家应根据人防设备的外行尺寸特点及重量，选用适合的运输车和装卸吊车。根据其特点垫好垫木，并保证其运输过程中不损坏、不变形。 ②运输装车前人防设备及其部件进行有效的包装，对制造的成品及部件进行保护。在运输过程中工厂要派有专人押车，车辆应中速平稳行驶，避免急刹车造成设备的碰撞变形。 ③门框、门扇运输过程中捆绑牢固，且每层门框间要加垫块或采取其他必要措施，防止叠加在一起，由此导致运输过程中相互碰撞发生变形或门框、门扇上的零部件损坏或丢失。门框要特别注意防止胶条槽的损坏，门扇要特别注意防止门扇嵌压条的刀口挤压变形。
治理措施	如发现在运输和吊装过程中造成设备或零部件变形的，必须返回工厂调整修正或更换。
照片	 缺陷照片　　　　　　　　　标准照片